中国省域制造业碳生产率时空趋同机制及减排策略研究

徐如浓　著

華東理工大學出版社
EAST CHINA UNIVERSITY OF SCIENCE AND TECHNOLOGY PRESS
·上海·

图书在版编目(CIP)数据

中国省域制造业碳生产率时空趋同机制及减排策略研究/徐如浓著.—上海：华东理工大学出版社,2022.9
ISBN 978－7－5628－6584－1

Ⅰ.①中… Ⅱ.①徐… Ⅲ.①制造工业－二氧化碳－废气排放量－研究－中国 Ⅳ.①F426.4 ②X510.6

中国版本图书馆CIP数据核字(2022)第167562号

审图号：GS(2021)8308号

内 容 提 要

本书以制造业碳生产率的趋同机制为切入点,在全要素生产率理论分析框架下,测度了中国省域制造业及其细分行业的碳生产率,并对其时空效应下的趋同机制及影响因素进行了系统的研究。本书共七章。第1章是绪论,第2章介绍了制造业碳生产率趋同的理论基础,第3章讨论了中国省域制造业碳生产率的测度与评价,第4章分析了中国省域制造业碳生产率的空间差异及格局演变,第5章和第6章分别研究了中国省域制造业碳生产率的空间绝对趋同机制和空间条件β趋同机制,第7章是结论与政策建议。

项目统筹／马夫娇　陈婉毓
责任编辑／陈婉毓
责任校对／陈　涵
装帧设计／徐　蓉
出版发行／华东理工大学出版社有限公司
地址：上海市梅陇路130号,200237
电话：021－64250306
网址：www.ecustpress.cn
邮箱：zongbianban@ecustpress.cn
印　　刷／上海中华商务联合印刷有限公司
开　　本／710 mm×1000 mm　1/16
印　　张／14.75
字　　数／219千字
版　　次／2022年9月第1版
印　　次／2022年9月第1次
定　　价／118.00元

本书受到2014—2017年国家自然科学基金面上项目“时空效应视角下区域碳生产率趋同机制及减排策略研究”(编号:7137309)的资助,在此表示感谢!

前　言

foreword

全球气候变暖导致极端天气事件频发，控制温室气体排放、应对气候变化问题已经成为全球共识。中国积极参与全球治理，并在 2020 年提出了争取 2030 年前碳达峰、2060 年前实现碳中和的愿景目标。目前，中国的经济增长仍处在以制造业增长为主的阶段，其增长不仅主导了中国的经济增长，还通过对能源的大量消耗而产生了相当大的 CO_2 排放量。碳生产率刻画了经济发展过程中 CO_2 的排放效率，是能够将 CO_2减排和经济增长两者有机结合的一个重要指标。因此，在当前经济新常态和低碳发展的背景下，提升制造业碳生产率是实现碳减排和经济稳定增长的重要出路。中国制造业碳生产率水平有明显的区域差异，显著影响了国家和地区实现节能减排的目标。为了合理制定、实施省域层面制造业节能减排政策，促进减排目标在各省域之间的有效分配，有必要对中国省域制造业碳生产率的时空趋同机制进行探究，主要研究内容如下。

（1）对支撑本书的理论的发展脉络、主要内容及其与研究的关系进行了较详细的分析，构建了全要素碳生产率的分析框架，形成了探讨制造业碳生产率趋同机制的方法体系。

（2）先参照联合国政府间气候变化专门委员会（Intergovermental Panel on Climate Change, IPCC）（2006）碳排放的核算方法，测度了 2001—2016 年 30 个省域制造业及其各细分行业的 CO_2排放量，分析了其时空格局并利用 Tapio 脱钩指标构建了制造业经济增长与 CO_2排放的 Tapio 脱钩模型，进而对省域制造业的低碳发展水平做出了总体评价。再在全要素生产率理论分析框架下，利用综合包含非合意产出的基于松弛的（slack-based measure, SBM）方向性距离函数和全域曼奎斯特－卢恩伯格（global Malmquist－

Luenberger, GML)指数模型,对 30 个省域制造业及其细分行业的全要素碳生产率进行了测度,并探讨了其增长的来源。

(3) 利用空间四分位图、核密度函数、标准差椭圆(standard deviational ellipse, SDE)、Moran's I 和空间 Markov 链等多种空间统计方法,从多重视角对制造业及其细分行业碳生产率的空间分布格局及时空演变特征进行了详细考察。同时,Moran's I 检验为空间计量模型的应用提供了依据。

(4) 探讨了省域制造业全要素碳生产率的绝对趋同机制。从微观、中观和宏观层面阐释了制造业碳生产率的趋同假说,从理论上阐释了省域制造业碳生产率空间溢出效应的来源和溢出机制,分别从标准差、σ 系数和变异系数研究了省域制造业及其细分行业碳生产率的 σ 趋同,在内生增长理论模型中引入内生、外生、误差冲击空间相关性效应及空间异质性效应,建立了碳生产率的空间绝对 β 趋同模型,运用动态空间计量模型对制造业及其细分行业的碳生产率水平展开了绝对 β 趋同分析。

(5) 实证检验了碳生产率的条件 β 趋同形成机制,探求了碳生产率趋同背后一系列影响要素的影响机理和路径。首先,考虑地理空间因素,构建了全要素碳生产率的空间条件 β 趋同模型;其次,建立了包含能源价格、研发强度、企业规模、能源强度、外资规模、资本深化率、劳动生产率、能源消费结构的影响因素体系,并分析了其影响机理;最后,利用 2002—2016 年 30 个省域全要素碳生产率及影响因素数据,构建了空间面板计量模型,实证检验了省域制造业及其细分行业碳生产率的条件 β 趋同,研究了各因素对省域碳生产率增长的影响机制及空间相互作用。

(6) 提出了促进省域制造业部门碳生产率趋同的差异化减排策略与政策建议,以便通过跨省域合作改进全要素碳生产率,降低限制经济持续增长的碳排放约束。

本书基于以上分析得出,中国省域制造业碳生产率呈现明显的地区差异性,总体上由东向西呈递减趋势。2001—2016 年,中国绝大多数地区制造业的碳生产率呈上升趋势,从分解的来源来看,各地区制造业碳生产率的增长主要归因于技术进步,技术效率应有的促进碳生产率提高的作用还未能得到充分发挥。中国省域制造业碳生产率表现出较强的地理空间集聚特征,其水平的转移在地理空间效应的作用下呈现出一定的空间依赖性,且各细分行业的碳生产率在地理空间上也都表现出较强的正相关性。中国省域制造业及其细分行业的碳生产率存在 σ 趋同和空间 β 趋同,不同细分行业的趋同特征存在异质性。在 β 趋同中,中国省域制造业碳生产率增长存在显著的空间外溢效应。此外,条件 β 趋同速度要明显高于绝对 β 趋同速度,即研发强度、能源强度、投资规模等控制变量加快了制造业碳生产率的趋同速度。因此,为了提高制造业碳生产率的稳态水平,需要关注这些有形和无形的因素,充分利用条件 β 趋同特征,提高长期碳生产率水平。由于中国制造业碳生产率呈现趋同特征,低碳生产率地区的后发优势是存在的,利用好后发优势可以实现制造业碳生产率的有效追赶。不同细分行业在提高碳生产率、促进碳生产率趋同方面应根据自身特点有所侧重,有区别、有针对性地实现差异化发展。在低碳经济时代,推进企业技术创新、扩大企业规模、提高研发占比、加强省域间的交流合作、引导外资质量、加大人力资源投入和优化能源结构将是中国制造业实现"又好又快"发展的关键。

本书的目的在于利用 SBM 方向性距离函数和 GML 指数模型在对中国各省域制造业及其各细分行业的全要素碳生产率测度的基础上,充分考虑空间效应,对中国省域制造业及其细分行业碳生产率的时空格局及趋同机制进行探究。本书的意义在于客观、全面地认识了中国省域制造业及其细分行业碳生产率的区域差异、演变特征及趋同机制,对改进中国制造业碳生产率水平,促进碳排放控制的有效性和公平性,实现制造业高质量发展和区域协调发展均有深刻意义,也有助于"碳达峰""碳中和"愿景目标的实现。

本书受到 2014—2017 年国家自然科学基金面上项目"时空效应视角下区域碳生产率趋同机制及减排策略研究"(编号：7137309)的资助。

笔者在写作过程中参阅了大量的国内外文献,在此向文献的作者表示感谢。同时由于笔者知识及研究水平有限,书中可能存在疏漏和不足,敬请专家、读者批评指正。

徐如浓

2021 年 8 月

目 录

contents

第 1 章 绪论 ▶001

1.1 研究背景及依据／001

1.1.1 研究背景／001

1.1.2 研究问题的提出／004

1.2 研究目的与意义／006

1.2.1 研究目的／006

1.2.2 理论意义与实用价值／006

1.3 文献综述／007

1.3.1 经济趋同理论研究／008

1.3.2 碳排放量驱动因素及趋同机制研究／009

1.3.3 碳生产率测度与趋同机制研究／011

1.4 研究目标与内容／018

1.4.1 研究目标／018

1.4.2 研究内容／018

1.5 技术路线和研究方法／021

1.5.1 技术路线／021

1.5.2 研究方法／021

1.6 创新点／023

第 2 章 制造业碳生产率趋同的理论基础 ▶025

2.1 绿色经济增长理论／025

2.1.1 绿色经济的概念和内涵／025

2.1.2 绿色增长／027

2.2 经济趋同理论／030
2.2.1 经济增长的趋同机制／030
2.2.2 趋同的类型／032
2.2.3 不同趋同类型之间的关系／035
2.3 全要素生产率理论／036
2.3.1 DEA 方法／038
2.3.2 距离函数／039
2.3.3 生产率指数／041
2.4 空间计量经济学理论／046
2.4.1 空间计量经济学理论基础／046
2.4.2 空间权重矩阵及其构建原理／049
2.4.3 空间计量模型及其构建／052
2.5 碳生产率的内涵和实现条件／055
2.5.1 碳生产率的内涵与特征／055
2.5.2 碳生产率的实现条件／059
第 3 章 中国省域制造业碳生产率的测度与评价 ▶061
3.1 制造业 CO_2 排放量估算／061
3.1.1 CO_2 排放量的测度方法和数据来源／061
3.1.2 区域制造业碳排放量差异及其变动趋势／062
3.2 制造业发展与 CO_2 排放的脱钩分析／070
3.2.1 Tapio 脱钩指标的构建和数据说明／071
3.2.2 制造业碳排放脱钩结果分析／073
3.3 制造业碳生产率的测度和评价／076
3.3.1 全要素碳生产率的测度方法／076
3.3.2 投入产出指标说明及数据处理／079
3.3.3 全要素碳生产率的测度结果和评价／088
第 4 章 中国省域制造业碳生产率的空间差异及格局演变 ▶094
4.1 基于四分位图的制造业碳生产率的空间分布格局分析／094
4.2 基于核密度函数的制造业碳生产率的空间分布动态演进分析／097

4.2.1　核密度估计方法和原理／097

4.2.2　制造业碳生产率空间分布的核密度估计结果／098

4.3　基于 SDE 的制造业碳生产率的时空演化趋势分析／101

4.3.1　SDE 的工作原理／101

4.3.2　基于 SDE 的制造业碳生产率空间格局演化特征／102

4.4　基于 Moran's I 的制造业碳生产率的空间相关性分析／108

4.4.1　空间自相关检验模型／108

4.4.2　制造业碳生产率的 Moran's I 和散点图／111

4.5　基于空间 Markov 链的制造业碳生产率的时空演变特征分析／115

4.5.1　空间 Markov 链方法／115

4.5.2　我国省域制造业碳生产率水平转移的时间特征／118

4.5.3　我国省域制造业碳生产率水平的空间动态演变特征／119

第 5 章　中国省域制造业碳生产率的空间绝对趋同机制 ▶123

5.1　制造业碳生产率的趋同假说／123

5.2　碳生产率的空间溢出效应分析／126

5.2.1　要素流动型空间溢出效应／126

5.2.2　技术溢出型空间溢出效应／127

5.2.3　政策蔓延型空间溢出效应／128

5.3　制造业碳生产率的 σ 趋同分析／128

5.3.1　σ 趋同模型构建／128

5.3.2　σ 趋同检验结果／129

5.4　制造业碳生产率空间绝对 β 趋同研究／131

5.4.1　空间绝对 β 趋同模型构建／131

5.4.2　空间绝对 β 趋同的实证检验与结果分析／135

5.4.3　细分行业空间绝对 β 趋同实证检验和结果分析／141

第 6 章　中国省域制造业碳生产率的空间条件 β 趋同机制 ▶155

6.1　条件 β 趋同模型／155

6.2　变量选择理论基础／156

6.2.1　碳生产率影响因素的理论模型／156

6.2.2 变量选择及影响机理分析 / 157
6.2.3 指标选择和数据来源 / 164
6.3 条件 β 趋同的空间面板计量模型构建 / 165
6.4 空间条件 β 趋同模型实证检验与结果分析 / 167
6.4.1 制造业碳生产率实证检验与结果分析 / 167
6.4.2 细分行业碳生产率实证检验与结果分析 / 174
第 7 章 结论与政策建议 ▶187
7.1 主要结论 / 187
7.2 政策建议 / 193
7.3 研究中存在的问题和研究展望 / 200

参考文献 ▶201

后记 ▶223

第1章 绪　　论

1.1 研究背景及依据

1.1.1 研究背景

温室气体排放导致全球气温上升，已经引起了世界各国的持续关注。全球气候变化是21世纪人类文明面临的一个巨大的生存和发展威胁。2014年，联合国政府间气候变化专门委员会（IPCC）在丹麦首都哥本哈根发表了第五次评估报告，重申气候变化是不可逆转的，并呼吁各国政府尽快行动，实现到2050年全球温室气体排放在目前的水平上下降40%~70%，并到2100年实现零排放。IPCC指出，化石燃料是导致全球气候变化的重要因素之一，占1970—2010年温室气体排放的78%。在六种温室气体中，二氧化碳（CO_2）是主要的温室气体之一，也是加剧全球气候变化的首要因素。降低CO_2等温室气体排放量，实现低碳、循环发展已是各国政府面对人类生存挑战的共同愿景。2016年，《巴黎协定》的签署把全球气候变化治理工作带入了一个历史性的新的阶段。

随着我国改革开放的深入和经济的持续发展，资源环境和经济发展的矛盾越来越突出，经济、社会、生态之间的和谐关系受到严峻考验。据国际能源署（International Energy Agency, IEA）2009年的报告，2007年，中国的碳排放量高达60.7亿吨，已经超过美国（57.7亿吨），成为碳排放第一大国。2020年，中国的能源碳排放量为99亿吨，占全球的31%。目前，我国的能源强度与发达国家还存在较大差距，而且落后于巴西、印度等发展中国家。根据世界银行数据换算，2014年，中国的能源强度（千克油当量/2011年不变价购买力平价美元）为0.18，是德国的2.01倍、日本的1.88倍、巴西的

1.80倍和印度的1.48倍。IEA于2007年预计，中国的能源需求到2030年期间年均增长率约为3.9%，且能源需求主要靠煤炭满足，这期间煤炭占比会从89%略微下降到84%。

作为一个负责任的大国，我国政府正积极地承担减排责任。2009年12月，中国政府在哥本哈根世界气候大会上承诺，到2020年中国单位国内生产总值（gross domestic product, GDP）碳排放量在2005年的基础上下降40%~45%，并相应地将其下降17%的目标纳入了《中华人民共和国国民经济和社会发展第十二个五年规划纲要》（简称“十二五”规划）。继2015年气候变化巴黎大会之后，中国在2020年第七十五届联合国大会一般性辩论和气候雄心峰会等重要会议上，首次提出了力争2030年前二氧化碳排放达到峰值，努力争取2060年前实现碳中和，到2030年单位GDP二氧化碳排放比2005年下降65%以上、非化石能源占一次能源消费比重达到25%左右等中长期战略目标。这一系列宏伟的气候行动新目标彰显了中国致力于共建人类命运共同体的决心与意志，同时也是中国实现高质量发展的客观要求。在此背景下，习近平总书记在多个场合多次强调，“坚持走绿色、低碳、循环、可持续发展之路”[1]。最近几年，我国的碳排放量仍持续位居全球第一，我国的经济发展日益面临环境、能源和减排压力等诸多挑战。

我国政府在气候变化和节能减排方面先后出台了一系列的政策，昭示着节能减排的重要性和紧迫性。早在2005年，我国政府便已提出了“资源节约型、环境友好型”两型社会的建设目标，并将其纳入了《中华人民共和国国民经济和社会发展第十一个五年规划纲要》（简称“十一五”规划）和“十二五”规划。党的十八大以来，习近平总书记高度重视生态文明建设，强调将绿色发展理念作为“五大发展理念”之一。新的发展理念要求必须加速推进能源改革，加大能源领域技术创新力度，努力实现能源转型，建设清洁低碳、安全高效的现代能源体系。2017年，党的十九大报告再次强调绿色发展理念，把绿色发展提到了空前的高度，绿色经济发展已成为我国国家发展战略中的重要内容。在这一时代背景下，以低能耗、低排放、低污染为特征的低碳经济（low-carbon economy）将是我国构建和谐社会、实现经济可持续发展和应对国内外局势的战略选择。“低碳经济新常态”已逐渐成为我国经济发展过程中的一种战略选择。低碳经济的内涵是实现碳减排和经济增长的双重目标,即不只是单纯地追求 CO_2 排放绝对量的下降。碳生产率反映了经济发展过程中 CO_2 的排放效率,是能够将碳减排和经济增长有机结合的一个重要指标。麦肯锡在《碳生产率挑战：遏制全球变化、保持经济增长》报告中指出,2008 年世界碳生产率为 740 美元/(吨 · CO_2当量),若全球经济增长保持现有的每年 3.1% 的水平,为了实现 CO_2浓度维持 450 ppmv 的稳定水平,碳生产率应提高到每年 5.6%,并在 2050 年达到 7 300 美元/(吨 · CO_2当量),即在未来 40 年内增长 10 倍[2]。因此,以后国家之间的竞争已不再是传统生产要素如资本、资源和劳动力的竞争,而是碳生产率的竞争。除非发展中国家能够找到其他综合解决经济和环境问题的方案,否则其人均 CO_2 排放量在发展过程中将持续增加[3]。我国是世界上最大的且典型的发展中国家,经济发展始终是重中之重,我国的碳减排约束必须以保证经济增长为前提。面对环境压力,实现碳减排和经济稳定增长已经成为当下我国国家建设的一个双重目标。

碳排放主要来自经济活动,特别是制造业生产过程。在全球产业链分工中,中国主要参与的环节是制造业,这本身就是一个对自然资源有极大需求的产业,再加上资源使用效率低,致使自然资源在经济发展过程中被过度消耗。目前,我国的经济增长仍处在以制造业增长为主的阶段,其增长不仅主导了我国的经济增长,还通过对化石燃料的大量消耗而产生了相当大占比的 CO_2 排放量。我国制造业能源消耗量呈逐年增长趋势,从 2006 年的 143 051 万吨标准煤上升到 2015 年的 244 920 万吨标准煤,每年的制造业能源消耗量占我国能源消耗总量的 57%左右,并且制造业中绝大多数行业对能源保持较强的依赖性[4]。1995—2015 年,我国制造业的 CO_2排放量增长了约 220.77%,占全国 CO_2排放总量的 58.27%[5]。我国制造业虽然经历了 20 年的快速发展,但仍延续着“资源消耗型”的模式。因此,为了有效缓解整个经济发展过程中的碳排放约束问题,应该首先解决制造业的碳减排问题。此外,以美国为代表的发达国家的高端制造业回流与以印度、越南为代表的新兴经济体争夺中低端制造转移,使中国制造业不得不面临“双向挤压”的严峻形势。制造业重新成为国际间经济竞争的制高点,其在未来的高质量发展必然会对中国经济增长起到关键性的作用。国际经验也表明，制造业是一个国家经济发展的基础和技术创新的重要载体，一些拉丁美洲国家之所以未能跨越中等收入陷阱，一个重要的原因是其工业特别是制造业的发展后劲不足，削弱了国际竞争力。毋庸置疑，提高制造业的碳生产率对中国实现“碳达峰”“碳中和”的目标、促进制造业高质量发展具有重要的现实意义。

1.1.2 研究问题的提出

不合理的经济结构和高能耗、高排放的增长模式，以及各省域工业化和城市化的快速推进，导致各个地区的能源需求具有异质性和非线性特征，碳减排与环境压力日益凸显，在这样的背景下实现大规模整体减排极其困难。2011 年 12 月，德班世界气候大会决定启动全球统一强制减排新进程，加大了中国碳减排的政治压力。控制温室气体排放只有落实到全国、地区及产业层面才有意义，为此，《“十二五”控制温室气体排放工作方案》确定了各省（区、市）单位 GDP 二氧化碳排放下降的约束性指标，国家发改委确立了两批低碳省区和低碳城市试点。“我国地域辽阔，区域资源环境和经济社会发展水平参差不齐，不同发展阶段地区的能源消耗水平与碳排放数量存在显著差异。”①鉴于省域碳排放总量[6,7]呈现出空间非均衡性和异质性，各区域之间在能源消费特征、碳排放方式及以单位 CO_2 排放实现的 GDP 衡量的碳生产率等方面存在明显差异[8-10]。

同样，制造业作为能源消耗最严重、CO_2 排放最突出的产业，不同地区制造业具有不同的发展阶段、经济地理、技术水平、能源消费特征，使得制造业碳生产率也存在明显的地区差异性，显著影响了制造业国家和地区节能减排目标的实现。要在实现制造业“又好又快”发展的同时控制并减少碳排放量，只有各地区制造业部门积极投身到节能减排行动中，大幅度提高其碳生产率（carbon productivity）和碳排放绩效（carbon emission performance），促进异质性区域碳生产率增长实现趋同或收敛（convergence），才有可能在

---

① 吴玉鸣.中国省域碳排放异质性趋同及其决定因素研究——基于变参数面板数据计量经济模型的实证[J].商业经济与管理，2015(8)：66－74.

节约资源、减轻环境压力的同时，保证各省域节能减排指标的顺利落实及国家总体目标的实现。因此，为了合理制定、实施省域层面的节能减排政策，促进减排目标在各省域之间的有效分配，有必要在考虑地理空间因素的情况下，动态、深入地研究我国省域制造业碳生产率的发展差异、演进趋势及趋同特征。这对识别缩小各省域之间制造业碳生产率差距的作用因素，寻求差异化的趋同减排策略，促进碳排放控制的有效性和公平性具有丰富的理论意义和实践意义。

从理论上看，较之于单要素框架，全要素框架下的碳生产率[11-13]是评价不同区域及产业部门碳生产率更为恰当的指标。目前，国内外节能减排实践中设定的目标都是单要素碳排放指标，体现的是单要素框架下的减排责任安排。需要在关注“单要素碳生产率”框架的同时更加关注实现经济持续平稳增长的“全要素碳生产率”框架，探求导致省域制造业部门碳生产率差异与碳生产率不高的因素，检验制造业碳生产率较低的省域向碳生产率较高的省域是否存在趋同（追赶）的动力机制，以便既充分利用全要素框架下提供的碳生产率信息，又与节能减排政策和目标相比较，达到对省域制造业碳生产率及其影响因素的全面考察。

从空间效应的视角分析，在理论模型构建过程中，大多数研究是在对空间维度进行抽象的前提下，假定各种投入要素同等、线性地影响经济增长过程中区域及产业部门的碳排放及碳生产率活动。但是，由于资源禀赋、经济地理和发展阶段特征迥异，不同经济发展水平、能源消耗及碳排放特征的区域，其制造业的碳生产率是有差异的。不同的影响因素和同样的政策对不同区域制造业部门的冲击作用也不尽相同，对于具有空间相关性（dependence）、异质性（heterogeneity）和非线性（nonlinearity）的省域，其制造业碳生产率时空演变过程应该是不同的，因而制造业碳生产率的趋同机制、减排策略及实现路径也并非整齐划一的。

从方法和数据的角度考量，需要采取能同时反映省域制造业碳生产率趋同机制的非线性、异质性的计量方法及数据支撑。目前的不少研究，或是采用时间序列数据方法，忽略了截面个体的空间相关性与异质性效应；或是采用截面数据方法，忽略了时期关联效应。即便控制了个体和时期系统冲击效应，由于地理空间上的制造业碳生产率并非孤立、随机分布的，且受到邻近省域的“空间滞后相关性”的作用，以及彼此空间相关的随机“空间误差相关性”冲击的影响，在忽视时空互动效应的数据方法下得出的相关实证估计结果有偏或非有效。

1.2 研究目的与意义

1.2.1 研究目的

本书以碳生产率的时空趋同机制为切入点来探究我国省域制造业的碳生产率问题。我国各省域的碳生产率水平在截面和时间维度上都存在较大差异，根据不同的假设，二氧化碳可以作为一种“坏”产出或要素投入。如果将二氧化碳理解成类似于资本和劳动力的要素投入，那么在过去十几年中，我国 30 个省域制造业全要素碳生产率是如何变动的？其空间分布的差异及格局演变是怎样的？在技术外部性和要素边际报酬递减规律的作用下，我国省域制造业碳生产率是否会像资本生产率和经济增长一样也存在一种内在趋同趋势呢？碳生产率低值省域是否比碳生产率高值省域具有更高的增长率？空间效应能否对我国省域制造业碳生产率的趋同产生影响？哪些因素影响了我国省域制造业碳生产率的增长？这些影响因素的影响机制是怎样的？对这些问题的研究是合理制定各项减排政策的基础，而本书的研究目的是尝试解答这些问题，并在此基础上为促进我国碳生产率的增长提出相应的对策建议。

1.2.2 理论意义与实用价值

伴随着经济增长带来能源消耗和环境污染的不断加剧，人们逐渐认识到发展低碳经济的重要性，而发展低碳经济的关键是提高区域碳生产率。我国制造业部门的产值最大、能耗最高，本书在已有研究的基础上研究其碳生产率的时空趋同机制问题，力求发展和完善碳生产率测度方法，综合评价省域制造业碳生产率的空间差异和格局，探讨 30 个省域制造业碳生产率的时空趋同类型，剖析影响其增长的关键因素和给出促进其增长的有效策略。

这对改进我国制造业整体碳生产率水平，建设“资源节约型、环境友好型”社会，促进制造业绿色发展均具有重要的理论意义和现实意义。

在理论层面，目前以单要素碳生产率视角的研究居多。也有一些研究采用了基于全要素碳生产率的测度方法，但大多数采用的是径向的、未考虑松弛的数据包络分析（data envelopment analysis, DEA）方法，这种方法存在缺陷。本书建立了包含非合意产出的基于松弛的（SBM）方向性距离函数与全域曼奎斯特-卢恩伯格（GML）指数模型，对30个省域制造业的全要素碳生产率进行测度，改善了碳生产率的测度方法，有利于提高碳生产率核算的准确性；在制造业碳生产率的空间差异及格局分析上，运用了空间四分位图、核密度函数、标准差椭圆（SDE）、Moran's I和空间Markov链等多种方法，丰富了现有的碳生产率的分析方法；同时从空间经济学的角度，提出了纳入时空效应的制造业碳生产率趋同机制的理论分析框架，丰富了能源经济学的理论体系；在此基础上，发展了模拟分析制造业碳生产率趋同过程及其影响因素和影响机制的空间面板计量经济学模型，可为区域趋同实证研究提供一定的方法借鉴。

在现实意义方面，本书通过对省域制造业碳生产率时空趋同机制的识别，探寻实现制造业碳生产率低水平区域向碳生产率高水平区域趋同的切入路径，归纳并提出促进异质性区域制造业部门碳生产率增长的特色化、差异性的减排合作策略与政策建议，可为省域制造业碳生产率趋同与减排合作提供丰富信息，对国家和地区实现碳减排目标、制定区域减排分配方案，以及促进碳排放控制的有效性和公平性具有良好的实践参考价值。同时，本书将空间效应引入碳生产率趋同的研究中，可为缩小区域碳生产率差距、通过跨地区合作改进全要素碳生产率、降低限制经济持续增长的碳排放约束提供一定的参考依据。

1.3 文献综述

不同区域制造业部门能否缩小碳生产率差距、实现减排合作，决定了各个地区在一定的碳排放总量和技术条件下，能否通过改进碳生产率来实现节能减排发展。由于趋同理论是研究的基础，以下从经济趋同理论、碳排放量、碳生产率三个方面对国内外研究现状与发展动态进行文献分析。

1.3.1 经济趋同理论研究

经济趋同理论是新古典增长理论研究的重要内容，其思想主要源自 Harrod 和 Domar。Harrod[14] 和 Domar[15] 假定生产函数中资本和劳动要素不可替代，将增长要素融入凯恩斯主义框架里，证明了经济不稳定是资本主义制度所固有的。通过比较实际的经济产出增长率和有保证的增长率，发现只有两者相等才能保证经济处于稳态均衡，而一旦经济受到震荡，均衡状态的增长就被打破。在美国经济“大萧条”期间，该观点得到了很多人的认可，被称为“刀刃上的经济增长”。Solow[16] 和 Swan[17] 基于上述思想，放松了资本和劳动不可替代的假设，假定投入要素具有规模报酬递减的特征，创建了稳定状态的长期增长模型，建立了新古典增长理论。该理论主张经济增长最终将会达到某种均衡状态，即不同经济体之间具有收敛到一个稳态的趋势。Barro 和 Sala-i-Martin[18] 把该稳态定义为人均资本、产出、消费等经济变量保持一个恒定速率增长的状况。因而探讨经济趋同稳态，可以提供一个评估新古典增长理论的新视角[19]。经济趋同主要包含 δ 趋同、β 趋同和俱乐部趋同，它们既有联系又有区别。δ 趋同反映的是经济变量的标准差持续下降的过程，β 趋同衡量的是人均收入或产出等经济变量增长率的趋同过程，并且 β 趋同是 δ 趋同的必要条件[20,21]。俱乐部趋同是指初始人均收入水平相近的经济集团在各自内部经济系统之间具有相同结构特征的趋于收敛，对应于现实世界中的两极分化——持续贫困和集聚现象[22]。Barro 和 Sala-i-Martin[23,24]、Quah[25] 等通过经验数据验证经济趋同理论，实证结果表明经济可能表现出不同的趋同特征。继 Barro 和 Sala-i-Martin (1992)的开创性研究后，在宏观经济学领域出现了大量有关经济趋同的研究，它们主要从实证角度提供了人均收入、劳动生产率方面的证据，例如 Abreu 等[26]、Islam[27] 的研究。Jefferson 等[28] 研究了 1998—2005 年中国四个主要地区(一个沿海地区和三个非沿海地区)的多要素生产率的趋同性，并且发现了三个非沿海地区多要素生产率赶超的证据。也有一些研究提出，经济趋同估计中忽略了空间依赖性，导致了模型误设的问题[29–31]。

关于经济趋同，魏后凯[32]则认为目前主要有四种概念，即绝对 β 趋同、条件 β 趋同、σ 趋同和俱乐部趋同，四者之间既有区别又有联系。β 趋同考察的是增长率的趋同，绝对 β 趋同认为所有的地区最终将收敛于同一个稳态，而条件 β 趋同认为每个地区将收敛于自身的稳态，离自身稳态水平越远的地区的趋同速度越快；σ 趋同考察的是区域间经济发展水平的绝对趋同，用于描述统计量离差的衰减，如果地区间存在 σ 趋同，那么地区间的 β 趋同必然成立，反之则不成立；俱乐部趋同（群体趋同）是指对于结构特征类似且初始水平相同的地区，其经济将长期互相趋同，即同等发展水平下的绝对 β 趋同。除上述四种经济趋同之外，也有学者开始将随机性趋同（stochastic convergence）的概念应用到经济增长与收入的趋同研究中。Carlino 和 Mills[33]在考察美国区域收入的趋同问题时指出，随机性趋同是截面回归条件趋同的前提条件。类似的还有 Cellini 和 Scorcu[34]、Herrerías 和 Monfort[35]等的研究。

随着空间计量经济学的发展，一些有关经济趋同性问题的国内研究开始考虑经济的空间相关性作用，并将空间变量引入具体模型中。吴玉鸣[36]基于 1978—2002 年的我国省域数据，将空间自相关因素引入 β 趋同方程中，考察了我国省域经济的趋同性，并估算出其趋同速度约为 2%；张学良[37]充分考虑了空间因素，采用空间计量分析方法研究了长三角 132 个县、市、区的经济趋同性问题，结果发现长三角县、市、区经济增长的趋同方向并未发生变化，但是其趋同速度却显著下降。同时，随着低碳经济研究的深入开展，Van[38]、Duro[39]和许广月[40]等开始把经济趋同理论模型引入低碳经济领域的研究中。

1.3.2 碳排放量驱动因素及趋同机制研究

在碳排放量测度研究领域，有关碳排放及其驱动与趋同的文献逐渐增多。国际上，Kaya[41]最早提出了用因素分解恒等式考察碳排放活动的驱动因素；Strazicich 和 List[42]最先探索了用面板单位根和截面回归模型研究跨国碳排放趋同；Ezcurra[43]用非参数的随机核函数估计方法，Lee 和

Chang[44]用近似不相关回归的增广迪基-富勒(augmented Dickey - Fuller, ADF)面板单位根检验模型,Jobert 等[45]用贝叶斯收缩估计器方法,Criado 和 Grether[46]用稳健分布的随机核估计模型,Yavuz 和 Yilanci[47]用面板数据回归模型,Camarero 等[48]用非线性时变模型,分别研究了跨国碳排放活动的趋同性。此外,Albu[49]开始探索用截面空间计量模型研究欧洲碳排放分布;Mizobuchi 和 Kakamu[50]采用空间计量经济学方法模拟研究了日本哪个区域能最有效地减少 CO_2 排放,认为城市区域的碳减排效率要比远离城市区域的碳减排效率高。

21 世纪以来,有关中国能源消费的碳排放及其影响因素的研究越来越多,但大多是基于时间序列数据的研究[51-53],区域层面的研究还很不够。王强等[54]探究了中国能源消费与碳排放的关联变化和时空特征;Zhang 等[55]研究了 1995—2009 年中国 30 个省域能源碳排放的区域差异趋势问题;王卉彤和王妙平[56]利用灰色关联分析方法对中国 30 个省域碳排放的时空格局及影响要素进行了研究;Wei 等[57]从公平和效率角度研究了 1995—2007 年中国各省域的碳减排区域分配问题;王娟和张克中[58]系统研究了 1996—2010 年中国 28 个省域人均碳排放及碳强度的趋同性;Huang 和 Meng[59]研究发现了 1985—2008 年中国人均 CO_2 排放量存在趋同;Wang 和 Zhang[60]考察了 2002—2011 年中国 28 个省域 6 个部门人均 CO_2 排放量的趋同性,结果证实了趋同假说;Yang 等[61]运用广义矩(generalized method of moments, GMM)估计方法也开展了类似的省域趋同研究;Wu 等[62]利用连续随机动态方法研究发现了 2002—2011 年中国 286 个城市的人均 CO_2 排放量呈收敛趋势。

在碳排放的空间效应方面,Auffhammer 和 Carson[63]使用空间依赖性 IPAT 模型研究发现了中国省域碳排放呈现显著的空间相关性;马军杰等[64]结合 STIRPAT 模型和截面空间计量模型研究了中国省域碳排放的影响因素;姚奕和倪勤[65]采用空间面板计量模型考察了外国直接投资(foreign direct investment, FDI)对中国省域碳强度的作用;欧元明和周少甫[66]运用空间 STIRPAT 模型研究了 1996—2010 年中国 30 个省、市、区人均碳排放的影响因子,认为区域碳排放在空间分布上存在明显的空间聚群效应。可见,从理论基础和地理学的角度看，为了在制定国家碳减排目标和相关政策时更加明确、更具针对性和操作性，不仅要研究碳排放总量变化，更要基于新古典增长模型和内生增长模型[67,68]研究环境约束下各种决定因素对净碳排放量的影响，还要把握其空间差异及区域格局演变[69,70]。

综上，已有文献主要集中在国家层面对碳排放总量的研究，从区域尺度开展碳排放量的研究相对较少，缺少细分区域和产业层面；对碳排放的时空机理认识不足，很少考虑邻近地区空间相关性、空间误差冲击及非线性、异质性效应对碳排放趋同过程的作用，未解决跨地区、跨产业部门之间的转移排放问题，对趋同机制背后驱动因素的研究亟待深入，致使地区及产业节能减排目标确定及相关政策制定时缺乏较强的针对性和操作性。

1.3.3 碳生产率测度与趋同机制研究

鉴于在资源环境(能源)约束及既定要素组合方式下，追求产出最大化的同时减少碳排放量对保持经济持续增长非常重要，碳生产率测度及其趋同机制问题引起了学界和政策制定者的极大兴趣。碳生产率的研究尚处于起步阶段，国内外已有文献从不同视角对碳生产率开展了研究，经梳理后，主要有以下几个方面。

(1) 碳生产率的概念、内涵

“碳生产率”一词的理论基础可以追溯至 20 世纪 90 年代生态经济学有关资源生产率方面的研究。Kaya 和 Yokobori[71]提出了碳生产率的概念，将碳生产率定义为单位 CO_2 排放的经济产出。Mielnik 和 Goldemberg[72]主张将碳生产率作为衡量发展中国家经济发展水平的一个重要指标。2008 年，麦肯锡公布了《碳生产率挑战：遏制全球变化、保持经济增长》报告，提出了单要素碳生产率的概念，并指出，“任何成功的气候变化减缓技术必须支持两个目标——既能稳定大气中的温室气体含量，又能保持经济的增长，而将这两个目标有机结合起来的正是碳生产率。”[72] Blair[73]指出，为了实现碳减排和经济增长的双重目标，碳生产率在未来接近 40 年的时间里需要增加 10 倍。Kim[74]认为，要想实现韩国 2020 年的减排目标，如果保持 GDP 增长幅度在 4%的水平，则碳生产率年均增长幅度需要达到 4.85%。Siew[75]

认为,碳生产率可以被视为经济增长和环境可持续之间协调关系的绩效报告或排名标准。

国内也有学者研究了碳生产率指标与减排目标及经济增长之间的关系。何建坤和苏明山[76]对1990—2005年中国与部分国家的碳生产率增长率开展了实证研究,认为提高碳生产率是发展低碳经济的核心。谌伟等[77]探讨了碳排放总量与碳生产率两者的关系,认为两者存在长期均衡关系,提高碳生产率是具有可行性的相对意义的减排。潘家华等[78]提出,类似于传统的劳动生产率或资本生产率,碳生产率是从经济学的角度将碳排放作为一种隐含在能源和物质产品中的要素投入;随着人们对气候变化问题的日益关注和节能减排需求的不断增长,未来国际间的竞争将是碳生产率的竞争。潘家华和张丽峰[8]实证检验了1995—2008年中国省域碳生产率的差异性及影响因子,同时也指出将来的竞争将指向碳生产率。高文静[79]提出,碳生产率作为要素生产率中的一种,相较于劳动生产率、资本生产率、土地生产率等其他要素生产率必然有一些共同的属性,因此传统生产率分析框架可为碳生产率研究提供一定的方法借鉴。王萱等[80,81]提出,我国要从“相对减排”走向“绝对减排”,关键是要大幅提升碳生产率,重点提高能源效率、改善能源结构、优化产业结构和空间结构。

(2)碳生产率的测度研究

通常利用一段时期内一国GDP与同期形成GDP的过程中消耗的碳排放量之比来定义国家层面的碳生产率,在数值上与碳强度呈倒数关系,反映了单位CO_2排放带来的经济产出。该方法计算简便、易于操作的优势明显,但缺点也不容置疑:包含的要素过少,从而忽视了生产过程中其他生产要素(如劳动、资本和能源)的作用,也无法对受评主体的碳生产率做出客观与真实的测度,在一定程度上不够严谨。目前,大部分学者都根据此界定方法测度碳生产率[82-84]。而在全要素框架下测度碳生产率的文献相对较少,例如Zhang和Choi[85]、张普伟等[86]分别在各自的研究中提出了两种全要素碳生产率指标。

近年来,有关全要素生产率测度的国内外文献日益增多。随机前沿分析(stochastic frontier analysis, SFA)方法和DEA方法均可运用于测度全要素生产率。SFA 方法的最大优势是可以剔除随机因素的影响，但要求设定无效项与生产函数的分布形式，这是其最大的缺陷；DEA 方法对函数的具体形式没有要求，并能对生产率进行分解，因此其受到越来越多学者的关注。例如 Cheng 和 Shi[87] 基于 DEA 模型，利用非径向方向距离函数和 meta-frontier 方法在全要素框架下测度了中国 30 个省域的碳排放绩效，并分析了产业结构调整对其的影响；Kumar 和 Jain[88] 利用基于 DEA 模型的 Luenberger 生产率指数测度了 2000—2013 年印度 56 家火力发电厂的碳生产率。

目前，大多数的文献利用了基于 DEA 模型的曼奎斯特(Malmquist, M)指数来测度全要素生产率[89-93]，例如 Zhou 等[89] 采用 M 指数法测度了 18 个国家的全要素碳排放绩效。然而传统的 M 指数法未能考虑到生产过程中可能存在的“坏”产出，如废水、废气和 CO_2。但实际上，CO_2 往往以一种非合意产出的形式存在，从而可能导致偏误。Chung 等[94] 构建了一种新的基于方向性距离函数的生产率指数，即曼奎斯特-卢恩伯格(Malmquist-Luenberger, ML)指数，该指数同时考虑了合意产出和非合意产出。之后，利用 ML 指数法测度碳生产率的文献逐渐增多[95-99]。但是 ML 指数仍存在一些缺陷，可能出现线性规划无解的情况，使得测度结果缺乏稳定性或与实际生产活动不符。Färe 等[100] 直观地阐述了这种无解性问题。为此，Tone[101] 构建了基于松弛的 DEA 方法；Fukuyama 和 Weber[102] 在此基础上提出了更一般化的基于松弛的(SBM)方向性距离函数；同时，Oh[103] 在测度全要素碳生产率时构造了全域生产可能性集，由此提出了全域曼奎斯特-卢恩伯格(GML)指数。该生产率指数是循环的，不存在线性规划无解的问题，并且近年来已开始运用于考虑环境因素的生产率增长研究中[104-106]。此外，为了解决线性规划无解的问题，Pastor 等[107] 提出了两年期曼奎斯特(biennial Malmquist, BM)指数。基于 BM 指数，也有文献通过构建两年期曼奎斯特-卢恩伯格(biennial Malmquist-Luenberger, BML)指数来测度碳生产率[108]，但与 GML 指数相比，BML 指数存在缺乏传递性的缺陷。

在国内研究方面，陈诗一[109] 利用 ML 指数测度了 1980—2008 年中国工业行业的绿色生产率，认为考虑环境因素约束后中国工业的实际全要素生产率比传统的不考虑环境因素的估算结果低了很多；刘国平和曹莉萍[11]

分别基于经济绩效和福利绩效概念测度了1991—2006年中国的狭义总量碳生产率和广义总量碳生产率；谌伟和诸大建[110]采用对数平均迪氏指数(logarithmic mean Divisia index, LMDI)分解模型测度了中、美、英三国的碳排放经济绩效；刘明磊等[111]利用DEA方法测度了2007年中国30个省域化石燃料燃烧的排放和水泥生产过程的碳排放绩效水平；仲云云和仲伟周[112]在将碳排放作为非合意产出的基础上，利用DEA-Malmquist指数法测度了1995—2009年中国29个省域的全要素碳排放绩效水平；吴晓华和李磊[113]通过构建面向产出的规模报酬不变(constant returns to scale, CRS)及规模报酬可变(variable returns to scale, VRS)的DEA多阶段模型，探讨了各省域如何通过提高能源效率来提升碳生产率，并测度了各省域的碳生产率提升目标；张成等[114]基于2003—2012年中国29个省域的数据，利用超效率SBM模型计算了中国各省域GDP和CO_2的冗余量，进而估算了中国各省域的碳生产率潜在改进空间；高文静等[115]利用基于方向距离函数的DEA方法测度了中国工业碳生产率指数，并认为基于方向距离函数所测度的指数更能真实反映实际增长水平。

可以看出，现有文献主要集中于碳生产率或碳排放绩效的测度研究，但因碳生产率概念的提出时间较晚，还未能形成系统的理论体系和统一的测度方法。碳生产率测度方法亟须加强，大多数研究都是从宏观角度出发，而针对具体行业或部门的研究则较少，且碳生产率的测度过程中对非合意产出要素(主要是环境污染)的重视不够，单要素生产率视角的研究居多，全要素生产率框架下的研究比较缺乏；也有一些文献采用了全要素生产率测度方法，但这些文献中大多数采用的是径向的、未考虑松弛的DEA方法，这种方法存在缺陷。因此，本书将采用SBM方向性距离函数和GML指数模型对中国省域制造业碳生产率进行测度，从而提高效率和计算结果的准确性。

(3) 碳生产率的影响因素研究

关于碳生产率的影响因素研究，根据研究方法的不同基本分为两类：一类是基于数理方法的因素分解；另一类是以计量回归分析方法为基础，涉及区域层面或产业层面，探索该领域碳生产率增长的影响。现有研究发现，影响碳生产率变动的重要因素有很多，如能源生产率、技术先进性、能源消费结构和产业结构变动等，此外FDI、空间集聚、对外贸易、资源错配程度、能源消费强度、城市化和人均GDP对区域碳生产率增长也有一定的作用。

有一类研究是通过数理方法对碳生产率变动做因素分解的。张永军[116]、路正南等[117]分别采用拉氏分解法分析了技术进步等中国碳生产率的主要影响因素。Meng和Niu[118]利用基于LMDI的三维绝对分解模型将碳生产率的绝对变化进行了分解。王永龙[119]对1995—2010年中国碳生产率增长的贡献率进行了分解，发现能源结构因素和技术结构因素的贡献率较低，而能源经济效率因素的贡献率较高。张成等[120]利用SFA方法，将1995—2011年中国省域碳生产率增长率分解成包括要素替代效应在内的七种效应。Lu等[121]运用LMDI方法将中国碳生产率的变化分解为省域碳生产率、碳强度、能源结构、能源强度、经济产出、人口规模和人均碳排放的倒数。龙如银和邵天翔[122]解析了1997—2012年中国长三角、珠三角、京津冀三大经济圈的碳生产率，并利用LMDI方法将影响碳生产率的因素分解为能源效率、能源排放比率和产业结构三个方面，发现能源效率是促进其增长的关键因素。Hu和Liu[123]运用LMDI方法研究了1990—2012年澳大利亚建筑业碳生产率的影响因素，认为技术创新显著促进碳生产率的增长，而区域调整的影响则不明显。Lu等[124]基于2013—2016年中国北京19个工业行业的面板数据，采用纳入能源消费的LMDI方法研究了碳生产率变化的主要驱动因素，发现能源生产率变化是碳生产率变化的主要驱动因素。

还有一类研究是通过计量回归分析方法识别碳生产率的影响因素和影响机制。赵皋[125]在测度1995—2010年中国29个省域单要素碳生产率的基础上，运用动态普通最小二乘法(ordinary least squares, OLS)回归方法和误差修正模型(error correction model, ECM)研究了中国碳生产率增长与影响因素变量之间的长期关系和短期效应。Ekins等[126]采用可计算一般均衡模型(computable general equilibrium, CGE)研究了欧盟部分国家的环境税改革对提高碳生产率的作用。邓晓兰和鄢哲明[127]将工业行业分成两组，研究了资源错配程度变动对工业低碳生产率的影响，认为资源错配程度的缓解能明显推动低碳生产率进步，而资源错配程度的加剧则明显抑制低碳生产率进步。李小平等[128]研究了国际贸易对中国制造业技术进步和碳生产率的影响，认为国际贸易显著促进碳生产率的提高，且较之于出口，这种促进作用在进口中更加明显。类似地，赵秀娟和张捷[129]基于1992—2011年88个国家的面板数据，就对外贸易对碳生产率的影响展开了实证检验和分析，研究结果表明进口依存度、出口依存度及对外贸易依存度均对碳生产率有正向影响。谢会强等[130]实证研究了全球价值链（global value chain，GVC）嵌入对中国制造业碳生产率的影响，结果发现GVC嵌入程度的影响是正向的，嵌入地位与其呈“U”形关系，且两种影响均存在显著的行业异质性。邵桂兰等[131]基于1996—2014年36个国家的面板数据，运用面板门槛模型探讨了出口商品结构对碳生产率的门槛效应，发现出口商品结构始终不利于碳生产率的增长。同时，近年来也有个别学者在其研究中开始考虑了空间效应。林善浪等[132]通过构建空间计量模型分析了技术创新、空间集聚对中国30个省域碳生产率的影响方式和路径。Long等[133]通过运用空间莫兰指数和空间面板数据模型研究了2005—2012年中国30个省域工业碳生产率的时空特征和主要影响因素，认为中国省域工业碳生产率具有正的空间依赖性和集聚特征。

（4）碳生产率的趋同性研究

随着温室效应、资源约束等问题的日益加剧，学者们越来越关注能源生产率的演进和趋同问题。Mulde和de Groot[134]通过对1970—2005年18个属于经济合作与发展组织（Organization for Economic Co-operation and Development，OECD）国家50个部门的能源强度进行了检验，发现总体能源强度的跨国差异趋于下降，能源强度落后的国家存在技术追赶趋势，且服务业的平均收敛速度要高于制造业。Liddle[135,136]、Wan等[137]也开展了类似的研究。Bhattacharya等[138]考察了1988—2016年印度一组邦和邻地能源生产率的趋同，识别了两个趋同俱乐部和一个趋异俱乐部。

为了实现我国减排目标在区域间的有效分配，有关我国能源生产率、碳排放绩效和碳排放趋同的相关研究也逐渐丰富。杨正林和方齐云[139]指出，中国区域能源生产率不存在σ收敛，但存在绝对β收敛和条件β收敛。魏梅等[140]对1986—2008年中国28个省域的碳排放效率进行了DEA测度，利用面板协整、格兰杰因果和ECM检验了碳排放效率的收敛性及其影响因子。也有不少学者对我国碳强度的趋同展开了探索性的研究。许广月[141]基于1990—2008年中国省域相关数据,对碳强度俱乐部趋同及其影响因素进行了实证研究。Zhao等[142]利用动态空间面板计量模型证实了1990—2010年中国各省域间CO_2强度的趋同假说。Hao等[143]得出1995—2011年中国29个省域的碳强度存在随机趋同和β趋同的结论。Li等[144]利用空间面板数据模型研究了2000—2010年中国长三角地区25个地级市碳强度的趋同性,发现碳强度存在β趋同,碳强度水平越高的地区,其下降的速度越快。Yu等[145]考察了2005—2015年中国24个工业部门碳强度的趋同性,认为碳强度在各部门间存在条件β趋同,各部门趋于不同的稳态水平,且该稳态水平受部门资本强度和人均工业增加值的影响。

近年来,有少数学者对碳生产率的趋同性开展了探索性研究,但数量十分有限。彭文强和赵凯[146]测度了1995—2010年中国29个省域的单要素碳生产率,基于普通面板数据模型对区域碳生产率展开了敛散性分析。张成等[9]的研究发现,1995—2011年中国29个省域的碳生产率呈现“U”形的σ收敛趋势和条件β收敛趋势。李亚东和宋丽颖[147]认为,中国内陆和沿海地区的碳生产率会随人均GDP差距的减小而呈收敛趋势,技术水平和人力资本投资率差距的减小会加快其收敛。李小平和王洋[148]对1992—2014年“一带一路”沿线55个国家的碳生产率进行了测度,并对其进行了收敛性检验,研究结果表明这些国家总体的碳生产率呈现σ收敛和β收敛。Bai等[149]分析了88个国家和地区全要素碳生产率的趋同性,发现整体样本不存在趋同但存在俱乐部趋同。

国内外对收敛性的研究主要集中于CO_2排放和能源生产率等领域,虽然也有学者对碳生产率收敛进行了积极、有益的研究,但数量较少,且这些研究主要是以地区总量差异为分析对象,存在区域与产业分离的不足,鲜有文献涉及具体制造业层面。因此,本书将从制造业角度出发,在测度2001—2016年我国30个省域制造业及其细分行业碳生产率的基础上,对省域制造业及其细分行业碳生产率的趋同机制展开实证分析。此外,大多数已有研究存在忽视空间效应,尤其是时间与空间分离的问题。虽然现有研究开始涉及全要素趋同机制,但缺少从贸易、制度、环境、政策尤其是时空效应复合视角方面的研究，在探讨存在异质性区域制造业是否存在碳生产率趋同机制、减排合作策略如何设计等方面，亟须将时空结合起来，基于内生增长模型对省域制造业趋同开展系统的理论和实证研究。

1.4 研究目标与内容

1.4.1 研究目标

本书充分关注国际温室气体减排新态势，围绕国家气候政策的决策需求变化，以制造业碳生产率的趋同机制为切入点开展研究。首先，分析、厘清支撑本研究的理论的发展脉络、主要内容及与本研究的关系。因为 CO_2 排放量计算、碳生产率测度是碳生产率趋同机制分析的基础性工作，本书在数据调查的基础上，参照 IPCC 碳排放的核算方法测度 2001—2016 年中国 30 个省域制造业及其各细分行业的 CO_2 排放量，并分析其时空格局。其次，在全要素生产率理论分析框架下，以综合包含非合意产出的 SBM 方向性距离函数和全域 GML 指数模型，对中国 30 个省域制造业及其细分行业的全要素碳生产率进行测度和分析评价；在此基础上，利用空间四分位图、核密度估计、SDE、Moran's I 和空间 Markov 链等多种空间统计方法，从多重视角对省域碳生产率的空间分布格局及时空演变特征进行详细考察。再次，在内生增长模型中引入内生、外生、误差冲击空间相关性效应及空间异质性效应，提出制造业部门碳生产率时空趋同及其影响因素的理论分析框架，充分结合省域碳生产率趋同的时间特征和空间特征，并通过构建动态空间计量模型来实证检验碳生产率的趋同形成机制，识别中国制造业碳生产率增长的影响因素及不同影响因素的影响机理和路径，力求低碳经济学理论与方法的创新。最后，提出促进省域制造业部门全要素碳生产率趋同的差异化减排策略与政策建议，以便通过跨地区合作改进全要素碳生产率，降低限制经济持续增长的碳排放约束。

1.4.2 研究内容

本书在全要素生产率理论分析框架下，测度了中国省域制造业及其细分行业的碳生产率,并对其时空效应下的趋同机制及其影响因素进行了系统研究。具体研究内容如下。

第1章,绪论。本章主要提出了中国制造业碳生产率时空趋同机制的研究背景和意义,对相关文献进行了综述,说明了选题依据、思路方法及本书的创新点。相关文献综述主要从经济趋同理论、碳排放量、碳生产率三个方面展开,并对文献做了简要评述。该部分可对整个研究起到提纲挈领的作用。

第2章,制造业碳生产率趋同的理论基础。支撑本研究的理论主要有绿色经济增长理论、经济趋同理论、全要素生产率理论和空间计量经济学理论。本章对这些理论的发展脉络、主要内容及与本研究的关系进行了较详细的阐述,构建了全要素碳生产率的分析框架,形成了碳生产率趋同机制的研究方法体系,进一步揭示了碳生产率趋同的微观机制。

第3章,中国省域制造业碳生产率的测度与评价。CO_2排放量估算、碳生产率测度是碳生产率研究的基础性工作。较之于传统的单要素碳生产率,全要素生产率框架下的测度结果更能真实反映我国制造业碳生产率的变动情况。在已有文献中,通常将制造业作为一个整体展开分析,客观上制造业细分行业不同的内部行业结构、生产技艺及能源消费模式等往往会导致CO_2排放量和碳生产率存在行业差异。为了更好地考察制造业碳生产率的演进规律与趋同机制,本章将28个制造业细分行业分别按照污染程度的不同和要素密集度的不同进行分类。首先,参考国际相关数据和IPCC碳排放的核算方法,本章分别测度了2001—2016年30个省域制造业及其细分行业的CO_2排放量,在此基础上预测了其碳排放量需求趋势,分析了省域制造业碳排放活动的时空格局,并运用Tapio脱钩指标构建了制造业经济发展与CO_2排放的脱钩模型,进而对省域制造业部门的低碳发展水平做出了总体评价。其次,本章在估算碳排量的基础上,在全要素生产率理论分析框架下,采用综合包含非合意产出的SBM方向性距离函数和GML指数模型,以劳动、物质资本(永续盘存法测度其存量)、能源作为投入,以工业总产值和CO_2排放量分别作为合意产出和非合意产出,测度了30个省域制造业及其细分行业的全要素碳生产率。最后,对制造业全要素碳生产率的测度结果在空间上进行了评价和比较，并根据碳生产率 GML 指数的分解结果分析了其增长来源。

第 4 章，中国省域制造业碳生产率的空间差异及格局演变。我国省域制造业碳生产率存在显著的地区差异性。为了深入理解、把握省域制造业碳生产率的空间分布规律和时空演变特征，本章运用空间四分位图、核密度函数、SDE、Moran's I 和空间 Markov 链等多种空间统计方法，从多重视角对省域制造业碳生产率的空间分布格局及时空演变特征进行了详细、全面的考察，同时对省域制造业各细分行业碳生产率的空间差异及格局演变进行了研究。此外，本章还检验了相邻省域间的制造业碳生产率是否具有空间相关性，为后续将省域碳生产率纳入空间计量模型中展开时空效应分析提供了相应的依据。

第 5 章，中国省域制造业碳生产率的空间绝对趋同机制。本章首先从微观、中观和宏观层面出发阐释制造业碳生产率的趋同假说；其次从理论上阐释了省域制造业碳生产率空间溢出效应的来源和溢出机制，分析了其空间溢出效应的传导路径；再次分别根据标准差、σ 系数和变异系数研究了我国省域制造业及其细分行业碳生产率的 σ 趋同；最后借鉴新古典增长趋同理论、内生增长要素溢出理论、新经济地理学空间溢出理论及空间计量经济学理论方法，在内生增长理论模型中引入内生、外生、误差冲击空间相关性效应及空间异质性效应，构建了全要素碳生产率的空间绝对 β 趋同模型，并基于 2002—2016 年 30 个省域的面板数据，利用空间面板计量模型对我国省域制造业及其细分行业碳生产率进行了绝对 β 趋同分析。

第 6 章，中国省域制造业碳生产率的空间条件 β 趋同机制。本章着眼于实证检验碳生产率的条件 β 趋同形成机制，探求碳生产率趋同背后一系列影响因素的影响机理和路径。首先，考虑地理空间因素，构建了省域碳生产率的空间条件 β 趋同模型；其次，建立了包含能源价格、研发强度、企业规模、能源强度、外资规模、资本深化率、劳动生产率、能源消费结构的影响因素体系；最后，利用 2002—2016 年 30 个省域的全要素碳生产率及影响因素的空间面板数据，建立了空间面板计量模型，分别在邻接空间权重矩阵、地理距离权重矩阵、经济距离权重矩阵三种空间权重矩阵下实证检验了我国省域制造业及其细分行业碳生产率的条件 β 趋同，并对结果进行了比较分析，考察了各影响因素对碳生产率增长的影响机制及空间相互作用。

第 7 章，结论与政策建议。本章对全书的主要研究结论进行了归纳总结，以探寻实现制造业碳生产率较低的省域向碳生产率较高的省域趋同的切入路径，并提出了具有针对性和操作性的促进制造业碳生产率提高的特色化、差异性的减排合作策略与政策建议，以便通过跨地区合作改进全要素碳生产率。

1.5 技术路线和研究方法

1.5.1 技术路线

本研究实施的具体技术路线如图 1.1 所示。

1.5.2 研究方法

(1) DEA 分析方法。将 CO_2 当作非合意产出纳入全要素生产率框架，运用 SBM 方向性距离函数和 GML 指数模型对中国省域制造业及其细分行业全要素碳生产率进行测度和评价。

(2) 趋同分析方法。借鉴新古典增长趋同理论、内生增长要素溢出理论、新经济地理学空间溢出理论，通过纳入空间效应将传统的趋同模型扩展到空间趋同模型，利用 σ 趋同模型、空间绝对 β 趋同模型和空间条件 β 趋同模型对中国省域制造业碳生产率展开趋同分析。

(3) 空间统计方法。运用空间四分位图、核密度函数、SDE、Moran's I 和空间 Markov 链等多种空间统计方法，探讨中国省域制造业碳生产率的空间分布格局及其演变，精确地刻画中国省域制造业碳生产率的时空演变特征及规律。

(4) 空间计量分析方法。构建空间滞后模型、空间误差模型和空间杜宾模型，分别对中国省域制造业碳生产率的趋同机制进行实证检验，分析了能源价格、研发强度、企业规模等因素对碳生产率增长的作用机制。

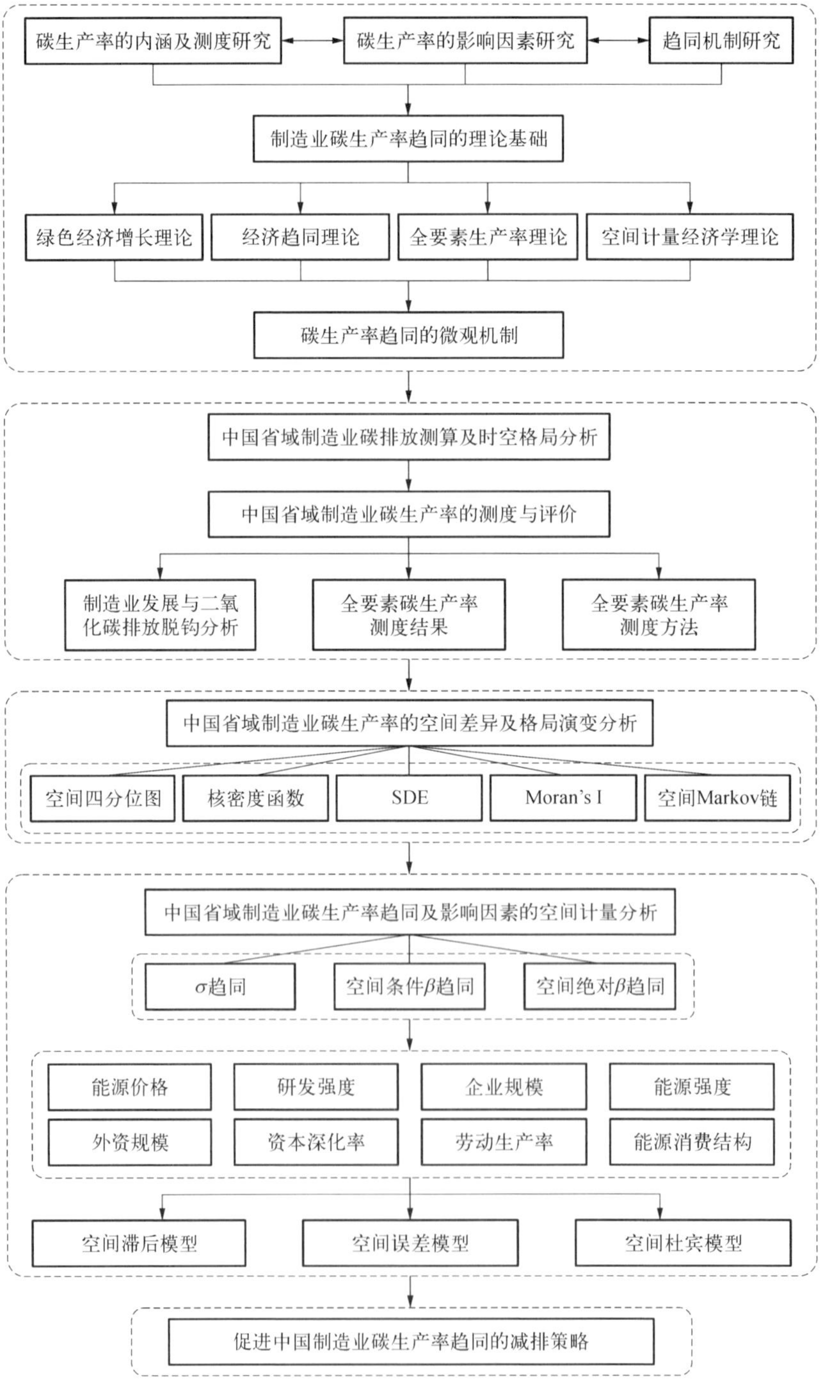

图 1.1　本研究的技术路线

1.6 创新点

（1）本书将 CO_2 当作非合意产出纳入全要素生产率框架，采用 SBM 方向性距离函数和 GML 指数模型对中国 30 个省域制造业全要素碳生产率展开了测度与评价。在碳生产率测度研究中，单要素生产率视角的研究居多，全要素生产率框架下的研究比较缺乏。虽有一些研究采用了全要素碳生产率测度方法，但大多采用的是径向的、未考虑松弛的 DEA 方法，该方法无法剔除投入产出松弛所造成的非效率成分，当存在投入产出的松弛性问题时会高估效率水平。SBM 方向性距离函数弥补了径向 DEA 模型中未包含松弛变量的缺点，且 GML 指数不存在线性规划无解的问题，从而提高了效率和计算结果的准确性。本书又将所选取的 28 个制造业细分行业分别按照污染程度的不同和要素密集度的不同进行分类，并利用上述方法测度和评价了 30 个省域各细分行业的全要素碳生产率。

（2）本书借鉴内生增长要素溢出理论、新经济地理学空间溢出理论，通过纳入空间效应将传统的趋同模型扩展到区域制造业碳生产率的空间趋同模型，分别建立了空间绝对 β 趋同模型和空间条件 β 趋同模型，在研究碳生产率趋同影响因素时充分考虑了邻近地区空间相关性及空间误差冲击效应，为趋同研究提供了新的研究视角。

（3）本书将 SDE、空间 Markov 链这两种空间统计方法引入制造业碳生产率的空间差异及格局演变分析中，并将 Markov 链 $N \times N$ 的转移概率矩阵（transition probability matrix）在原有方法基础上进行扩展，构建了 N 个 $N \times N$ 的条件转移概率矩阵；在省域制造业碳生产率趋同实证分析中引入了动态空间计量经济学方法，分别在邻接空间权重矩阵、地理距离权重矩阵、经济距离权重矩阵三种空间权重矩阵下构建了空间面板计量模型，有利于提高模型估计结果的有效性。

（4）从同时关注 CO_2 排放量和经济平稳均衡增长的全要素碳生产率视角，提出了促进中国制造业部门碳生产率趋同的行业差异化减排策略与政策建议，为促进省域制造业部门碳生产率趋同与减排合作提供了丰富信息。如当促进相对清洁类行业碳生产率增长时，适合同时采取劳动生产率改进政策和能源消费结构优化政策，而相对污染类行业更适合采取能源利用效率提高政策和清洁能源政策。

第2章　制造业碳生产率趋同的理论基础

碳生产率与绿色经济增长理论的内涵是不谋而合的，经济趋同理论则为碳生产率时空趋同机制研究提供了重要的检验思想。本书中制造业碳生产率的测度是基于全要素生产率理论，空间计量经济学理论为将空间效应纳入碳生产率趋同研究提供了重要的理论依据。本章旨在对支撑本书中研究的理论的发展脉络、主要内容及其与研究的关系进行分析，构建全要素碳生产率的分析框架，形成探讨制造业碳生产率趋同机制的方法体系。

2.1　绿色经济增长理论

2.1.1　绿色经济的概念和内涵

绿色经济的概念最早出现在大卫·皮尔斯于1989年出版的著作《绿色经济蓝图》一书中，他认为“绿色经济蓝图是从环境的角度，阐释了环境保护及改善的问题”①。但在那个时期，公众对绿色经济的认识大多还停留在环境保护层面，将其视为改善生态环境的一种被动手段。2007年，联合国环境规划署(United Nations Environment Programme, UNEP)首次将绿色经济定义为“重视人与自然、能创造体面高薪工作的经济”②。这打破了人们原有的认识，绿色经济的内容不再仅仅局限于生态环境的改善，而是生态环境与经济

① 大卫·皮尔斯.绿色经济的蓝图(4)：获得全球环境价值[M].徐少辉，冉圣宏，田润浓，等译.北京：北京师范大学出版社，1997：1.

② United Nations Environment Programme. Green jobs: Towards decent work in a sustainable, low-carbon world[R]. Nairobi: UNEP, 2008: 4.

发展要相得益彰、和谐共生。2010 年,UNEP 提出了绿色经济的新定义——“带来人类幸福感和社会的公平,同时显著地降低环境风险和改善生态缺乏的经济”①,强调要注重环境保护、经济增长和社会进步这三者的协调、统一发展。

绿色经济的内涵要求在资源配置上注重节省资源、降低损耗、控制成本和提高资源利用效率;在增长方式上提高技术水平、创新管理体制与绿色生产;在核算标准上将资源消耗、环境保护等成本纳入经济的成本核算,真实反映经济的可持续发展程度。中国学者在绿色经济的内涵上前瞻性地提出了“效率、和谐、持续”三位一体的目标体系和“绿色经济、绿色新政、绿色社会”三位一体的发展体系。发展绿色经济具有环境、经济和社会三方面的基本效应(图 2.1)。

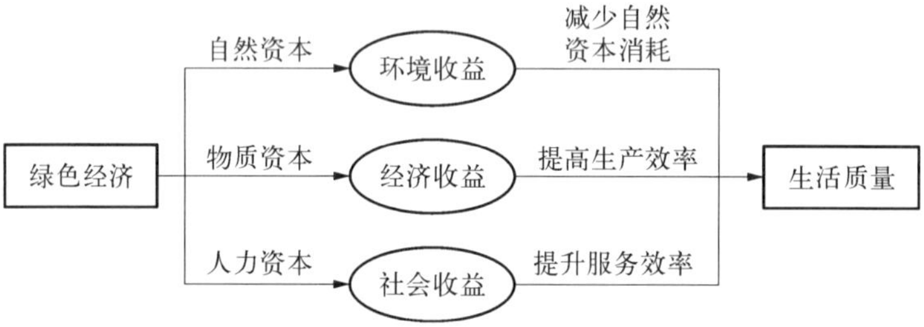

图 2.1　发展绿色经济的基本效应

就如何发展绿色经济,目前学界存在三种价值维度,即效率导向、规模导向和公平导向。在效率导向下,发展问题的解决主要依赖经济系统运行效率的改进和提高。这一导向下的核心思想是通过外部成本内部化、经济结构调整和绿色环境政策设计等促使公共和私人资本流向资源利用效率更高、低碳环保的经济部门,从而实现资源的有效配置。这一发展范式目前仍占据主导地位。规模导向的绿色经济聚焦于生态空间和自然资本的极限,倾向于控制经济的总增长规模,减少过度消费。这一发展范式较为务实,引起人们越来越多的关注和重视,例如在碳排放领域开始涉及对碳排放总量的控制。公平导向的绿色经济注重社会系统的公平或包容性,把公平与效

① United Nations Environment Programme. Green economy: Developing countries success stories[R]. Nairobi: UNEP, 2010: 5.

率置于同等重要的地位，以期构建和实现环境、经济、社会三者共赢的局面。例如，世界银行[150]强调了包容性绿色增长，指出绿色增长是必要的、高效率的，经济快速增长满足了世界贫困人口的迫切发展需求，但如果增长缺乏社会包容性、不是绿色的，从长期来看就不具备可持续性。目前，这一发展范式对绿色经济政策的影响越来越大，尤其是在平等财富分配、扩大绿色就业和减少贫困人口等方面。虽然绿色经济的三种发展范式的理论基础和具体措施各异，但它们并不完全对立，也无高下之分，各有各的可取之处，应因地制宜地选择。

2.1.2 绿色增长

(1) 绿色增长的概念和内涵

绿色增长的概念是由 Murgai 等[151]在 2001 年明确提出的。绿色经济增长理论的构建是基于将资源要素和环境影响引入传统经济增长理论中，它扩展了原有的"GDP 主导经济增长论"。"经济生产直接依赖自然资源存量和环境质量，环境作为一种生产要素纳入生产函数"的思想源头至少可以追溯至托马斯·马尔萨斯，并在 20 世纪 70 年代初的经典环境经济学文献中得到了进一步发展[152-154]。这种对经典增长理论的修正主要关注可耗竭资源和环境的约束，即有限的资源生产能力和废弃物吸纳能力[155]。随着全球环境问题的加剧，绿色经济增长理论正日益成为当前主流经济学家关注的一个新视角。2008 年以后，"绿色增长"在国际经济和发展机构的政策话语中占据了突出的位置。世界银行和其他五家多边开发银行在 2012 年发布的报告中对其目标做出了承诺[150,156]。经济合作与发展组织(Organization for Economic Co-operation and Development, OECD)在 2012 年发布了"绿色增长战略"宣言，将其定义为"在防止代价昂贵的环境破坏、气候变化、生物多样化丧失和以不可持续的方式使用自然资源的同时，追求经济增长和发展"。一些国家已把绿色增长作为明确的政策目标。

绿色增长概念的核心含义可以表述为在经济(GDP)增长的同时实现重要的环境保护。对于经济增长和环境改善在某些方面的兼容性，很少有人质疑。早期，绿色增长这一概念主要运用于缓解气候变化[157]，但现在，它通常涵盖了更广泛的环境资源(土壤、水、鱼类等资源)。世界银行为此给出了相应的定义:“有效利用自然资源的增长,最大限度地减少污染和环境影响的清洁增长,考虑了自然灾害、环境管理和预防人为灾难的自然资本的弹性增长”[150]。与世界银行给出的定义相比,OECD 的定义采用了更严格的“可持续性”标准,但两者有着明显的共通之处——这是目前或“褐色”的增长方式无法达到的一种环保水平。这反过来也使得绿色增长这一概念具有政治吸引力。

按照绿色经济增长理论,自然资源以一种物质资本的形式会直接影响到具体的生产过程。例如,洁净的水资源、空气资源有助于生产过程的顺利进行,从而提高生产效率,而二氧化硫、二氧化碳、废水等有害物质则对劳动者的健康不利,从而影响劳动生产率。Nordhaus[158]的研究发现,开发可再生能源不仅可减少碳排放、缓解气候变暖,带来健康效应,而且能提高劳动生产率,保持经济的长期增长。因此,有必要将自然资源纳入生产函数的分析中。自然资源还是工业生产中原材料的重要来源,如水、石油、木材等。因此,在该增长理论分析框架下,学者们一般把生产函数扩展为 $F=(K, L, N, R)$,其中 N 和 R 分别为自然资源的投入和开采率。随着自然资源开发的不断深入,开采的难度及成本会不断增加。类似地,在效用函数中同样需要考虑自然资源,其表达式通常写成 $U(C, L, N)$,也包括了对森林绿化、鱼、废水、废气等自然资源的消费。

在绿色经济增长领域,由于许多不可再生资源是工业生产的物质基础,如石油等化石燃料是工业生产的重要能源,随着资源储量趋于耗竭,厂商将不得不削减投入,使得有效产出不足和资本边际收益下降,进而影响经济增长速度。技术创新可通过提高劳动生产率来抵消资本边际收益和资源可获得性下降对生产造成的负面影响。Romer[159]将技术内生于增长模型中,进一步论证了技术进步是经济增长的核心,“干中学”及知识外溢在经济增长中起着重要作用。因此,绿色经济增长的最根本动力来源于绿色技术创新。从长远来看,减少污染和增强创新生态系统有利于提高整个社会的劳动生产率并促进经济增长,还可以引导和推进绿色技术创新,减少依赖资源消耗的技术研发活动,促进经济增长方式的转变。

（2）绿色 Solow 模型

在绿色增长的理念下，Brock 和 Taylor[155]提出了绿色 Solow 模型。该模型将污染减少的因素纳入 Solow 模型的假定中，是对 Solow 模型的深度拓展，用以探究经济增长与环境质量两者的关系。在具有固定储蓄率 s 的单一部门 Solow 模型中，生产函数为规模报酬不变的严格凹函数，即

$$
\begin{gathered}
Y = F(K,\ AL),\ \dot{K} = sY - \delta K \\
\dot{L} = nL,\ \dot{A} = g_A A
\end{gathered}
\tag{2-1}
$$

式中，K 表示资本；A 表示劳动扩张型技术进步；L 表示劳动；δ 为资本折旧率；n 为人口增长率；g_A 为劳动扩张型技术进步增长率。

为了研究污染对产出的影响，Brock 和 Taylor[155]在拓展的模型中假定单位经济活动产生的污染量为 ω。如果存在减排，那么大气中的污染量会与经济活动产生的污染量不同。假设减排是规模报酬不变的，减排比例（τ）是经济活动规模（F）和减排上经济努力（F^{τ}）的一个严格递增的凹函数，则污染量（E）可表示如下：

$$
\begin{aligned}
E &= 污染排放量 - 污染减排量 \\
&= \omega F - \omega\tau(F,\ F^{\tau}) \\
&= \omega F\left[1 - \tau\left(1,\ \frac{F^{\tau}}{F}\right)\right] \\
&= \omega F\rho(\theta)
\end{aligned}
\tag{2-2}
$$

式中，θ 为减排强度，$\theta = F^{\tau}/F$；$\rho(\theta) = 1 - \tau(1,\ F^{\tau}/F)$。

在 Solow 模型中，结合污染和减排的假定，可用于消费和投资的产出为 $Y = F(1 - \theta)$。假定减排的技术进步增长率为 g_{τ}，且 $g_{\tau} > 0$，由上述分析可得绿色 Solow 模型的表达式为

$$
\begin{aligned}
y &= f(k)(1 - \theta) \\
\dot{k} &= sf(k)(1 - \theta) - (\delta + n + g_A)k \\
e &= f(k)\omega\rho(\theta)
\end{aligned}
\tag{2-3}
$$

式中，$y = Y/(AL)$；$k = K/(AL)$；$e = E/(AL)$；$f(k) = F(k,\ 1)$。

在 Solow 模型中，假定 F 的稻田条件（inada conditions）成立，则当 θ 固

定时,从任何 $k(0)>0$ 开始,k 将收敛于一个特定的 k^*。在均衡增长路径上有 $g_y=g_k=g_e=g_A>0$,然而可能恶化的环境会对此构成威胁,当 k 接近常数 k^* 时,沿着均衡增长路径总排放量的增长率 $g_E=g_A+n-g_\tau$。其中,g_A+n 表示增长对污染排放量的规模效应,因为总产出在均衡增长路径上的增长率为 g_A+n;g_τ 表示减排中的技术进步所创造的技术效应。在均衡增长路径上对可持续增长的定义为在实现人均消费增长的同时又要有环境质量的改善,即只有 $g_A>0$, $g_\tau>g_A+n$ 才能确保可持续增长。减排技术进步的增长率必须超过总产出的增长率,方能使污染量下降,环境质量得到改善。绿色 Solow 模型可对经济增长与环境质量之间的关系现象做出有力的解释。

绿色经济增长概念的核心含义是在取得经济增长的同时取得重要的环境质量的改善,而碳生产率是可以把经济增长和 CO_2 减排两者有机结合的一个重要指标[69],可以说碳生产率与绿色经济增长理论的内涵是不谋而合的,两者均强调了经济发展与环境保护之间的关系。作为一种"相对减排"指标,碳生产率追求以尽可能少的 CO_2 排放投入来获取最多的经济产出,从而实现"促减排和保增长"的双重目标,即"绿色"和"增长"可以携手并进。随着全球气候变化问题的日益凸显和人们环保意识的不断增强,在保持经济稳定增长的同时,有效控制 CO_2 排放已成为全人类的共识。在此背景下,碳排放空间与传统的森林绿化、鱼、水等环境资源一样成为稀缺的自然资源,其稀缺性日益引起人们的关注。根据绿色增长理论,碳排放空间作为一种重要的自然资源,直接影响到生产过程,应将其像资本、劳动和土地等传统生产要素一样纳入生产函数的分析中。提高碳生产率是我国经济缓解减排压力、实现绿色增长的核心和关键。综上可知,绿色经济增长理论为碳生产率趋同性研究提供了重要的理论借鉴。

2.2 经济趋同理论

2.2.1 经济增长的趋同机制

(1) 新古典增长理论的趋同机制

"经济增长趋同假说"的核心思想来源于新古典增长理论[16,17]。该理论认为,基于要素边际报酬递减规律,在封闭的经济条件下,落后地区的经济增长率比发达地区的高，随着时间的推移，落后地区会对发达地区进行追赶，地区间差异缩小，从而实现经济趋同，即趋同是低效率地区对高效率地区的追赶过程。从长期而言，不同地区的发展水平将收敛于稳定状态。Solow[16]和 Swan[17]提出的增长模型是以生产函数和资本积累方程为核心，基本假设是边际报酬递减、报酬不变和固定资本折旧率，由该模型可推出经济的稳态均衡水平。

(2) 新增长理论的趋同机制

20 世纪 80 年代中期，以 Romer[159]和 Lucas[160]为代表提出的新增长理论（内生增长理论）开始逐步发展起来。由于新古典增长理论存在无法合理解释经济体的长期经济增长的缺陷，新增长理论的产生背景就是为了改进这个缺陷。新增长理论的发展经历了两个阶段：AK 型新增长理论和 R&D 型新增长理论。

支持 AK 型新增长理论的代表是 Romer[159]和 Lucas[160]，其提出的模型将技术进步内生化，并把它看作主体投资决策的产物，同时假设要素是边际报酬不变的。该理论认为，经济不存在稳态均衡，不同经济结构的经济体将以不同的增长率实现经济增长，经济的增长不存在趋同机制，而呈发散趋势。其理论解释为内生的技术进步是经济增长的根本动力，不变或递增的要素边际报酬来自知识溢出和“干中学”等内生技术累积手段。由此，最初拥有更多资本的地区有更高的增长率，从而导致地区差异。但是，如果发达经济体与落后经济体之间存在各种贸易和资源要素的流动，也可能出现经济趋同的情形。

R&D 型新增长理论是一系列进一步探究、解释增长源泉的理论成果[161-164]。R&D 型新增长理论在阐述中更明确地关注内生化技术变革。在该理论分析框架下，内生增长模型通过关注技术进步和研发转向来对长期经济增长进行解释，将从事 R&D 的劳动力与知识的增长率联系起来。在这些模型中，技术进步源自对创新的追求，创新是通过利润最大化来进行的。创新改进了生产率，并且是持续增长的最终源动力。R&D 型新增长理论下的增长和趋同机制都是基于技术进步，尤其关注技术扩散与模仿对增长差异的影响。是否存在技术扩散是经济增长具有趋同机制的关键因素[162,165]。基于扩散的趋同机制为发达地区出于自身利益的考虑会将一些先进的技术低成本地转移到落后地区，而落后地区也有引进这些技术的需求。通过引进、学习和模仿这些技术，落后地区可以低成本地实现本地区的经济增长和技术进步。同时，这一过程中落后地区的经济增长呈现动态变化，其技术水平越接近发达地区，模仿成本通常越高，且技术模仿的空间越小，导致相应的经济增长速度随之放缓，直至与发达地区趋同。

2.2.2 趋同的类型

趋同的类型主要有四种，分别是 σ 趋同、绝对 β 趋同、条件 β 趋同和俱乐部趋同。

（1）σ 趋同

σ 趋同可以较直观地度量地区间经济增长的差距，是我们对趋同概念的最直观认识。如果 $\sigma_{t+1} < \sigma_t$，即地区间经济增长的差距随时间是缩小的，那么存在 σ 趋同；反之，则不存在 σ 趋同。研究中一般采用经济指标的标准差和变异系数的时间趋势来衡量，具体算式为

$$S = \sqrt{\frac{\sum_{i=1}^{N}(CP_{it} - \overline{CP_t})^2}{N}},\ CV = S/\overline{CP_t} \tag{2-4}$$

式中，S 为标准差；i 为地区；N 为地区个数；CP_{it} 为 i 地区在 t 时期的碳生产率；$\overline{CP_t}$ 为 t 时期的碳生产率均值；CV 为变异系数。

（2）绝对 β 趋同

绝对 β 趋同探究的是各地区的经济变量是否达到一个共同的稳态水平。绝对 β 趋同表明经济变量的增长率与其初始水平呈负相关，落后地区的经济变量表现出赶超趋势，并最终趋于相同的稳态。因为一个地区经济的长期均衡取决于其结构特征，如技术、偏好、人口增长、政府政策和要素市场结构等，所以绝对 β 趋同要求各地区的结构特征趋同。绝对 β 趋同有严格的假定条件，表现为相同的技术进步增长率（g_A）、储蓄率（s）、资本折旧率（δ）和人口增长率（n）。在完全相同的结构特征下，不同地区遵循相同的

均衡增长路径，因而具有相同的稳态水平。绝对β趋同的动态过程如图 2.2 所示。其中，k 和 r_k分别表示劳均资本及其增长率；$f(k)$为资本边际报酬递减的生产函数；k^*表示稳态资本水平。

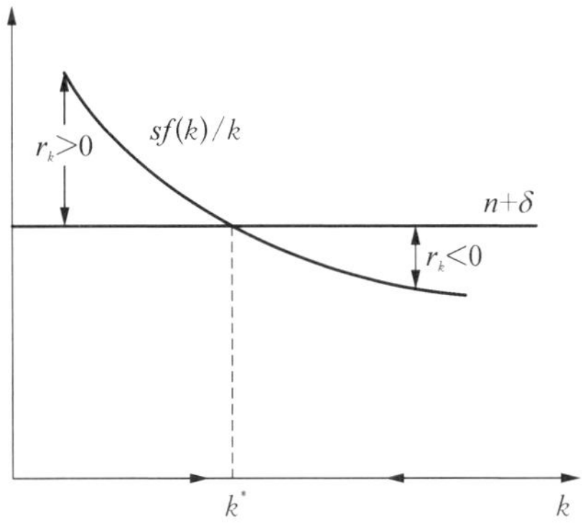

图 2.2　绝对β趋同的动态过程

绝对β趋同的检验方程为

$$\lg(y_{i,t+T}/y_{i,t})/T=\alpha+\beta\lg y_{i,t}+\varepsilon_{it} \tag{2-5}$$

式中，t 和 $t+T$ 分别表示期初与期末；T 为考察期的跨度；$y_{i,t}$和 $y_{i,t+T}$分别表示期初与期末的经济水平；α 为常数项；β 为趋同系数；ε_{it}为误差项。等式左边表示 i 地区在 T 时段的平均经济增长率。如果趋同系数 $\beta<0$ 且显著，那么说明 i 地区的平均经济增长率与其初始水平呈负相关，即地区经济增长具有趋同特征。

（3）条件β趋同

条件β趋同认为，各地区的经济增长速度不仅取决于其初始水平，还要受到各地区的不同结构特征的影响，如技术、偏好、人口增长和政府政策等。条件β趋同放弃了各地区具有相同结构特征的假定，说明各地区有着差异化的均衡增长路径而且仅趋于各自的稳态。因此，即使从长远来看，地区间的经济水平差异也仍然存在。图 2.3 反映了落后地区和发达地区条件β趋同的动态过程，这两个地区有着不同的储蓄率（s）。其中，s_r和 s_p分别为发达地区和落后地区的储蓄率；k_r^* 和 k_p^* 分别表示发达地区和落后地区的稳态资本水平。由图 2.3 可知，如果 $s_r<s_p$，那么稳态时 k_r^* 和 k_p^* 会不同，即落后地区的稳态水平要低于发达地区的稳态水平，落后者仍然落后。

条件β趋同对新古典增长理论的贡献在于，它既保证了其正确性和要素边际报酬递减规律，又加强了其对现实问题的解释能力。条件β趋同的检验方程为

$$\lg(y_{i,t+T}/y_{i,t})/T=\alpha+\beta\lg y_{i,t}+\psi X_{i,t}+\varepsilon_{it} \tag{2-6}$$

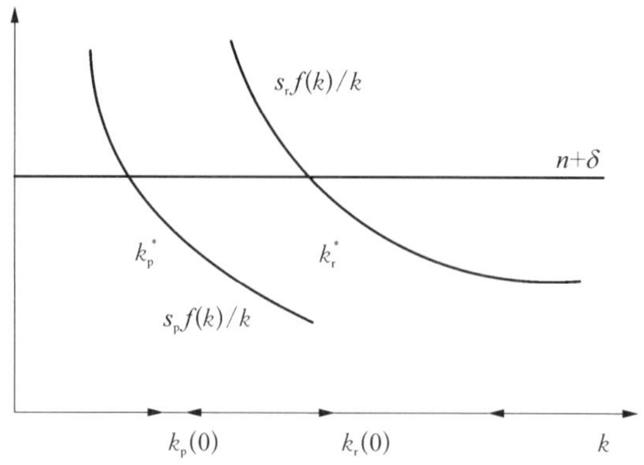

图 2.3　条件 β 趋同的动态过程

式中，$X_{i,t}$ 为体现地区经济结构特征的控制变量；ψ 为常数项。在绝对 β 趋同的检验方程的基础上，等式右边引入 $\psi X_{i,t}$，便构成了条件 β 趋同的检验方程。条件 β 趋同考虑了各地区资源禀赋、产业结构等特征的作用，表明各地区将趋于各自的稳态，不同的结构特征导致其稳态水平也不同。

（4）俱乐部趋同

俱乐部趋同认为，当允许个体异质性存在时，Solow 模型的动力系统可由多重稳态均衡来表征，结构特征相似的地区不一定收敛于同一稳态，其增长表现也受到初始水平的影响。只有当各地区的结构特征和初始水平均相似时，才会随时间逐渐收敛于相同的稳态，即发达地区与落后地区之间没有呈现明显的趋同趋势，但各自内部表现出趋同。k 的初始值大的地区趋同于高水平均衡，而 k 的初始值小的地区则趋同于低水平均衡。把异质性引入增长模型为收入分配影响增长的机制提供了分析渠道。大量的理论研究已经证明了收入分配方面的初始条件对于经济演变及其稳态均衡增长路径的重要性。在结构特征和人均初始产出水平上相似但收入初始分布不同的经济体可能收敛于不同的稳态，例如 Aghion 和 Bolton[166]、Bénabou[167]、Quah[168]、Durlauf[169]、蔡昉和都阳[170]的研究均得出此结论。Galor[22]认为，传统的新古典增长模型既产生了条件趋同假设，也产生了俱乐部趋同假设。在常规的增长模型中纳入一些重要的实证变量，如人力资本，收入分配，生育率，资本市场的不完善、外部性和非凸性等，会增强这两种趋同假设中俱乐部趋同假设的可行性。

2.2.3 不同趋同类型之间的关系

各种类型的趋同之间既相互区别又相互联系。σ 趋同和绝对 β 趋同均属于绝对趋同,而条件 β 趋同则属于相对趋同[168]。β 趋同为 σ 趋同的必要非充分条件[170],也就是说,假如地区经济增长具有 σ 趋同特征,则一定也具有 β 趋同特征,反之则不一定。两者之间存在三种可能关系:一是两种趋同都存在,如图 2.4 所示;二是两种趋同都不存在,如图 2.5 所示;三是存在 β 趋同但不存在 σ 趋同,如图 2.6 所示。A 代表发达地区,B 代表落后地区,图能直观反映出两个地区的经济增长速度及发展水平差距(标准差)的变化。绝对 β 趋同和条件 β 趋同的区别之处:前者趋于同一稳态,落后地区发展水平赶超发达地区直至相同;后者与每个地区各自的稳态联系在一起,因此各地区的差距也始终存在。条件 β 趋同和俱乐部趋同的区别在于:

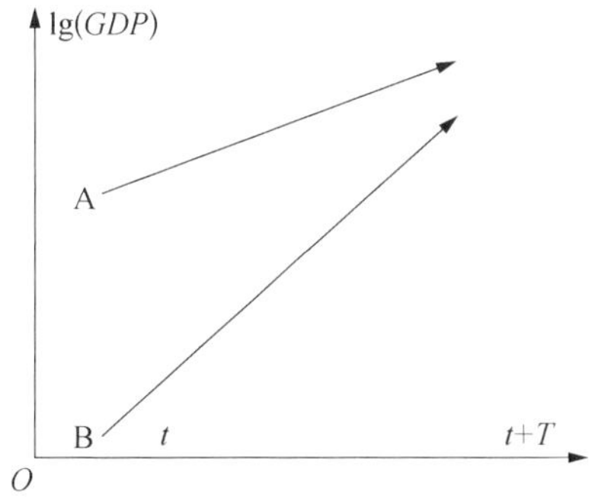

图 2.4　两种趋同都存在

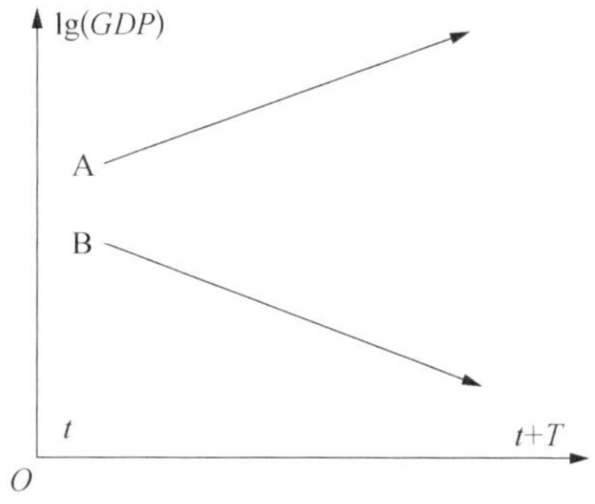

图 2.5　两种趋同都不存在

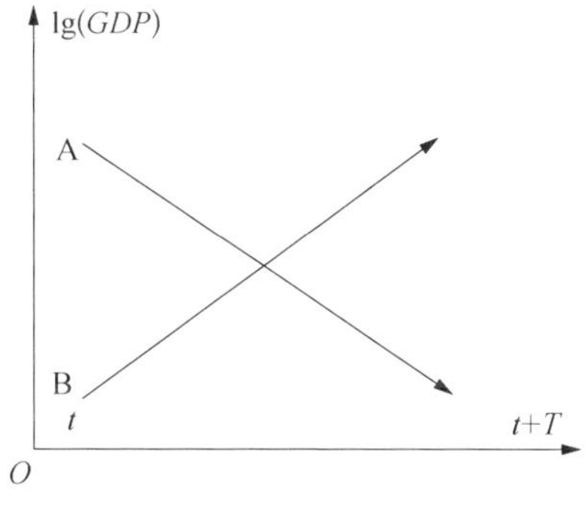

图 2.6　存在 β 趋同但不存在 σ 趋同

前者中不同的稳态水平取决于结构特征，如果结构特征相似，则经济将趋于同一稳态，而与初始水平无关；后者与多重的均衡增长路径联系在一起，稳态水平不仅取决于结构特征，也取决于初始水平。

对于不同类型的趋同，其潜在的政策含义也是不同的。绝对趋同是地区间经济变量差异的自发减小，在该情形下，如何加快趋同速度是政策制定的重心和出发点。而条件趋同往往与地区结构特征联系在一起，因此对于落后地区，准确识别经济增长的结构因素，以及如何在这些方面改善和提高从而实现趋同，这是决策者们首要考虑的问题。不同地区具有不同的经济地理、技术水平、能源消费特征，使得制造业碳生产率存在明显的地区差异性。本书旨在探讨在技术外部性和要素边际报酬递减规律作用下，中国省域制造业碳生产率是否存在一种内在趋同趋势；碳生产率低值省域是否比碳生产率高值省域具有更高的增长率等问题。这些问题的回答都离不开对经济趋同理论及其检验方法的理解和运用，本节的经济趋同理论为制造业碳生产率时空趋同机制研究提供了重要的理论基础和检验思想。

2.3 全要素生产率理论

根据投入要素数量的不同，通常可以把生产率划分为单要素生产率（single factor productivity, SFP）、多要素生产率（multi-factor productivity, MFP）和全要素生产率（total factor productivity, TFP）三种。单要素生产率是产出与一种投入之比，例如劳动生产率和技术生产率。多要素生产率被定义为产出与多种要素（如劳动和资本）加和之比。全要素生产率通常指Solow余值，它是一个能综合反映技术效率和竞争能力的重要指标。此外，通过将总产出对某种生产要素求偏导，还可以得到该生产要素的偏要素生产率（partial factor productivity, PFP）。

TFP是产出中无法用投入要素的数量来解释的部分，如技术进步、技术效率、制度创新等因素所导致的产出增加。TFP水平主要由生产流程中各种要素投入的效率和强度来决定。TFP在经济波动、经济增长和人均收入的跨国差异方面起着关键作用。在商业周期波动中，TFP与产出和工作时间紧密相关。Solow[16]指出，对于一个具有新古典生产函数的经济体，人均收入的长期增长必须由 TFP 的增长驱动。通过将 TFP 增长率与创新联系起来，内生增长理论为阐释 TFP 增长的决定因素提供了重要的启示。研发补贴和充裕的熟练劳动力资源减少了研发的边际成本，提高了创新发展速度，从而提升了 TFP 增长率。同时，市场规模的扩大增加了创新人员的收入，导致更多的创新活动和更高的 TFP 增长。Solow[16]认为，技术的跨国差异可能会产生人均收入的重要跨国差异。Klenow 和 Rodríguez-Clare[171]、Hall 和 Jones[172]分别证实了穷国与富国之间的人均收入差距与 TFP 的跨国差异有关。而 TFP 的跨国差异可能来自各个国家的技术水平和技术使用效率的差异，且很大程度上取决于技术水平的差异。TFP 增长通常通过 Solow 余值来衡量。若以 g_Y 代表总产出的增长率，g_K 代表总资本的增长率，g_L 代表劳动总量的增长率，α 代表资本份额，则可将 Solow 余值定义为 $g_Y - \alpha g_K - (1-\alpha)g_L$。Solow 余值能准确地测量 TFP 增长是基于下列三个条件的成立：① 新古典主义的生产函数；② 要素市场存在完全竞争；③ 要素增长率准确衡量。

Solow 余值被提出以后，TFP 的测度方法成为 TFP 生产率理论研究的热点和重点。1977 年，Aigner 等[173]利用随机前沿分析（SFA）方法估算 TFP，发现 SFA 方法可以解决 Solow 余值法在估算 TFP 方面存在的不足。Charnes 等[174]、Banker 等[175]分别运用数学线性规划方法提出了基于规模收益不变（contan returns to scale, CRS）的 CCR 模型和基于规模收益可变（variable returns to scale, VRS）的 BCC 模型。随后，又有不少学者将凸分析、前沿面理论等现代数学分析方法引入 TFP 的测度方法研究中，使测度结果更加接近真实。TFP 的测度方法经历了一个不断改良和丰富的演进过程，遵循了从非生产前沿分析向生产前沿分析、从参数方法向非参数方法及从忽视非合意产出的传统生产率测度向同时考虑合意产出和非合意产出的生产率测度的演变路径。图 2.7 给出了传统的 TFP 测度方法分类。其中，数据包络分析（DEA）方法是一种数据驱动的方法，可对多个样本进行跨期研究，而且对价格信息及生产函数的具体形式不做要求，与其他 TFP 测度方法相比具有特殊的优势，因此受到众多学者的青睐。本书主要基于 SBM 方向性距离函数的 DEA 方法测度制造业碳生产率,因此下文着重分析介绍由 DEA 测度 TFP 的主要理论和方法。

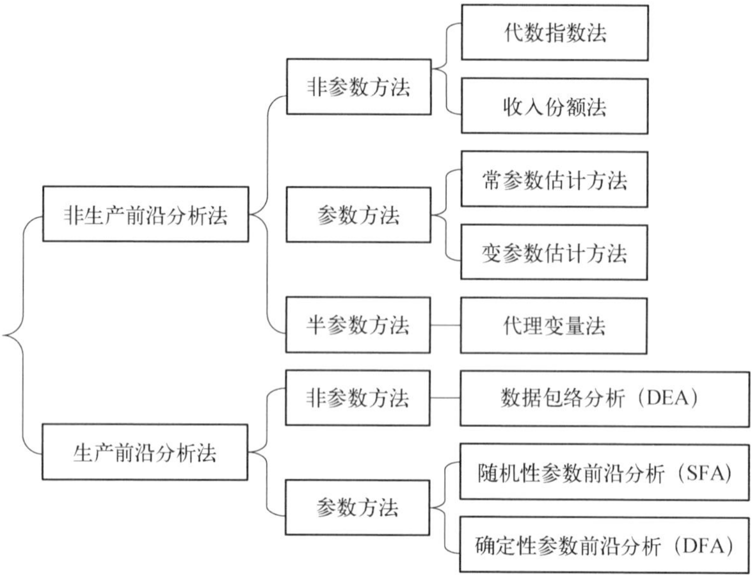

图 2.7　传统的 TFP 测度方法分类[176]

2.3.1　DEA 方法

自 Charnes 等[174]的开创性研究以来,DEA 方法已在各类效率评价中得到了广泛应用。DEA 方法是一种在技术效率理论基础上发展起来的非参数前沿分析方法,它是基于被评价对象之间的相对比较。该方法利用数学规划模型来评价具有多投入多产出的生产决策单元(decision making unit, DMU)间的相对有效性,DMU 可以是任何具有可测量的投入、产出的部门或单位,但各 DMU 之间必须具有可比性。根据对各 DMU 观测数据来确定其是否处于技术有效率的状态,实质上是确定被评价 DMU 是否处于生产前沿面上。Charnes 等[174]提出了基于 CRS 的 CCR 模型,其测得的综合技术效率包括了规模效率的影响。随后,Banker 等[175]放松了生产技术的 CRS 假定,建立了基于生产技术 VRS 的 BCC 模型,测得了剔除规模因素的纯技术效率。运用 DEA 方法测度生产率时,在多投入多产出生产技术下,需要构造生产可能集(production possibility set, PPS)和距离函数(distance function)。若 X 和 Y 分别为投入向量和产出向量,且 $X > 0$, $Y > 0$, 则 PPS 被定义为 $p = \{(x, y) \mid x \geqslant X\lambda, y \leqslant Y\lambda, \lambda \geqslant 0\}$。其中,$\lambda$ 为一个非负向量,可根据不同情形对其施加约束,例如在 BBC 模型下, $\sum_{j=1}^{n} \lambda_j = 1$。

2.3.2　距离函数

(1) 传统距离函数

多投入多产出生产技术可通过距离函数来刻画,Malmquist[177] 运用相对无差异曲线径向移动幅度最早定义了距离函数的概念。距离函数用于反映 DMU 的实际生产与生产前沿之间的径向距离,距离越短,说明该 DMU 的生产率越高。距离函数可从产出导向与投入导向两个视角进行划分,具体函数表达式分别为 $D_o(x, y) = \inf\{\theta: (y/\theta) \in P(x)\}$ 和 $D_i(x, y) = \sup\{\rho: (X/\rho) \in L(y)\}$, 其中 $P(x)$ 和 $L(y)$ 分别为产出集和投入集。图 2.8 和图 2.9 直观显示了两种距离函数的概念差异。在图 2.8 产出距离函数中, DMU_A 的函数值是 $\theta = OA/OB$, 对于 $y \in P(x)$, 有 $D_o(x, y) \leqslant 1$, 在给定投入水平的情况下,经过 θ 最小化途径将产出径向拓展到生产前沿面。类似地,在图 2.9 投入距离函数中,DMU_C 的函数值用 $\rho = OC/OD$ 来表征,对于 $x \in L(y)$, 有 $D_i(x, y) \geqslant 1$, 通过 ρ 最大化途径实现投入径向缩减到生产前沿面。在基于 CRS 假定的 CCR 模型中,对于任意 (x, y), 两种距离函数呈

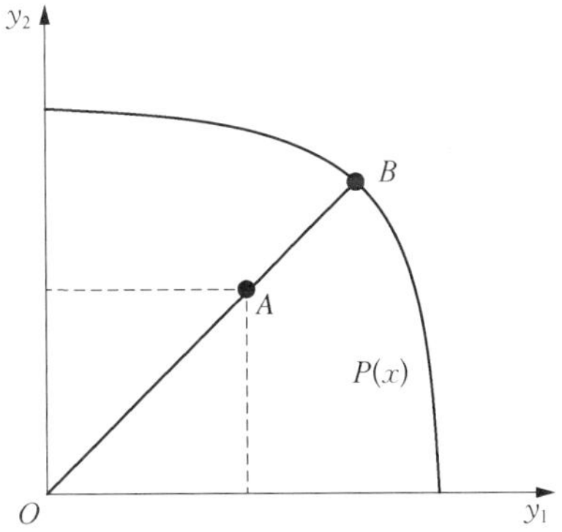

图 2.8　产出距离函数

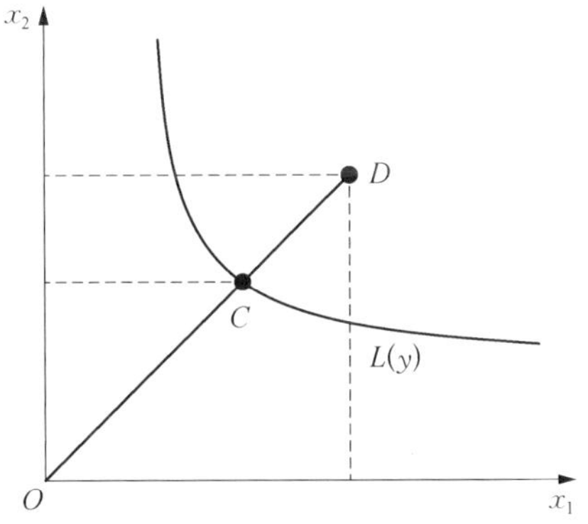

图 2.9　投入距离函数

倒数关系。利用上述距离函数,可分别测度出 DMU 在两种导向下的技术效率,产出导向下和投入导向下分别为 $TE = 1 - AB/OB = OA/OB = D_o(x, y)$ 和 $TE = 1 - CD/OD = OC/OD = D_i(x, y)$。

(2) 同时考虑合意产出和非合意产出的方向性距离函数

随后,不少学者在此基础上进一步拓展了距离函数研究。Shephard (1970)提出了基于生产函数的距离函数(Shephard 距离函数),Chambers 等[178]、Chung 等[94]先后提出了同时考虑合意产出和非合意产出的方向性距离函数(directional distance function, DDF),并模拟了环境污染对经济行为的负面影响,其在绿色生产率测度研究中得到了广泛应用。方向性距离函数的表达式为

$$\begin{aligned} D_0^t(x_i^t, y_i^t, b_i^t; y_i^t, b_i^t) &= \sup\{\beta \mid (y_i^t, b_i^t) + \beta(y_i^t, b_i^t) \in P^t(x_i^t)\} \\ &= \sup\{\beta \mid [(1+\beta)y_i^t, (1-\beta)b_i^t] \in P^t(x_i^t)\} \end{aligned} \tag{2-7}$$

式(2-7)可通过求解下列线性规划得到:

$$D_0^t(x_i^t, y_i^t, b_i^t; y_i^t, -b_i^t) = \max_{z,\beta}\beta$$

$$\text{s.t.}\begin{cases} YZ \geqslant (1+\beta y_i) \\ (1-\beta)b_i = BZ \\ x_i - XZ \geqslant 0 \\ Z \geqslant 0 \end{cases} \tag{2-8}$$

式中,x_i^t、y_i^t 和 b_i^t 分别为决策单元在 t 时期的投入、合意产出和非合意产出;β 表示对无效率程度的测量。式(2-8)表明,无效 DMU 沿着方向向量调整产出,通过增加合意产出 βy_i 和缩减非合意产出 βb_i,可达到前沿面上的有效生产状态。若 $\beta = 0$,则说明 DMU 处于技术有效的状态,β 值越小,技术效率越高,非合意产出缩减和合意产出增加的空间越大。在式(2-8)中,假定非合意产出是弱处置性的,而将合意产出和投入均视为自由处置的。

(3) SBM 方向性距离函数

上述距离函数多是运用径向的(radial)、导向的(oriented)DEA 方法。

在径向 DEA 模型中,对于无效率程度的测量只包含了所有投入(产出)等比例缩减(增加)的部分。对于无效 DMU 来说,其当前状态与强有效目标值之间的差距,除等比例改进的部分之外,还包括松弛改进的部分,而松弛改进的部分并未得到体现,因此径向 DEA 方法会高估评价对象的效率,而导向 DEA 方法会影响测度结果的准确性。出于这样的考虑,Tone[101]构建了基于松弛的 DEA 方法,Fukuyama 和 Weber[102]在此基础上提出了更一般化的 SBM 方向性距离函数。SBM 模型的具体表达式为

$$\min \rho = \frac{1 - \dfrac{1}{m}\sum_{i=1}^{m} s_i^- / x_{ik}}{1 + \dfrac{1}{q}\sum_{r=1}^{q} s_r^+ / y_{rk}} \tag{2-9}$$

$$\text{s.t.} \begin{cases} X\lambda + s^- = x_k \\ Y\lambda - s^+ = y_k \\ \lambda,\ s^-,\ s^+ \geqslant 0 \end{cases}$$

式中,(x_{ik}, y_{rk})表示投入产出值;(s_i^-, s_r^+)表示投入产出的松弛向量。在该模型中,投入和产出的无效率分别为 $\frac{1}{m}\sum_{i=1}^{m} s_i^- / x_{ik}$ 和 $\frac{1}{q}\sum_{r=1}^{q} s_r^+ / y_{rk}$。用 ρ^* 表示 DMU 的效率值,如果 $\rho^* = 1$,则表明 DMU 是强有效的,不存在径向 DEA 模型中的弱有效问题。

2.3.3　生产率指数

(1) Malmquist(M)指数

Malmquist 指数用来衡量跨期的 TFP,一方面可判断被评价 DMU 效率的稳定性,另一方面可观察分析被评价 DMU 效率的变动趋势以及技术效率和技术进步各自对其变动所起的作用。Caves 等[179]基于参考技术集及技术有效假设,提出了生产率变动的 Malmquist 指数。Färe 等[180]在 Caves 等[179]的生产率测度方法基础上考虑了存在技术无效率的情形,并将 Malmquist 指数分解为技术效率和生产技术两个方面的变化,在 DEA 方法

中可反映生产前沿的移动情况。后经许多学者不断丰富和改良,Malmquist 指数理论和测量方法日臻完善。随着 DEA 理论的提出,将 DEA 方法与 Malmquist 指数结合在一起测度 TFP 已成为当下的一个研究热点。DEA 方法与 Malmquist 指数相结合测度 TFP 的基本思想如下：首先基于投入或者产出的视角定义距离函数,然后基于所采用的距离函数构建 Malmquist 指数来测度生产率。基于 DEA 方法的 Malmquist 指数以其处理面板数据信息方面的能力及其特殊的性质,被广泛应用于各类研究中。

Malmquist 指数利用方向距离来衡量生产率的变化,可从投入和产出两方面来定义其形式。分析被评价 DMU 在两个时期的生产率变化,需要参考生产前沿来得出其在两个时期的生产效率。若考察被评价 DMU 在 p、q $(p < q)$ 两个时期的生产率变化,则分别参考 p 时期和 q 时期的前沿的生产率计算公式：

$$
\begin{aligned}
M_i^p(x_p, y_p, x_q, y_q) &= D_i^p(x_q, y_q)/D_i^p(x_p, y_p) \\
M_i^q(x_p, y_p, x_q, y_q) &= D_i^q(x_q, y_q)/D_i^q(x_p, y_p)
\end{aligned}
\qquad (2-10)
$$

Färe 等(1992)基于 Caves 等[179]测度 Malmquist 指数的方法,将基于 p 时期和 q 时期的两个 Malmquist 指数的几何平均值作为被评价 DMU 的 Malmquist 指数,并将其分解为技术效率变化(technical efficiency change, TEC)和技术变化(technological change, TC)两部分,具体表达式为

$$
\begin{aligned}
M_i(x_p, y_p, x_q, y_q) &= \sqrt{\frac{D_i^p(x_q, y_q)}{D_i^p(x_p, y_p)} \times \frac{D_i^q(x_q, y_q)}{D_i^q(x_p, y_p)}} \\
&= \frac{D_i^q(x_q, y_q)}{D_i^p(x_p, y_p)} \times \sqrt{\frac{D_i^p(x_p, y_p)}{D_i^q(x_p, y_p)} \times \frac{D_i^p(x_q, y_q)}{D_i^q(x_q, y_q)}} \\
&= TEC \times TC
\end{aligned}
\qquad (2-11)
$$

当技术效率变化指数大于 1 时,表明从 p 时期到 q 时期的技术效率呈现进步,又称为追赶效果(catch-up effect)。若技术变化指数大于 1,则表示

从 p 时期到 q 时期前沿前移（技术进步）；反之，则前沿后退（技术退步）。当 Malmquist 指数大于 1 时，表示被评价 DMU 从 p 时期到 q 时期的 TFP 呈现进步；当 Malmquist 指数等于 1 时，表示被评价 DMU 从 p 时期到 q 时期的 TFP 维持不变；当 Malmquist 指数小于 1 时，表示被评价 DMU 从 p 时期到 q 时期的 TFP 呈现后退。当生产技术是 CRS 时，经投入和产出两个角度测度的 Malmquist 指数是相同的。关于 Malmquist 指数的分解，Färe 等[180]在 Färe 等（1992）分解方法的基础上，通过 VRS Malmquist 指数和 CRS Malmquist 指数得出不同的效率变化，将技术效率变化进一步分解为纯技术效率变化和规模效率变化（图 2.10）。

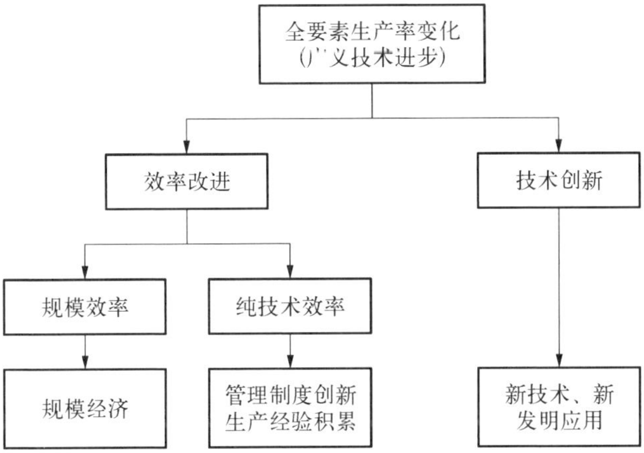

图 2.10　全要素生产率分解图

（2）Malmquist－Luenberger（ML）指数

随着环境问题的日益凸显，人们试图把污染物对环境的负面影纳入生产率的测度中。如果不考虑环境效应，生产率的测度结果往往是有偏的。为此，Chung 等[94]在 Malmquist 指数的基础上，通过结合 Malmquist 指数和方向性距离函数（DDF）的概念提出了 Malmquist－Luenberger 指数。自从这项开创性的研究被公开以来，ML 指数被广泛运用于各种 DMU 效率的测度。图 2.11 描述了 ML 指数的 DDF 和生产可能性集，其中 $g=(y,\ b)$ 为方向向量，距离函数 β 代表距离函数 F。根据 Chung 等[94]的研究，ML 指数是基于连续两次的同期基准技术，可表示为

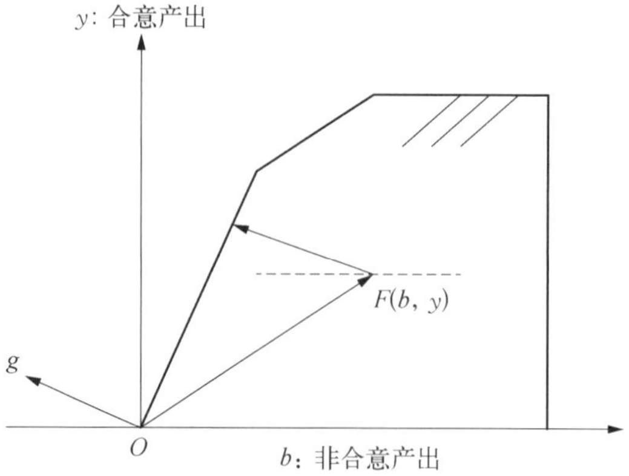

图 2.11　ML 指数的 DDF 和生产可能性集

$$ML^s(x^t, y^t, b^t, x^{t+1}, y^{t+1}, b^{t+1}) = \frac{1 + D^s(x^t, y^t, b^t)}{1 + D^s(x^{t+1}, y^{t+1}, b^{t+1})}, \ s = (t, t+1) \tag{2-12}$$

式中，x^t、y^t 和 b^t 分别为 t 时期的投入、合意产出和非合意产出；x^{t+1}、y^{t+1} 和 b^{t+1} 分别为 $t+1$ 时期的投入、合意产出和非合意产出。方向距离函数 $D^s(x, y, b) = \max\{\beta \mid (y+\beta y, b-\beta b) \in p^s(x)\}$，其中 p^s 是同期技术集。ML 指数通常被定义为两个连续时期的 ML 指数的几何平均值。与 M 指数一样，ML 指数可进一步分解为技术效率变化指数和技术变化指数两部分：

$$\begin{aligned} & ML^{t,t+1}(x^t, y^t, b^t, x^{t+1}, b^{t+1}) \\ &= \left[\frac{1 + D^t(x^t, y^t, b^t)}{1 + D^t(x^{t+1}, y^{t+1}, b^{t+1})} \times \frac{1 + D^{t+1}(x^t, y^t, b^t)}{1 + D^{t+1}(x^{t+1}, y^{t+1}, b^{t+1})}\right]^{1/2} \\ &= \frac{1 + D^t(x^t, y^t, b^t)}{1 + D^{t+1}(x^{t+1}, y^{t+1}, b^{t+1})} \times \left[\frac{1 + D^{t+1}(x^t, y^t, b^t)}{1 + D^t(x^t, y^t, b^t)} \times \frac{1 + D^{t+1}(x^{t+1}, y^{t+1}, b^{t+1})}{1 + D^t(x^{t+1}, y^{t+1}, b^{t+1})}\right]^{1/2} \\ &= EC^{t,t+1} \times TC^{t,t+1} \end{aligned} \tag{2-13}$$

（3）全域 Malmquist－Luenberger（GML）指数

全域 Malmquist 指数是 Pastor 和 Lovell[181]提出的一种 Malmquist 测度方

法。为了解决传统ML指数存在可能出现线性规划无解的问题，Oh[103]通过结合全域Malmquist指数和Luenberger的方向性距离函数概念提出了全域Malmquist－Luenberger指数。GML指数与传统ML指数的主要差异是对生产可能性集的定义。在传统ML指数中，定义同期基准技术为

$$P^t(x^t) = \{y^t,\ b^t \mid x^t \text{能生产}(y^t,\ b^t)\},\ t = 1,\ 2,\ \cdots,\ T \quad (2-14)$$

这个同期基准技术构建了一个t时期的参考集，且该参考集仅由当期的数据生成[182]。而在GML指数中，全域基准技术被定义为$P^G = P^1 \cup P^2 \cup \cdots \cup P^T$，其中包括了生产过程中的非合意产出。全域基准技术通过构建一个全域参考集包络了所有各期基准技术，即被评价DMU肯定包含在全域参考集内，所以GML指数不存在VRS模型无可行解的问题。各期参考的是同一前沿，因此计算得出的也是单一Malmquist指数，其表达式如下：

$$GML^{t,\ t+1}(x^t,\ y^t,\ b^t,\ x^{t+1},\ y^{t+1},\ b^{t+1}) = \frac{1 + D^G(x^t,\ y^t,\ b^t)}{1 + D^G(x^{t+1},\ y^{t+1},\ b^{t+1})} \quad (2-15)$$

GML指数也可分解为技术效率变化指数和技术变化指数两部分：

$$\begin{aligned} & GML^{t,\ t+1}(x^t,\ y^t,\ b^t,\ x^{t+1},\ b^{t+1}) \\ &= \frac{1 + D^G(x^t,\ y^t,\ b^t)}{1 + D^G(x^{t+1},\ y^{t+1},\ b^{t+1})} \\ &= \frac{1 + D^t(x^t,\ y^t,\ b^t)}{1 + D^{t+1}(x^{t+1},\ y^{t+1},\ b^{t+1})} \times \\ & \quad \frac{[1 + D^G(x^t,\ y^t,\ b^t)]/[1 + D^t(x^t,\ y^t,\ b^t)]}{[1 + D^G(x^{t+1},\ y^{t+1},\ b^{t+1})]/[1 + D^{t+1}(x^{t+1},\ y^{t+1},\ b^{t+1})]} \\ &= EC^{t,\ t+1} \times TC_G^{t,\ t+1} \end{aligned} \quad (2-16)$$

在式(2－16)中，EC的含义与传统ML指数中的一致，而TC_G是t到t+1时期各期前沿与全域前沿之间差距的变动，衡量了两期之间的技术变化。GML指数易于计算，且不需要选择基准技术，因为一个单一的全域参考集被用作所有各期DMU的基准技术。此外，GML指数解决了环境敏感型生

产率指数缺乏循环性和线性规划无解的问题,而缺乏循环性和无解性问题都可能导致估计结果出现偏误[103]。

单要素碳生产率有数据容易获得、计算简便、结果直观且易于理解的优点,它的缺陷是忽略了在实际生产过程中碳排放与各生产投入要素之间的替代性。因此,仅用单要素指标来测度碳生产率是不够全面的,也无法解释整体碳生产率的变化,其测度结果可能会误导经济生产决策。全要素碳生产率更能恰当反映出各资源要素对整体碳生产率的作用。因此,本书把全要素生产率理论及其基于 DEA 的测度方法运用于省域制造业碳生产率的研究中。全要素生产率理论为接下来的全要素碳生产率测度提供了必要的理论基础和测度方法。

2.4 空间计量经济学理论

2.4.1 空间计量经济学理论基础

空间经济学在西方主流的一般均衡模型中引入了空间的概念,主要着眼于空间经济现象和规律、稀缺资源的空间布局和区位选择问题的研究。事实上,资源要素在地理空间上并非同质分布而是存在一定的异质性,因此自然资源禀赋还涉及空间距离问题,其运输成本应纳入生产决策。空间经济学打破了传统区位理论的完全竞争与不变规模报酬假设,是基于生产、消费的规模效应与运输成本之间的权衡取舍关系。地理位置及空间效应对各种经济活动和经济现象有重要的作用,将空间格局、空间效应等因素纳入区域经济研究中是十分必要的。近年来,随着 Krugman[183] 和 Fujita 等[184] 新经济地理学开创性研究的涌现,空间经济学得到了迅速发展,已成为主流经济学的一个不可或缺的分支和研究热点。

空间计量经济学是计量经济学的一个子领域,它能够处理横截面和面板数据模型中的空间相互作用(空间自相关)和空间结构(空间异质性)[185,186]。目前,无论是应用计量经济学还是理论计量经济学,都越来越关注地理位置和空间相互作用的影响。明确纳入空间或地理因素的模型过去主要见之于区域科学、城市和经济地理学等专业领域,而近年来空间计量经济学方法也越来越多地被广泛应用于传统经济学领域的实证研究中，如需求分析、国际经济学、劳动经济学、公共经济学和环境经济学。主流的理论和应用计量经济学开始关注空间交互作用的识别、估计和检验，主要出于两方面的原因：一是在经济学理论模型领域，人们的研究兴趣日益转向对经济系统内各经济体之间相互作用的解释，并提出了个体之间的相互作用如何导致集体行为和集聚模式的命题；二是处理空间数据的需要，随着地理信息系统的扩散，相关地理编码数据可获得性增加刺激了这方面的需求。地理数据往往存在空间自相关，在这种情况下经典的计量经济学方法是不适用的。

区域间的经济活动往往存在某种程度的空间关联作用，表现为地理空间数据所具有的空间特性，恰似地理学第一定律所表述的——任何事物之间均有联系，离得越近，事物之间的联系越大，反之则越小[187]。传统统计与计量在处理具有空间特征的数据时，往往忽视了数据间存在的空间依赖性和空间异质性。空间数据问题违反了经典计量经济模型中 Gauss - Markov 的严格假定，即独立观测值、数据是均质的、无异方差等，而独立观测值的假定在现实经济生活中并不是普遍成立的。因此，在经典计量模型无法解决空间数据问题（Getis，1997）的背景下，空间计量经济学方法便应运而生，它为识别和估计经济活动中表征的空间效应提供了有效的理论和方法。Anselin[186]提出的空间依赖性（spatial dependence）和空间异质性（spatial heterogeneity），为检验区域数据是否存在空间交互作用提供了重要的理论和分析方法。

（1）空间依赖性

空间依赖性亦称为空间自相关性（spatial autocorrelation）。空间依赖性指的是地理空间上观测值之间可能发生的相互依赖性，这种依赖性违反了扰动项不相关的假定，具体表现为具有空间属性的随机变量间的关联程度。根据 Anselin 和 Rey[188]的研究，空间依赖性以两种不同的形式呈现：干扰（nuisance）空间依赖性和真实（substantial）空间依赖性。其中，干扰空间依赖性仅影响误差项，因此被认为是一种非球形扰动的特殊形式，可能由数据搜集与空间单元不匹配所引发。一般情况下，当存在非球形扰动时，空间误差自相关不会导致 OLS 估计有偏,但会影响其估计效率,且空间依赖性的存在会影响许多标准检验的有效性。在真实空间依赖性中,空间依赖性得到了实质性的解释,一个地方的变量由其在其他地方的观测值联合决定,具体表现为空间耦合、溢出效应、模仿行为和空间示范等,类似于资本流动、技术溢出、创新扩散等经济行为都属于该范畴。当存在真实空间依赖性时,由于空间二维、双向的依赖性的特殊性质,无论误差项是否相关,OLS 都不再是一致的估计。

独立观测值的假定是线性回归模型的经典假定,很大程度上简化了该模型,但是在空间背景下,这种假定不再成立。相反,空间依赖性反映了这种情况,即一个区域的观测值 i 依赖于周边地区 j 的观测值。假设分别以 $i = 1$ 和 $j = 2$ 代表邻居,那么其数据生成过程可用如下形式表示:

$$\begin{aligned} y_i &= \alpha_i y_j + X_i\beta + \varepsilon_i \\ y_j &= \alpha_j y_i + X_j\beta + \varepsilon_j \\ \varepsilon_i &\sim N(0,\ \sigma^2)\, i = 1 \\ \varepsilon_j &\sim N(0,\ \sigma^2)\, j = 2 \end{aligned} \tag{2-17}$$

在式(2-17)中,y_i 的取值依赖于 y_j 的取值,反之亦然。空间依赖性存在的一个重要原因是社会人口、经济和区域活动的空间维度可能是建模问题的一个重要方面。区域科学的前提是位置和距离在人文地理和市场活动方面有重要影响。在区域科学理论中,相关的概念表述有空间相互作用、扩散效应、区域层级和空间溢出。

(2) 空间异质性

空间异质性是空间结构上的非均衡性(structural instability),表现为经济行为之间存在明显的空间非匀质性,每个空间单元上的事物和现象都与其他空间单元上的有不同的特点,如中心城市和周边区域、发达地区和落后地区的差异性等。空间结构的非均衡性在计量模型中表现为异方差或变系数。在设定识别区域经济行为的模型时,明确考虑空间异质性有其重要的原因:第一,非均衡背后的“结构”是空间或地理,观测值的位置对于确定非均衡的形式至关重要,例如可以将组间异方差在建模时设定为不同地理数据集的不同误差方差；第二，由于是空间结构，异质性往往与空间自相关性同时发生，使得经典的计量不再适用，如对异方差的检验可能产生偏误；第三，在单个空间截面中，空间自相关和空间异质性可以认为是等效的，如一个残差极值的空间聚类可以被解释为是由于空间异质性（组间异方差性），也可以是由于空间自相关性（产生聚类值的空间随机过程）。空间异质性可以通过如下函数关系表示：

$$y_i = f_i(x_i, \beta_i, \varepsilon_i) \tag{2-18}$$

式中，i 表示空间观测单元，$i = 1, 2, \cdots, n$；y_i为被解释变量；β_i为参数向量；ε_i为误差项。

2.4.2　空间权重矩阵及其构建原理

空间权重矩阵 W 表征了 n 个空间单元之间的空间关系，定义空间权重矩阵是进行空间计量分析的前提。每个空间权重 w_{ij}通常表示空间单元 j 对空间单元 i 的空间影响。距离衰减原则是衡量空间效应的一条基本原则，其核心是观测单元之间的空间距离越近，则空间关系越密切[189]，用于刻画数据间相互作用的空间权重矩阵的构造也是基于这一原则。通常而言，依据地理指标和经济指标，空间权重矩阵的构造方法可以分成下列四种。

（1）空间邻接矩阵

空间邻接矩阵表示空间单元是否有共享边界，即以两个观测点具有相邻关系为标准。这是空间计量中构建的最简单和最常用的权重矩阵，但其缺点是所表征的经济和地理含义相对较弱。根据“邻近”的不同计算方法，空间邻接矩阵有 Rook 邻近矩阵和 Queen 邻近矩阵两种主要形式。

如果空间单元 i 和 j 边界点的集合分别用 $bnd(i)$ 和 $bnd(j)$ 表示，那么 Queen 邻接矩阵可以定义为

$$w_{ij} = \begin{cases} 1, & bnd(i) \cap bnd(j) \neq \varnothing \\ 0, & bnd(i) \cap bnd(j) = \varnothing \end{cases} \tag{2-19}$$

然而，上述邻接矩阵存在空间单元仅共享单个边界点的可能性，如空间

单元网格上的共享角点。为了解决这个问题,更强的条件是要求共享其边界上的某个部分,如果 I_{ij} 表示空间单元 i 和 j 共享边界的长度,由此可将 Rook 邻接矩阵定义为

$$w_{ij}=\begin{cases}1, & I_{ij}>0\\0, & I_{ij}=0\end{cases} \tag{2-20}$$

为了便于解释,具体应用中一般对空间权重矩阵 W 经标准化处理后生成 $\bar{W}$, $\bar{W}$ 为非对称矩阵,但与对称 W 矩阵具有相同的特征。

(2) 基于距离的空间权重矩阵

径向距离空间权重矩阵把“相邻”思想拓展为“有限距离法”。如果距离本身是空间影响的重要标准,d_{ij} 代表空间单元 i 和 j 之间的欧式距离[①],$d_{\max}$ 表示门限距离,超过该门限距离时空间单元之间没有直接的空间影响(图 2.12),则径向距离空间权重矩阵可由如下形式表示:

$$w_{ij}=\begin{cases}1, & 0\leqslant d_{ij}\leqslant d_{\max}\\0, & d_{ij}>d_{\max}\end{cases}\quad(i\neq j) \tag{2-21}$$

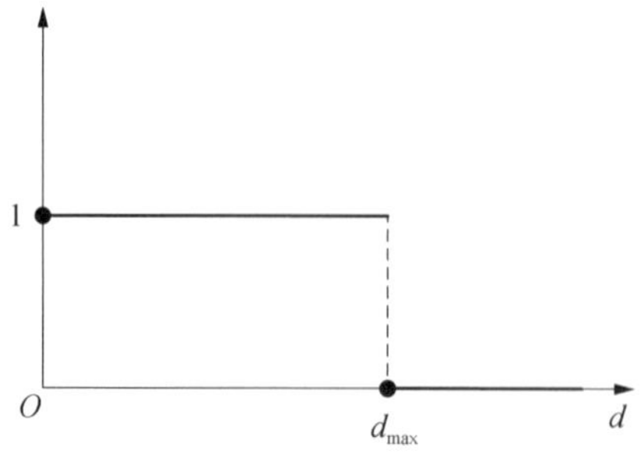

图 2.12　门限距离效应示意图

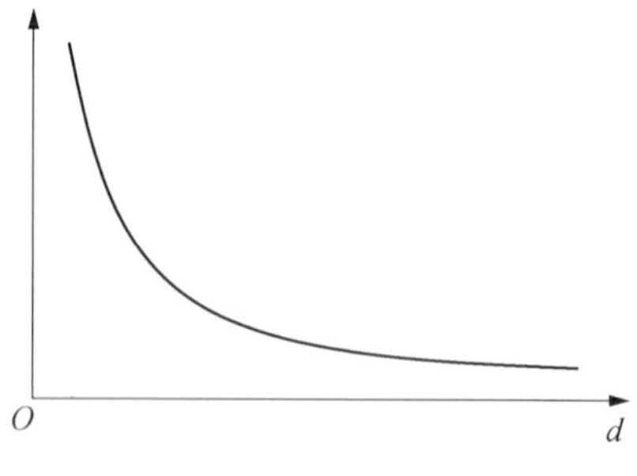

图 2.13　距离衰减效应示意图

(3) 幂函数空间权重矩阵

在径向距离权重中,假设 d_{ij} 在达到 $d_{\max}$ 之前不存在衰减效应。如果存在衰减效应(图 2.13),则可以通过空间单元之间的距离衰减函数来构建权重,例如以衰减距离的倒数作为距离空间权重矩阵,可充分考虑到空间上相

① 欧式距离的算法:若空间单元 i 和 j 的中心经纬度坐标分别是 (x_i, y_i) 和 (x_j, y_j),则 $d_{ij}=\sqrt{(x_i-x_j)^2+(y_i-y_j)^2}$。

近但并不邻接的单元之间可能存在的交互作用。空间权重矩阵可由如下形式表示：

$$w_{ij} = d_{ij}^{-\alpha} \tag{2-22}$$

式中，α 为一个正的指数，通常取 $\alpha = 1$ 或 $\alpha = 2$。

（4）空间经济权重矩阵

上述空间邻接矩阵和基于距离的空间权重矩阵，其构建思想分别是相邻性和距离关系，而没有考虑不同区域之间可能存在由经济和文化因素所造成的空间交互作用。而空间经济权重矩阵是基于社会经济指标的多维度距离，如采用各个区域的交通方式、人均收入、产业结构、贸易流动、人口迁移等变量来确定空间权重值。与距离权重相比，这类基于经济文化因素的权重值有时与所研究对象有更直接的关系。空间经济权重矩阵通常以如下形式表示：

$$w_{ij} = \begin{cases} \dfrac{1}{|z_i - z_j|} & (i \neq j) \\ 0 & (i = j) \end{cases} \tag{2-23}$$

式中，z 代表各空间单元之间特定的经济变量，z_i 和 z_j 分别为空间单元 i 和 j 相应的经济变量。

（5）k 值最邻近空间矩阵

k 值最邻近空间矩阵有助于解决邻近矩阵结构不均衡的问题，即面积差异性大的两个空间单元其所具有的邻接单元个数差距也较大。将从空间单元 i 到所有空间单元 j（$j \neq i$）的质心距离进行如下排序：$d_{ij(1)} \leq d_{ij(2)} \leq \cdots \leq d_{ij(n-1)}$。对于任意的 k（$k = 1, 2, \cdots, n-1$），集合 $N_k(i) = \{j(1), j(2), \cdots, j(k)\}$ 包括 k 个到 i 的最邻近单元。对于任意给定的 k，k 值最邻近空间矩阵（标准形式）采取如下形式：

$$w_{ij} = \begin{cases} 1, & j \in N_k(i) \\ 0, & j \notin N_k(i) \end{cases} \tag{2-24}$$

或者，可以考虑上述权重矩阵的一个对称形式，各对 i 和 j 赋予正的权

重，其中至少有一个空间单元是属于另一个空间单元的 k 值最邻近邻居，其对称形式为

$$w_{ij} = \begin{cases} 1, & j \in N_k(i) \text{ 或者 } i \in N_k(j) \\ 0, & \text{其他} \end{cases} \tag{2-25}$$

2.4.3 空间计量模型及其构建

在标准线性回归模型中，空间依赖性可以通过两种不同方式呈现：空间滞后被解释变量 W_y，或在误差项中（$E[\varepsilon_i\varepsilon_j] \neq 0$）。前者是指空间滞后模型（spatial lag model，SLM），重点关注评估是否存在空间交互作用及其大小，它是与空间模型直接相关的实质性的空间依赖性，包括技术溢出、空间竞争等。而后者是指空间误差模型（spatial error model，SEM），重点关注纠正由于使用具有空间特征的数据所造成的空间自相关的潜在偏误。根据 LeSage[190] 的研究，空间模型的最一般化形式如下：

$$\begin{aligned} y &= \rho W_1 y + X\beta + u \\ u &= \lambda W_2 u + \varepsilon \\ \varepsilon &\sim N(0,\ \sigma^2 I_n) \end{aligned} \tag{2-26}$$

式中，W_1 和 W_2 为 $n \times n$ 阶的空间权重矩阵；ρ 和 λ 为 $n \times 1$ 阶空间自回归系数；μ 和 ε 为随机误差项向量，且 ε 服从正态分布。通过在上述一般化模型中增加约束，可得出不同的空间计量模型。

（1）空间滞后模型

若 $W_2 = 0$，则模型转化为 SLM，该模型适用于研究周边地区的经济活动对本区域经济活动的空间扩散现象。其具体形式为

$$\begin{aligned} y &= \rho W_1 y + X\beta + \varepsilon \\ \varepsilon &\sim N(0,\ \sigma^2 I_n) \end{aligned} \tag{2-27}$$

相应的空间面板数据滞后模型（spatial panel data lag model，SPDLM）的具体形式为

$$y_{it} = \rho \sum_{j-1}^{N} \omega_i(d_{ij}) y_{jt} + X_{it}\beta + \delta_t + \varphi_i + \varepsilon_{it} \tag{2-28}$$

式中，δ_t代表时期固定效应；φ_i代表区域间的空间个体效应。

（2）空间误差模型

若 $W_1 = 0$，则模型转化为空间滞后模型，该模型适用于研究邻近区域关于被解释变量的误差冲击对本区域观测值的作用，即被解释变量受一些忽略掉的变量（如经济、社会、政策等）影响，且这些变量间存在空间相关性。例如在研究地区经济增长过程中，若未考虑技术创新、制度结构等影响因素，可能会使误差项 μ 出现空间相关性，导致模型估计出现偏误。其具体形式为

$$\begin{aligned} &y - X\beta + u \\ &u = \lambda W_2 u + \varepsilon \\ &\varepsilon \sim N(0,\ \sigma^2 I_n) \end{aligned} \tag{2-29}$$

式中，λ 为空间自回归系数。

相应的空间误差面板数据模型（spatial panel data error model, SPDEM）的具体形式为

$$\begin{aligned} &y_{it} = \mathrm{X}_{it}\beta + \delta_t + \varphi_i + u_{it} \\ &u_{it} = \lambda \sum_{j=1}^{N} \omega_i(d_{ij}) u_{it} + \varepsilon_{it} \end{aligned} \tag{2-30}$$

（3）空间杜宾模型（spatial Durbin model, SDM）

若 $W_2 = 0$，且在 SLM 基础上同时纳入解释变量滞后项（WX_1），便成为空间杜宾模型。空间依赖性也可能来源于解释变量的观测值，因此若不考虑其空间滞后项，则有可能导致模型估计出现偏误[191]。该模型适用于研究除了周边区域的区域扩散现象（溢出效应），周边区域的解释变量对区域行为也有间接影响的情形。其具体形式为

$$\begin{aligned} &y = \rho W_1 y + X\beta + W_1 X\beta_2 + \varepsilon \\ &\varepsilon \sim N(0,\ \sigma^2 I_n) \end{aligned} \tag{2-31}$$

相应地,空间面板杜宾模型(spatial Durbin panel data model, SDPDM)的具体形式为

$$y_{it} = \rho \sum_{j=1}^{N} \omega_i(d_{ij}) y_{jt} + X_{it}\beta + \sum_{j=1}^{N} \omega_i(d_{ij}) X_{jt}\gamma + \delta_t + \varphi_i + \varepsilon_{it} \quad (2-32)$$

(4) 空间效应分解

LeSage 和 Pace[191]提出解释变量的效应分解为直接效应、间接效应和总效应。其中,任何一个区域的解释变量将会作用于本区域的被解释变量(直接效应),并潜在地引起所有其他周边区域被解释变量的变化(间接效应)。直接效应刻画了一种区域内溢出,而间接效应则反映了一种区域间溢出。总效应是这两种效应的加总,衡量了总的空间溢出效应。

在效应值的测量方面,不同空间计量模型之间存在差异,以下是刻画空间杜宾模型偏导数的矩阵表达式:

$$\begin{aligned} &(I_n - \rho W) y = X\beta + WX\theta + l_n\alpha + \varepsilon \\ &y = \sum_{r=1}^{k} S_r(W) x_r + V(W) l_n\alpha + V(W)\varepsilon \\ &S_r(W) = V(W)(I_n\beta_r + W\theta_r) \end{aligned} \quad (2-33)$$

以下矩阵表达式用以刻画空间滞后模型及空间自回归模型的偏导数:

$$\begin{aligned} &(I_n - \rho W) y = X\beta + l_n\alpha + \varepsilon \\ &y = \sum_{r=1}^{k} S_r(W) x_r + V(W) l_n\alpha + V(W)\varepsilon \\ &S_r(W) = V(W) I_n\beta_r \end{aligned} \quad (2-34)$$

$n \times n$ 阶矩阵 $S_r(W)$ 的对角线元素的均值表示直接效应,而非对角线元素的均值则表示间接效应。比较上述两个矩阵表达式后发现,SDM 的效应比 SLM 多了 $W\theta$ 项。以下是对两种效应的分解:

$$V(W) = (I_n - \rho W)^{-1} = I_n + \rho W + \rho^2 W^2 + \rho^3 W^3 + \cdots \quad (2-35)$$

将其变形可得:

$$\begin{pmatrix} y_1 \\ y_2 \\ \vdots \\ y_n \end{pmatrix} = \begin{pmatrix} S_r(W)_{11} & S_r(W)_{12} & \cdots & S_r(W)_{1n} \\ S_r(W)_{21} & S_r(W)_{22} & \cdots & S_r(W)_{2n} \\ \vdots & \vdots & \ddots & \vdots \\ S_r(W)_{n1} & S_r(W)_{n2} & \cdots & S_r(W)_{nn} \end{pmatrix} \begin{pmatrix} x_{1r} \\ x_{2r} \\ \vdots \\ x_{nr} \end{pmatrix} + V(W) l_n \alpha + V(W) \phi \tag{2-36}$$

空间模型的总效应和直接效应可通过 $S_r(W)$ 得出,间接效应为两者的差值。

$$\begin{aligned} \bar{M}(r)_{\text{total}} &= n^{-1} l_n' S_r(W) l_n \\ \bar{M}(r)_{\text{direct}} &= n^{-1} tr[S_r(W)] \\ \bar{M}(r)_{\text{indirect}} &= \bar{M}(r)_{\text{total}} - \bar{M}(r)_{\text{direct}} \end{aligned} \tag{2-37}$$

空间计量经济学理论为本书将空间效应纳入碳生产率趋同研究提供了重要的理论依据。空间依赖性是区域趋同的一个重要因素。众所周知,区域数据不能被认为是空间独立的,因为相邻区域之间存在相似性,因此未能考虑空间效应的模型可能导致趋同速度的估计是有偏的或无效的[192]。此外,如果落后地区的增长率高于发达地区,那么空间不平等会随着时间的推移而减小,这可能导致趋同[193]。即使新古典主义模型假定经济体之间生产要素的自由流动,劳动力和资本的流动仍可能存在较大的调整成本或障碍。一个地区出台的有效的环境政策可能会导致邻近地区的学习和模仿,存在空间溢出效应。因此,在本书制造业碳生产率区域趋同研究中,有必要纳入空间效应,并运用空间计量方法对其趋同机制进行分析检验。

2.5　碳生产率的内涵和实现条件

2.5.1　碳生产率的内涵与特征

碳生产率是一段时期内 GDP 与同期形成 GDP 的过程中消耗的碳排放量之比,反映的是单位 CO_2 排放所产生的经济效益大小。根据 Beinhocker

等[2]的研究，碳生产率用公式表示如下：

$$CP = \frac{Y}{C} \tag{2-38}$$

式中，CP 表示碳生产率；Y 表示经济产出；C 表示 CO_2 排放量。

从数学角度而言，碳生产率与经济产出成正比，与 CO_2 排放量成反比。然而经济产出与 CO_2 排放之间又有紧密的内在关系，一般而言，经济产出往往伴随能源消耗量的增长，进而导致 CO_2 排放量的上升。所以经济产出往往引起 CO_2 排放量的变化，反之，CO_2 排放量的变化也会引起经济产出的变化。这两者之间复杂的内在关联影响了碳生产率的变化规律，使得碳生产率表现出以下几个特征。

（1）碳生产率的相对性

碳生产率的相对性主要表现在以下两个方面。一方面，碳生产率是一个相对指标，受经济产出和 CO_2 排放量两者共同作用。当碳生产率发生变化时，经济产出和 CO_2 排放量至少有一个指标一定发生了变化；反之，当经济产出或 CO_2 排放量发生变化时，碳生产率却不一定会发生变化，这仅是碳生产率发生变化的必要条件。只有当这两个指标的变化足够引起两者的比值发生变化时，碳生产率才会发生变化。经济产出和 CO_2 排放量可被视为产业发展的两大供给：正向供给和负向供给。提升碳生产率可以从两个部分着手：一是在碳排放水平保持不变的情形下，提高正向供给，即尽可能使分子变大；二是在经济产出保持不变的情形下，降低负向供给，即尽可能追求分母变小。相比之下，碳排放是绝对量，如果仅从降低负向供给角度强调建立低碳经济，可能会导致经济发展出现停滞，这与我国经济发展所处的阶段是不符的，也有悖于人类可持续发展的目标。因此，对于我国而言，提高碳生产率的关键在于，在保证经济持续稳定增长的前提下，尽量减少 CO_2 排放量。另一方面，各个国家有不同的产业分工体系，所处的发展阶段也不一样，各国之间不易确立一个统一的碳排放标准，而碳生产率作为一个“相对减排”指标，能够在通往“绝对减排”这一最终目标的过程中，协调好减排与增长的关系，是世界各国基于国情和分阶段目标做出的相对减排承诺。

（2）碳生产率的阶段性

根据环境库兹涅茨曲线假说，在经济发展的初始阶段，CO_2等污染排放量随经济的增长而上升，而当经济增长达到某个临界值后，污染排放量将随经济的增长而下降。经济增长与 CO_2 排放量之间存在倒"U"形关系。碳生产率作为经济产出与 CO_2 排放量之间的比值，经济增长与 CO_2 排放量之间的这种阶段性关系决定了碳生产率这一指标在不同的经济发展阶段具有不同的阶段性特征。首先，在经济发展的初级阶段，生产力水平低下，经济规模较小，农业在产业结构中占主导地位，这一阶段的经济特征表现为三低，即"低产出、低能耗和低排放"。农业在三大产业中有较高的碳生产率，使得在这一阶段一个国家或地区的碳生产率也较高。其次，在经济发展的中级阶段，即工业化阶段，这一阶段第二产业所占比重不断上升，随着经济规模的扩张，对能源的需求也不断增长，能源消费明显提高，且能源消费结构是以煤炭、化石能源为主。这种粗放式的增长导致了 CO_2 排放量的大幅度增加，使得碳强度居高不下，碳生产率处于较低的水平，在重化工业阶段这一特征尤为明显。最后，在经济发展的高级阶段，碳排放空间的稀缺性日益成为人类共识，随着能源利用和低碳技术的不断进步，产业结构的不断优化升级，清洁能源消费量不断增加，第三产业在产业结构中所占比重也不断上升，使得在这一阶段碳强度呈现不断下降的趋势，而对应的碳生产率则持续上升，经济增长和碳排放表现为"绝对脱钩"状态，碳生产率处于较高的水平。按照我国政府的愿景目标——2030 年前碳达峰，所以该阶段很可能出现在 2030 年后，从而实现了由"相对减排"向"绝对减排"的转变。图 2.14 刻画了碳排放、碳强度及碳生产率这三个指标的变化趋势及相互之间可能存在的关系。

综上，基于环境库兹涅茨曲线假说，碳排放与经济增长之间呈现倒"U"形动态变化趋势，使得碳生产率会表现出"先降后升"的"U"形变动趋势，因此碳生产率具有"U"形的阶段性变化特征。正如碳排放与经济增长之间的倒"U"形关系还有待理论和实践的进一步检验，碳生产率的"U"形规律也需要被证明和检验。如果碳排放与经济增长之间的倒"U"形关系不成立，那么碳生产率的变动趋势也会发生变化。

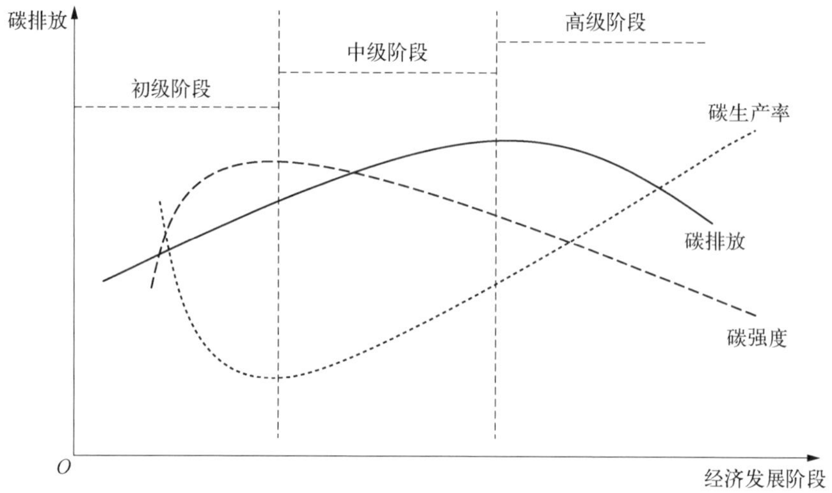

图 2.14　碳生产率的阶段性特征[80]

（3）碳生产率的经济性

从经济学角度而言，碳生产率是将 CO_2 排放量作为一种隐含在能源和物质产品中的要素投入，用以衡量一个经济体单位 CO_2 资源消耗所得到的相应产出，类似于与传统的劳动或资本生产率[8]。碳生产率的经济性主要包含如下三层含义。

第一，碳生产率追求在既定的资源要素和低碳技术条件下，最大限度地利用碳排放空间，使得单位碳排放带来的产出最大化，即以尽可能少的碳排放来获得尽可能高的经济增长。为了将碳排放控制在可接受的程度内而牺牲经济发展的做法是不足取的，应该追求碳生产率的增长。所以未来的竞争将不再是劳动生产率或资本生产率等传统生产率之间的竞争，而是聚焦于碳生产率的竞争。

第二，在既定的资源配置中实现帕累托最优，即具有既定的碳排放空间配置方案使得在没有任何地区或产业部门经济境况变差的前提下，也不可能使有些地区或产业部门的经济境况变得更好。提高碳生产率的微观主体是企业和消费者，政府通过激励机制引导企业采用低碳技术，改变企业和消费者的低碳意愿和行为，从而引导企业碳减排帕累托改进，最终实现碳减排帕累托最优。

第三，碳价机制是驱动碳生产率提高的重要手段。类似于土地、资本和劳动等传统要素,碳排放的要素属性及其稀缺性决定了碳排放也有其自身的价格,且其价格的变动也受到市场供求规律的影响。碳排放定价机制利用具有市场效率的经济措施调节碳排放空间的数量,促进资源的有效配置,从而提高碳生产率。碳价格本质上属于市场激励型环境规制,它可通过成本遵循、技术创新路径影响碳生产率。碳税和碳排放交易制度是目前主要的两种碳价机制。通过设立较高水平的碳税,有助于倒逼企业节能减排,或者通过转向相对清洁、高效的替代能源,以限制由化石燃料需求下降导致能源价格下降的回弹效应[194]。碳排放交易市场是一种集政府外部监管与市场内部激励于一体的节能减排机制,它可以将碳排放配额转化为可交易的稀缺资源,从而将环境污染的外部性有效内部化。温室气体排放是一个全球性的环境问题,因此建立全球、国家或区域层面的碳排放交易市场是当务之急。碳排放交易制度可控制碳排放总量,构建排放配额供求关系,提高社会总体减排效益。

根据 Beinhocker 等[2]的研究,从微观经济学角度出发,要提高碳生产率,政策和规制的重点是关注如下四个领域:建立市场激励,创新和提升碳生产率;解决利用减排机会获利的市场失灵问题;解决碳排放资源分配与公平的问题,尤其是存在于发达国家与发展中国家之间以及工业各部门之间的问题;加速进程,避免遗漏关键的减排目标,使气候面临更大的风险。

2.5.2　碳生产率的实现条件

由前文可知,碳生产率的基本公式是 $CP = Y/C$。提升碳生产率,其实是确保当年的碳生产率高于前一年的碳生产率,用公式表示如下:

$$R_t = \frac{CP_t}{CP_{t-1}} = \frac{Y_t}{C_t} \Big/ \frac{Y_{t-1}}{C_{t-1}} = \frac{Y_{t-1}(1 + a_t)}{C_{t-1}(1 + b_t)} \Big/ \frac{Y_{t-1}}{C_{t-1}} \tag{2-39}$$

式中,R_t为第 t 年的碳生产率与第 $t-1$ 年的碳生产率的比值,表示相邻两年之间碳生产率的变化;CP_t、CP_{t-1}分别为第 t 年和第 $t-1$ 年的碳生产率;Y_t、Y_{t-1}分别为第 t 年与第 $t-1$ 年的经济产出;C_t、C_{t-1}分别为第 t 年与第 $t-1$ 年的 CO_2 排放量;a_t、b_t分别为第 t 年的经济增长率和 CO_2 排放增长率。对式(2-39)进行变形,可得:

$$R_i = (1 + a_t)/(1 + b_t) \tag{2-40}$$

当碳生产率提升时，即 $R_i > 1$，则有 $a_t > b_t$。这说明经济增长率大于 CO_2 排放量增长率是实现碳生产率增长的必要条件。其经济学含义如下：要实现碳生产率的增长，经济增长首先要达到碳排放增加所要求的那部分增长，其次是实现更快、更有质量的增长。为了实现碳生产率的大幅增长，政府和企业应关注用最低的成本来实现最大的碳减排的机会。如果碳减排的成本居高不下，各国就不得不在碳减排和经济增长之间进行权衡取舍。

在未来几十年实现碳减排和经济增长的双重目标，既具有挑战性，又具有可能性。工业和信息技术革命的历史表明，正确的激励机制和制度结构能够催生经济的深刻变革和创新，从而促进经济增长，提高生活水平和创造机会[2]。控制碳排放和保持经济增长是当今人类面临的两个重要使命。在这两个使命面前，人类只有一种选择，那就是大幅提高经济中的碳生产率水平。《斯特恩报告》提出了到 2050 年全球 CO_2 等价物排放量下降到 200 亿吨的目标，这个目标意味着到 2050 年全球排放量要在一切照常的基础上下降 76%（图 2.15）。根据麦肯锡咨询公司的分析，当前全球碳生产率水平是 740 美元/吨，要使经济保持年均 3.1% 的增长速度，以及碳排放量每年下降 200 亿吨，碳生产率到 2050 年必须提高 10 倍，即 7 300 美元/吨。《斯特恩报告》还指出，为了推动减排和碳生产率增长，各国需要积极应对和解决如下五个挑战：抓住提高能效的机会，推进能源脱碳转型，加快新技术的研发和利用，改变企业和消费者的态度和行为，保护和增加全球碳汇。

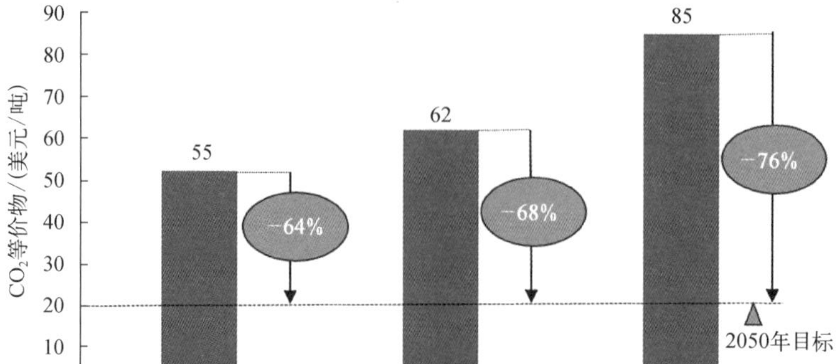

图 2.15 实现 2050 年目标所需的减排量

资料来源：麦肯锡咨询公司、IPCC 和《斯特恩报告》。

第3章 中国省域制造业碳生产率的测度与评价

我国制造业虽然经历了20年的快速发展,但仍延续着"资源消耗型"的模式。2015年,制造业能源消耗约占全国能源消费总量的56.97%,其CO_2排放量约占全国碳排放总量的54.90%[130]。《中国能源统计年鉴》中将制造业分为农副食品加工业、食品制造业等30类,因其中部分省域的"工艺品及其他制造业""废弃资源和废旧材料回收加工业"数据缺失,所以本书选取了28个制造业细分行业。同时,鉴于西藏的历年数据严重缺失,因此予以剔除。根据数据的全面性和可获得性原则,本书选定了2001—2016年我国30个省域的28个制造业细分行业作为考察对象。对制造业碳生产率测度和分析的前提是要获得我国30个省域28个制造业细分行业CO_2排放量的具体数据,但是我国没有正式的有关CO_2排放量的官方统计数据。鉴于此,本书首先需要解决的问题是科学、合理地估算制造业CO_2排放量,然后基于全要素视角测度出我国30个省域的制造业及其细分行业的碳生产率,并分析其增长来源,为后续研究前提做好准备。

3.1 制造业CO_2排放量估算

3.1.1 CO_2排放量的测度方法和数据来源

本章主要依据IPCC(2006)[195]对我国省域制造业部门的CO_2排放量予以测度。IPCC(2006)为估算化石燃料燃烧的CO_2排放量提供了3种方法,这些方法被政府、研究机构和众多学者广泛采用。根据IPCC(2006)提供的方法1,即碳排放估算是基于化石燃料的数量及其相应的碳排放系数。各省

域制造业的 CO_2 排放量可用如下公式计算得到：

$$CO_2 = \sum_{i=1}^{8} CO_{2,i} = \sum_{i=1}^{8} E_i \times NCV_i \times CEF_i \times COF_i \times \frac{44}{12} \qquad (3-1)$$

式中，i 表示化石燃料的种类；E_i 为第 i 类化石燃料的消耗量；NCV_i、CEF_i 和 COF_i 分别为第 i 类化石燃料的低位发热量、含碳量和碳氧化因子；44 和 12 分别为 CO_2 的相对分子质量和碳的相对原子质量。由 NCV_i、CEF_i 和 COF_i 可得第 i 类化石燃料的碳排放系数，即为三者的乘积。另外，本书中制造业 CO_2 排放量的测度基于《中国能源统计年鉴》划分的 8 类主要化石燃料。

NCV_i 数据来自历年《中国能源统计年鉴》，表 3.1 给出了所选取的各类主要化石燃料的碳排放系数和折标准煤系数。制造业各细分行业各类化石燃料的消耗总量数据来自 2002—2017 年各地区的统计年鉴。由于不少地区的统计数据中能源消耗量为实物量，本章首先根据《中国能源统计年鉴》将各种能源折算为标准煤，然后基于式（3－1）测度各省域制造业的 CO_2 排放量，最后得到我国制造业部门的 CO_2 排放总量。

表 3.1　各类主要化石燃料的碳排放系数和折标准煤系数

	原煤	焦炭	原油	汽油	煤油	柴油	燃料油	天然气
低位发热量	20 908	28 435	41 816	43 070	43 070	42 652	41 816	38 931
含碳量	26.4	29.5	20.1	18.9	19.5	20.2	21.1	15.3
碳氧化因子	0.94	0.93	0.98	0.98	0.98	0.98	0.98	0.99
碳排放系数	0.518 3	0.780 1	0.823 7	0.797 8	0.823 1	0.844 3	0.864 7	0.589 7
折标准煤系数	0.714 3	0.971 4	1.428 6	1.471 4	1.471 4	1.457 1	1.428 6	1.330 0

注：天然气的低位发热量、碳排放系数和折标准煤系数的单位分别为 kJ/m^3、kgC/m^3 和 $kgce/m^3$，除天然气外，其他化石燃料的低位发热量、碳排放系数和折标准煤系数的单位分别为 kJ/kg、tC/t 和 kgce/kg。

资料来源：《省级温室气体清单编制指南（试行）》和 IPCC（2006）。

3.1.2　区域制造业碳排放量差异及其变动趋势

（1）省级碳排量差异及其变动趋势

根据式（3－1），可测度出 2002—2016 年我国 30 个省域的制造业碳排放量(表 3.2)。2002—2016 年,我国制造业碳排放总量持续上升,由 2002 年的 1 060.59 Mt 上升到 2016 年的 3 214.63 Mt,年均增长率为 8.47%。由图 3.1 可知,我国省域制造业碳排放水平的差异十分明显。从平均碳排放量来看,处于前五位的省域依次为河北、山东、江苏、辽宁和河南,其平均碳排放量分别为 281.17 Mt、195.97 Mt、166.07 Mt、139.92 Mt 和 134.88 Mt。这 5 个地区都位于我国制造业密集的区域,例如河北省的唐山市、江苏省的苏州市和山东省的淄博市是我国主要的重工业聚集地或资源依赖型城市。处于后五位的省域分别是海南、青海、北京、宁夏和贵州,其制造业平均碳排放量均不足 40 Mt,尤其是海南,仅为 6.56 Mt。这 5 个地区的平均碳排放水平之所以低,是因为海南、青海、宁夏和贵州的制造业发展水平相对较低,常规能源的消费数量较少;而北京充分重视产业结构调整,以服务业和高技术产业为主导产业,且近年来相当数量的重工业向外迁移及相对苛刻的环境规制,导致北京的制造业碳排放量较少。从年均增长率来看,除了北京的制造业碳排放量呈负增长(-9.19%),其余 29 个地区的制造业碳排放量都呈现出快速上升的变化趋势。其中,年均增长率在 10%以上的地区有 11 个,依次为新疆、江苏、海南、青海、福建、河北、四川、江西、天津、广西、陕西。新疆的制造业碳排放量的年均增长率最高,达到了 15.67%。究其原因,尽管新疆整体的制造业水平较低,但发展迅速,其产值已经从 2002 年的 545.46 亿元上升到 2016 年的 5 937.02 亿元,从而导致了能源消费的大幅度增加。

从我国制造业部门碳排放的格局变化来看,碳排放水平高的省域主要集中分布在环渤海地区,环渤海地区的经济结构以重化工业为主,具有典型的高能耗、高排放特征,而且这个地区有我国知名的辽中南工业基地和京津唐工业基地。同时,碳排放量还集中于沿海制造业密集的广东、浙江等地区,以及作为能源生产基地的内蒙古和山西等地区。此外,各省域制造业碳排放量呈现出一定的空间集聚特征。除个别地区外,2002—2016 年制造业碳排放的空间格局没有发生太大的变化,环渤海地区和长三角地区一直是制造业碳排放的集中地区。

(2) 东部、中部、西部三大区域碳排放量差异及其变动趋势

为了更全面地考察制造业碳排放及碳生产率水平的空间格局变化,本

表 3.2　2002—2016 年我国 30 个省域的制造业碳排放量

（单位：Mt）

	2002 年	2004 年	2006 年	2008 年	2010 年	2012 年	2014 年	2016 年	均 值
北京	26.315	23.845	22.245	17.936	19.606	10.702	6.658	6.665	16.747
天津	14.749	18.601	28.575	36.614	44.187	53.738	56.759	59.033	39.032
河北	102.785	155.331	230.259	252.805	331.721	363.627	411.281	401.564	281.172
山西	83.978	98.394	110.325	114.307	124.421	142.589	145.104	146.690	120.726
内蒙古	24.237	35.238	46.311	71.015	81.622	89.280	82.979	86.326	64.626
辽宁	74.703	69.491	96.505	136.164	185.256	172.053	193.131	192.059	139.920
吉林	16.342	22.133	34.103	43.995	50.630	57.437	55.331	60.068	42.505
黑龙江	20.852	24.897	36.882	41.523	54.258	65.275	64.017	62.434	46.267
上海	35.100	36.164	39.954	41.627	42.800	43.503	47.703	52.400	42.406
江苏	56.278	90.448	132.309	153.931	196.569	196.627	254.047	248.310	166.065
浙江	38.737	56.493	71.161	78.650	82.991	86.799	87.245	86.216	73.537
安徽	41.185	45.267	52.394	70.059	74.104	86.210	106.523	106.308	72.756
福建	17.084	25.596	43.635	48.632	67.482	73.978	87.042	84.816	56.033
江西	23.249	33.054	42.491	54.670	58.142	67.943	93.051	94.223	58.353

续 表

	2002 年	2004 年	2006 年	2008 年	2010 年	2012 年	2014 年	2016 年	均 值
山东	75.782	130.436	178.206	205.042	228.568	250.833	254.139	244.770	195.972
河南	46.982	64.032	103.946	128.125	180.900	172.712	192.717	189.621	134.879
湖北	58.291	70.392	86.297	98.719	136.980	153.351	120.072	116.704	105.101
湖南	33.357	42.194	79.160	97.365	101.347	113.958	105.596	103.609	84.573
广东	58.272	70.873	99.101	105.785	122.264	117.491	119.151	117.559	101.312
广西	24.877	38.113	51.485	63.536	80.200	95.969	107.675	106.898	71.094
海南	3.433	3.369	5.513	7.061	5.653	7.288	10.099	10.055	6.559
重庆	28.478	22.382	30.391	43.808	52.776	63.705	67.650	67.085	47.659
四川	43.274	64.060	63.699	86.028	144.505	163.746	188.329	182.596	117.655
贵州	14.326	19.755	29.799	25.966	33.919	43.776	55.132	52.398	35.009
云南	28.342	22.298	55.247	62.140	72.993	87.000	84.796	81.381	61.775
陕西	22.153	26.183	25.690	35.624	55.912	78.769	79.345	78.751	50.303
甘肃	13.581	20.692	27.900	29.401	38.396	46.925	54.909	53.995	35.725
青海	3.592	4.948	7.126	9.911	10.550	16.540	19.016	20.747	11.554
宁夏	17.393	21.619	9.129	13.886	18.852	21.311	23.245	22.096	18.441

续 表

	2002 年	2004 年	2006 年	2008 年	2010 年	2012 年	2014 年	2016 年	均 值
新疆	12.866	17.142	29.419	39.239	48.451	73.616	82.736	79.250	47.840
东部	503.238	680.647	947.463	1 084.247	1 327.097	1 376.639	1 527.255	1 503.447	1 118.754
中部	348.473	435.601	591.909	719.778	862.404	948.755	965.390	965.983	729.787
西部	208.882	257.192	329.885	409.539	556.554	706.357	762.833	745.197	497.055
全国	1 060.593	1 373.440	1 869.257	2 213.564	2 746.055	3 031.751	3 255.478	3 214.627	2 345.596

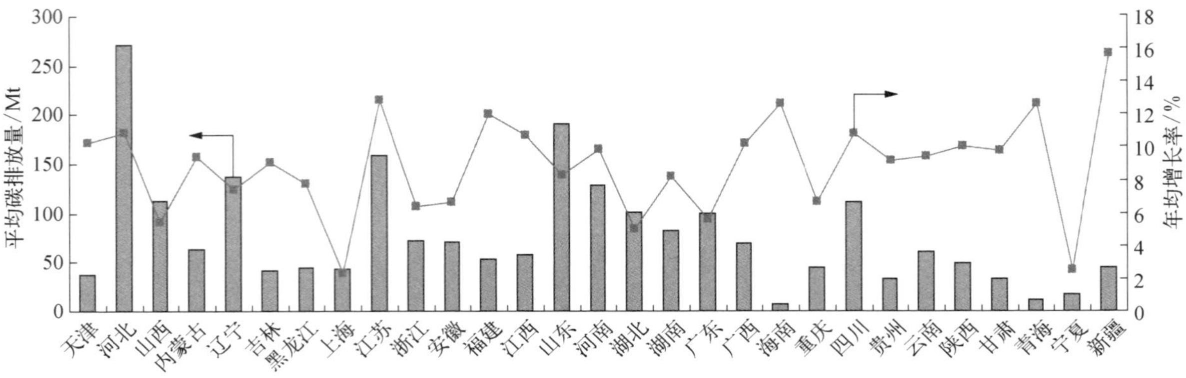

图 3.1　我国省域制造业平均碳排放量及年均增长率

注：北京的制造业碳排放量的年均增长率为-9.19 %，未在图中标注。

章借鉴了谭丹和黄贤金[196]的做法,将研究样本中的 30 个省域划分为东部、中部、西部三大地区。其中,东部地区包括北京、天津、河北、辽宁、上海、江苏、浙江、福建、山东、广东、海南 11 个省域;中部地区包括山西、内蒙古、吉林、黑龙江、安徽、江西、河南、湖北、湖南 9 个省域;西部地区包括广西、重庆、四川、贵州、云南、陕西、甘肃、青海、宁夏、新疆 10 个省域。

图 3.2 显示了全国和三大区域的制造业碳排放量及其变动趋势。由图 3.2 可以看出,2001—2016 年全国和三大区域的制造业碳排放量都呈现出从持续增长到渐趋平稳的过程,这与 2001 年中国加入世界贸易组织有关。自 2001 年以来,出口贸易扩张,大大促进了作为“世界工厂”的中国的制造业发展,同时出口导向型的国际贸易加剧了中国制造业的隐含碳排放问题,即由发达国家消费发展中国家生产的产品而造成发展中国家碳排放。2016 年,东部、中部、西部三大区域的制造业碳排放量分别为 1 503.45 Mt、965.98 Mt 和 745.20 Mt, 分别占全国碳排放总量的 46.8%、30.0%和 23.2%。

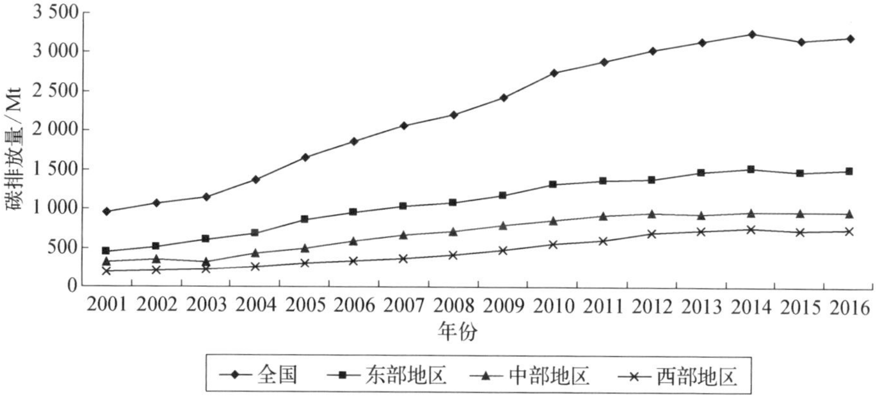

图 3.2　全国和三大区域的制造业碳排放量及其变动趋势

从区域格局变动趋势(图 3.3)来看,从 2004 年到 2016 年,东部地区的制造业碳排放量在全国始终占据着主导地位,三大区域的制造业碳排放量格局整体上处于一个相对较稳定的水平,西部地区的占比略有上升,东部和中部地区的占比略有下降。其原因如下:较之于东部和中部地区,西部地区的经济起步较晚,主要依赖于高资源消耗、高能耗的发展模式,且能源利用效率较低,导致制造业碳排放量的年均增长率要高于东部和中部地区。

事实上，东部、中部、西部三大区域的制造业碳排放量的年平均增长率分别为8.45%、7.66%和9.74%。

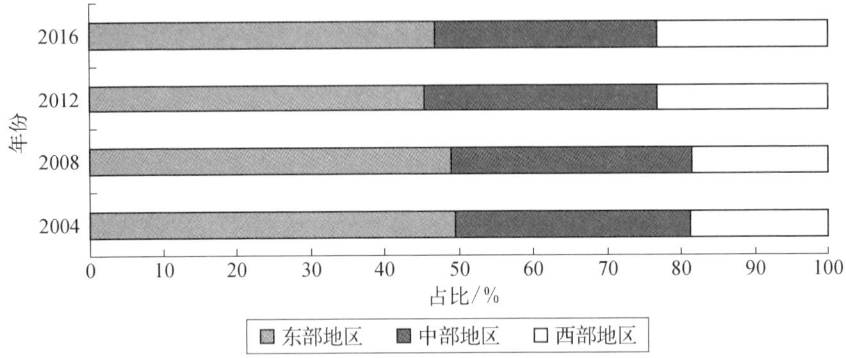

图3.3 2004—2016年三大地区制造业碳排放量占比变化

(3) 各细分行业碳排放量差异及其变动趋势

事实上，制造业各细分行业是非同质的，其差异可以表现在污染排放程度、资源禀赋等方面的不同，行业特征的不同导致其CO_2排放行为和碳生产率水平也会呈现不同的特征。因此，本章参考傅京燕和李丽莎[197]、李玲和陶锋[198]的研究，将28个制造业细分行业按照污染程度的不同分成10个相对污染类行业和18个相对清洁类行业①；同时，本章借鉴喻美辞[199]的研究，按劳动力、资本和技术三种要素在各细分行业中的相对集中度，将28个制造业细分行业相应地划分为14个劳动密集型、8个资本密集型和6个技术密集型共三个大类行业②。

从各细分行业相应的碳排放量(图3.4)来看，类似于制造业整体，相对污染类行业与相对清洁类行业的碳排放量呈持续增长态势，其中相对污染类行业的碳排放量在制造业中占主导地位，其占比高达94.5%。按要素密

① 相对污染类行业包括农副食品加工业，食品制造业，纺织业，造纸及纸制品业，石油加工、炼焦及核燃料加工业，化学原料及化学制品制造业，化学纤维制造业，非金属矿物制品业，黑色金属冶炼及压延加工业，以及有色金属冶炼及压延加工业，其他为相对清洁类行业。

② 技术密集型行业包括化学原料及化学制品制造业、医药制造业、化学纤维制造业、交通运输设备制造业、电气机械及器材制造业，以及通信设备计算机及其他电子设备制造业；资本密集型行业包括石油加工、炼焦及核燃料加工业，非金属矿物制品业，黑色金属冶炼及压延加工业，有色金属冶炼及压延加工业，金属制品业，通用设备制品业，专用设备制品业，以及仪器仪表及文化办公机械制造业；其他为劳动密集型行业。

集度分类，资本密集型行业的碳排放量持续增长，其占比高达 87.7%，年均增长率为 8.96%，而技术密集型行业和劳动密集型行业的碳排放量的年均增长率分别为 4.90% 和 5.45%，明显低于资本密集型行业。碳排放量的变化基本可分成两个阶段：第一阶段为 2001—2012 年，这一阶段表现为持续增长；第二阶段为 2012—2016 年，这一阶段总体呈下降趋势，尤其在技术密集型行业中，这种趋势更加明显。

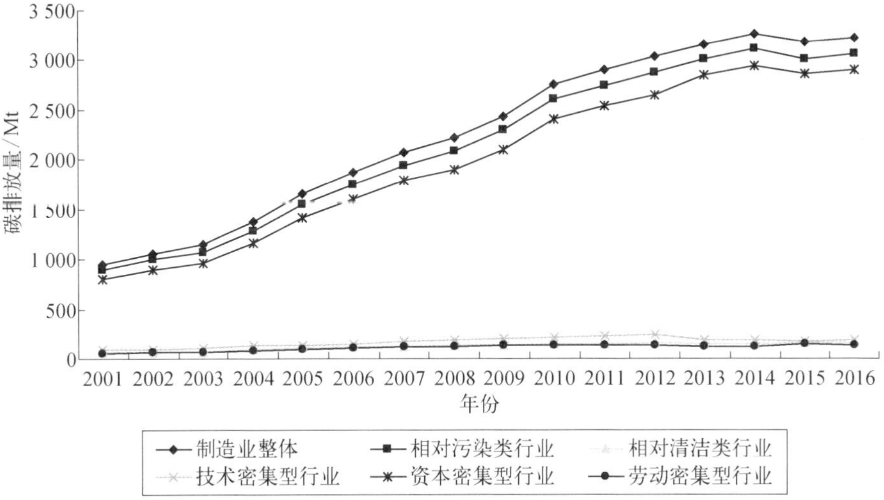

图 3.4　2001—2016 年制造业整体和各细分行业的碳排放量及其变动趋势

为了更直观地了解不同地区制造业各细分行业的碳排放情况，我们分析了 2001—2016 年我国省域制造业各细分行业平均碳排放量的空间分布。从按污染程度分类的行业来看，较之于相对清洁类行业，相对污染类行业的碳排放量的空间集聚特征更加明显。相对污染类行业的高碳排放量区域一般集中于环渤海地区、山西、河南和江苏。其中，河北是相对污染类行业碳排放量最高的省域，这主要是由于河北的产业结构以重工业为主，而相对污染类行业大部分属于重工业，其钢铁、焦化、造纸等行业在经济结构中占有重要的地位。相对清洁类行业的高碳排放量区域除分布在环渤海地区外，还分布在江苏、福建和广东 3 个位于东部沿海的省域以及河南、湖南、湖北和四川 4 个位于中西部的省域。从按要素密集度分类来看，三个大类行业中碳排放量空间集聚特征相对较明显的是资本密集型行业。资本密集型行业在碳排放格局上比其他两个大类行业更类似于制造业整体。技术密集型行业中碳排放量最高的省域是湖北，这与湖北在新一代信息技术产业上的发展优势有很大的关系。在劳动密集型行业中，碳排放量最高的省域是山东和广东，因为与其他省域相比，这 2 个地区的劳动密集型行业的规模较大。

3.2 制造业发展与 CO_2 排放的脱钩分析

碳生产率在数值上表现为碳强度的倒数，反映了单位 CO_2 排放所带来的经济产出[2]，其兼顾了稳定大气中 CO_2 含量和保持经济增长的双重目标，反映了减排压力与经济增长两者之间的相互关系。因此在测度我国省域制造业碳排放量的基础上，有必要对省域制造业发展与碳排放的脱钩问题展开定量分析，从而对碳排放与制造业增长之间的比例关系（脱钩关系）有全面、深刻的了解和把握，这将有助于我国更好地兼顾碳排放下降目标与经济发展目标的共同实现，也为接下来制造业碳生产率的测度及趋同性研究打下基础。

"脱钩"一词源于物理学，表示分离两个或多个物理量之间的关系。OECD[200] 在研究经济发展对环境衰退的影响时，将脱钩的概念引入能源与环境领域的分析中。此后，经济发展与 CO_2 排放的脱钩问题引起国内外学者的关注并持续升温。脱钩为衡量生态环境与经济发展之间的压力状况提供了一个合理的指标，并成为评价一个国家或地区相关政策有效性的重要工具。一般而言，根据环境库兹涅茨曲线（environmental Kuznets curve, EKC），早期的经济增长往往伴随环境问题的加剧，如环境污染和资源的过度开发利用，但随着经济进一步增长，由于对技术和经济效率投资的加大，经济增长对环境的危害将减小，可以以较低的环境压力换取同等或者更快速的经济增长，该过程即为"脱钩"[201]。目前，文献中采用的脱钩指标主要有两种，即 OECD 提出的脱钩因子和 Tapio 脱钩指标。OECD 提出的脱钩因子存在一些缺陷：一是测量的精度不够，这个因子只能大致揭示经济增长与 CO_2 排放之间存在耦合关系或脱钩关系，但无法具体反映这种耦合效应或脱钩效应；二是没有明显的标准来选择适合脱钩分析的影响因子。大多数影响因子都是随意选择的,这就导致了脱钩估计中的测度误差。为了克服这些缺陷,Tapio 脱钩指标应运而生,它综合了总量变化与相对量变化这两种指标,通过灵活运用增量分析来从动态数据中研究脱钩效应。与 OECD 提出的脱钩因子不同的是,Tapio 脱钩指标测度的不是经济变量的绝对值,而是用脱钩弹性指标测度增量(经济增长和 CO_2 变化的敏感性),从而提高了脱钩关系分析的科学性和合理性。

3.2.1　Tapio 脱钩指标的构建和数据说明

(1) Tapio 脱钩指标的构建

Tapio 脱钩指标是 Tapio[202] 在考察 1970—2001 年欧盟 15 国的 GDP 与道路交通 CO_2 排放关系时提出的,并给出了两者之间的脱钩弹性公式(3-2)。其中,$\varepsilon(CO_2, GDP)$ 为 GDP 与 CO_2 排放之间的脱钩弹性。同时,他充分考虑了交通运输量(VOL)对 CO_2 排放的影响,采用因果链分解的方法将其作为一个中间变量引入脱钩分析中,进而将 $\varepsilon(CO_2, GDP)$ 分解为 $\varepsilon(VOL, GDP)$ 和 $\varepsilon(CO_2, VOL)$,如式(3-3)所示。

$$\varepsilon(CO_2,\ GDP) = \frac{\Delta CO_2}{CO_2} \Big/ \frac{\Delta GDP}{GDP} \tag{3-2}$$

$$\varepsilon(CO_2,\ GDP) = \varepsilon(VOL,\ GDP) \times \varepsilon(CO_2,\ VOL) = \frac{\Delta VOL/VOL}{\Delta GDP/GDP} \times \frac{\Delta CO_2/CO_2}{\Delta VOL/VOL} \tag{3-3}$$

Tapio[202] 将以 GDP 衡量的经济增长与 CO_2 排放之间的脱钩弹性划分成脱钩、连接和负脱钩三种状态,并按照脱钩弹性的大小,进一步将其细分为八种状态,具体如图 3.5 所示。由图 3.5 可知,强负脱钩是所有状态中最不理想的一种,即经济衰退、产出不振的同时 CO_2 排放却加剧。强脱钩是符合高质量增长与绿色模式的最佳状态,即保持经济增长的同时实现 CO_2 排放下降。由式(3-2)及图 3.5 可知,在经济实现持续增长($\Delta GDP > 0$)的情况下,脱钩弹性 ε 越小,表明经济增长与 CO_2 排放的脱钩越明显,即脱钩程度越高,经济发展质量越好。

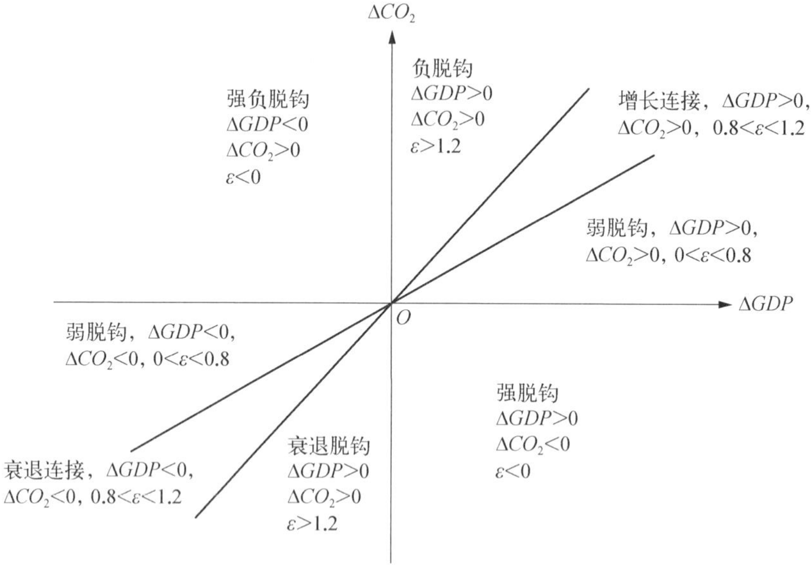

图 3.5　Tapio 对脱钩弹性八种状态的划分

本章借鉴 Tapio[202] 的分析思路，试图采用 Tapio 脱钩指标来分析我国省域制造业增长与碳排放两者之间的脱钩关系。本章采用因果链分解的方法引入能源消费作为中间变量，构建制造业发展与碳排放之间的理论模型，其数学表达式为

$$\varepsilon(CO_2,\ GIO) = \varepsilon(EC,\ GIO) \times \varepsilon(CO_2,\ EC) = \frac{\Delta EC/EC}{\Delta GIO/GIO} \times \frac{\Delta CO_2/CO_2}{\Delta EC/EC} \tag{3-4}$$

式中，GIO 为制造业工业总产值（gross industrial output）；EC 为各省域制造业的能源消费；$\varepsilon(EC,\ GIO)$ 为能源消费的 GIO 脱钩弹性，即节能弹性，该指标的大小会受到燃料价格、能源效率、产业结构等因素的影响；$\varepsilon(CO_2,\ EC)$ 为碳排放的能源消费脱钩弹性，用于反映能源消费的平均碳排放因子的变动，该因子的大小受能源结构、清洁利用技术等因素的影响。

（2）数据说明

本部分的 2001—2016 年我国各省域制造业的工业总产值及能源消费数据均来自历年各地区的统计年鉴，碳排放数据由上文测度所得。由于部分地区的能源消耗量数据是实物量，本章根据《中国能源统计年鉴》的折标准煤系数将各种能源折算为标准煤。对于各地区的工业产值数据，将其折算成 2000 年不变价。为了更直观地考察碳排放脱钩弹性的变动趋势，本章以 8 年为一个考察期并共分两个阶段来统计，选定每个考察期的第一年作为基期进行计算，即 2001—2008 年为第一个考察期，以 2008 年对比 2001 年计算这个考察期的制造业碳排放与工业总产值的脱钩弹性，以此类推。

3.2.2　制造业碳排放脱钩结果分析

表 3.3 描述了 2001—2008 年、2009—2016 年两个阶段的我国省域制造业碳排放脱钩弹性及脱钩状态等相关指标的计算结果。如表 3.3 所示，2001—2008 年，全国共有 23 个省域制造业的工业总产值与碳排放呈弱脱钩状态，占样本总数的 76.7%，说明在这一时期我国绝大部分省域制造业的工业总产值和碳排放都有所增长，但工业总产值的增长速度快于碳排放的增长速度。在其他 7 个省域中，在这一时期北京和宁夏是强脱钩状态，即同时实现了工业总产值的增长和碳排放的下降，北京是所有 30 个样本省域中脱钩最显著也是最理想的，其脱钩弹性为-0.18；吉林、广西和新疆是扩张负脱钩状态，意味着这些省域制造业的发展是以环境加速破坏为代价的；同时，这 8 年间，贵州和甘肃落在强负脱钩区域，其制造业能耗和碳排放都增长，但工业总产值不增反降。根据上文对脱钩弹性的解释，在工业总产值增加（$\Delta GIO > 0$）的情况下，其脱钩弹性 ε 越小，脱钩状态越明显，所以在 2001—2008 年这一时期北京制造业工业总产值与碳排放之间的脱钩程度最高，接下来依次为宁夏和上海。总体而言，在这一时期制造业脱钩显著区域主要分布在中东部地区，而西部地区的制造业发展对能源消耗和污染物排放的依赖性更大。可能的原因是发达地区在促进地区制造业发展的同时，更加注重通过制造业结构调整和产业升级来追求发展的质量，因此具有相对较高的节能减排技术和能源使用效率，且随着西部大开发战略的实施，东部地区的一些制造业项目逐渐向西部地区转移，其中也转移了一批资源型产业或污染严重的项目，这些都导致了发达地区相对较高程度的脱钩状态。

表 3.3　2001—2016 年我国各省域制造业碳排放与工业总产值的脱钩弹性

	2001—2008 年			2009—2016 年		
	$\varepsilon(EC,GIO)$	$\varepsilon(CO_2,GIO)$	状态	$\varepsilon(EC,GIO)$	$\varepsilon(CO_2,GIO)$	状态
北京	-0.01	-0.18	强脱钩	-0.74	-1.09	强脱钩
天津	0.02	0.64	弱脱钩	-0.09	0.24	弱脱钩
河北	0.56	0.51	弱脱钩	0.17	0.41	弱脱钩
山西	0.39	0.33	弱脱钩	0.17	0.38	弱脱钩
内蒙古	0.70	0.43	弱脱钩	0.54	0.01	弱脱钩
辽宁	0.23	0.34	弱脱钩	-0.40	-0.65	强负脱钩
吉林	1.51	1.60	扩张负脱钩	-0.12	0.16	弱脱钩
黑龙江	0.14	0.49	弱脱钩	-0.13	0.24	弱脱钩
上海	-0.12	0.05	弱脱钩	1.31	0.78	弱脱钩
江苏	0.33	0.56	弱脱钩	-0.23	0.41	弱脱钩
浙江	0.75	0.39	弱脱钩	1.08	0.11	弱脱钩
安徽	0.83	0.53	弱脱钩	0.04	0.03	弱脱钩
福建	0.55	0.71	弱脱钩	0.39	0.27	弱脱钩
江西	0.25	0.38	弱脱钩	0.15	0.19	弱脱钩
山东	0.34	0.40	弱脱钩	0.48	0.12	弱脱钩
河南	0.27	0.40	弱脱钩	0.01	0.17	弱脱钩
湖北	0.55	0.37	弱脱钩	0.06	0.04	弱脱钩
湖南	0.36	0.38	弱脱钩	0.03	0.01	弱脱钩
广东	0.47	0.35	弱脱钩	0.11	0.03	弱脱钩
广西	6.13	14.67	扩张负脱钩	0.89	0.16	弱脱钩
海南	-0.01	0.71	弱脱钩	1.23	0.86	增长连接

续　表

	2001—2008 年			2009—2016 年		
	$\varepsilon(EC,GIO)$	$\varepsilon(CO_2,GIO)$	状态	$\varepsilon(EC,GIO)$	$\varepsilon(CO_2,GIO)$	状态
重庆	0.42	0.15	弱脱钩	0.17	0.15	弱脱钩
四川	1.34	0.30	弱脱钩	0.10	0.61	弱脱钩
贵州	-3.04	-3.16	强负脱钩	-0.03	0.42	弱脱钩
云南	0.74	0.75	弱脱钩	0.17	0.16	弱脱钩
陕西	0.80	0.32	弱脱钩	0.49	0.34	弱脱钩
甘肃	-9.02	-11.69	强负脱钩	0.78	0.37	弱脱钩
青海	0.64	0.59	弱脱钩	0.41	0.32	弱脱钩
宁夏	1.31	-0.04	强脱钩	0.66	0.11	弱脱钩
新疆	1.65	3.29	扩张负脱钩	1.53	0.60	弱脱钩

从表 3.3 还可以发现，2009—2016 年这一时期制造业工业总产值与碳排放脱钩弹性指标与 2001—2008 年相比，绝大多数省域的数值有明显的下降，意味着其脱钩程度明显提升。全国落在弱脱钩区域的省域由 23 个上升至 27 个，2001—2008 年期间呈强负脱钩状态和扩张负脱钩状态的省域全部转变为弱脱钩状态，脱钩弹性的区域差异也明显缩小。由两期的 $\varepsilon(EC,GIO)$ 对比可知，能源效率的普遍提高是实现这种转变的重要原因，尤其在西部地区，能源效率的提高更加明显。北京仍呈强脱钩状态，且其脱钩弹性由-0.18 进一步降至-1.09，表明其制造业发展的环境质量得到进一步改善。除北京外，在经济增长的前提下，脱钩弹性小于 0.1 的还有内蒙古、安徽、湖北、湖南和广东 5 个省域，说明脱钩弹性低值地区主要还是分布在经济发展水平较高和制造业基础较好的中东部地区。但辽宁和海南 2 个省域由弱脱钩状态分别转变为强负脱钩状态和增长连接状态。究其原因，辽宁作为老工业基地，随着传统产业优势的减弱，其钢铁、石化、冶金、造船等制造业支柱行业都面临着突出的结构性衰退问题及产能过剩问题，从而导致制造业

工业总产值近年来出现下滑。另外,海南两期的弹性分别为0.71和0.86,从数值上看两期差距并不是太大,但刚好位于门限值0.8的左右,导致两期落在不同的状态上。总体而言,虽然脱钩水平有所提升,但我国各省域制造业主要还是处于弱脱钩状态,要实现从弱脱钩状态转变为强脱钩状态,仍然任重道远,需要依靠碳生产率的不断提高。

3.3 制造业碳生产率的测度和评价

提高生产率包括"正确地做事"和"做正确的事"两个方面。"正确地做事"关注效率,包括促进生产率变化的能力,如使产出最大化;"做正确的事"则关注有效性,强调生产率测度的质性维度,如在生产过程中减少温室气体的排放。根据碳生产率的定义,"正确地做事"是要提高GDP,而"做正确的事"是要减少CO_2排放。提高碳生产率,可以在减少CO_2排放的同时可持续地促进经济增长(Dedrick,2010)。因此,碳生产率在经济增长和环境保护之间建立了一个直接的关系。根据Kaya和Yokobori[71]给出的定义,碳生产率是指某一段时期内单位CO_2排放所产生的GDP,数值上等于碳强度的倒数。这个指标同时兼顾了经济增长和碳减排的双重目标,数值越大,说明在低碳经济发展方面的绩效越高。然而,该指标仅仅考察了CO_2排放空间这一种生产投入要素对经济产出的影响。事实上,经济活动和碳排放往往都具有"全要素"的特征,它们是资本、劳动、能源等多种资源要素相互替代、共同作用的结果。所以传统的单要素碳生产率未能将经济、能源和环境三者置于一个统一的分析框架内,且不能全面反映经济生产中各投入要素的基础技术效率。因此,在全要素生产率框架下估算省域制造业及其细分行业的碳生产率,更能切实反映经济生产实际,指标的选取也更具有合理性,从而提高测度结果的准确性。

3.3.1 全要素碳生产率的测度方法

目前,估算碳生产率较为常见的方法是基于DEA模型的Malmquist指数。传统的Malmquist指数没有考虑到真实生产过程中可能存在的"坏"产出，但实际上 CO_2 往往以一种非合意产出的形式存在，因此该方法是不够严谨的。Nanere 等[204]认为，生产率的可靠测度要求在可持续发展背景下正确考虑能源环境因素，否则测度的结果将被高估或低估。基于前文的分析，本章结合 Tone[101]提出的 SBM 方向性距离函数（SBM－DDF）和 Oh[103]构造的全域生产可能性集，利用 SBM－DDF 和全域 Malmquist－Luenberger（GML）指数模型，估算 2001—2016 年我国各省域制造业及其细分行业的全要素碳生产率。

（1）全域生产可能性集

本章将各地区的制造业作为生产决策单元（DMU），一共构建了 30 个 DMU，记为 $DMU_k(k=1, 2, \cdots, K)$。首先假设任一地区的制造业有 M 种投入要素 $x=(x_1, x_2, \cdots, x_M)\in R_M^+$，且 $y=(y_1, y_2, \cdots, y_N)\in R_N^+$ 和 $b=(b_1, b_2, \cdots, b_I)\in R_I^+$ 分别为 N 种"好"产出和 I 种"坏"产出，用 $P(x)$ 代表生产可能性集：

$$P(x)=\{(y, b)\mid x \text{ 可以生产}(y, b)\}(x\in R_M^+, y\in R_N^+, b\in R_I^+) \tag{3-5}$$

$P(x)$ 要满足下列假设：闭集和有界集；投入有强可处置性；"好"产出具有强可处置性；产出必须具有联合弱可处置性，即若要降低"坏"产出水平必须同时降低"好"产出水平，"坏"产出水平的下降是以牺牲"好"产出为代价的；零结合公理，"好"产出不可避免地会带来"坏"产出。以 $(x^{k,t}, y^{k,t}, b^{k,t})$ 表示 k 地区在 t（$t=1, 2, \cdots, T$）时期的投入和产出值，运用 DEA 方法构造出计算碳生产率的当期生产可能性集（production possibility set, PPS）：

$$P^t(x^t)=\Big\{(y^t, b^t)\mid \sum_{k=1}^{K} z_k^t y_{kn}^t \geq y_{kn}^t, \ \forall n; \ \sum_{k=1}^{K} z_k^t b_{ki}^t = b_{ki}^t, \ \forall i; \ \sum_{k=1}^{K} z_k^t x_{km}^t \leq x_{km}^t, \ \forall m; \ \sum_{k=1}^{K} z_k^t = 1, \ z_k^t \geq 0, \ \forall k\Big\} \tag{3-6}$$

式中，z_k^t 为每个横截面观测值的权重。约束条件 $\sum_{k=1}^{K} z_k^t=1$，$z_k^t \geq 0$ 表示生产技术规模收益可变。GML 指数要求以全域生产可能性集 $P^G(x)$ 来替换当

期生产可能性集 $P^t(x^t)$，设定 $P^G(x)=P^1(x^1)\cup P^2(x^2)\cup\cdots\cup P^T(x^T)$，即参考集是所有各期的总和。

运用 DEA 方法可将 $P^G(x)$ 表示如下：

$$P^G(x)=\left\{(y^t,\ b^t)\mid \sum_{t=1}^{T}\sum_{k=1}^{K} z_k^t y_{kn}^t \geqslant y_{kn}^t,\ \forall n;\ \sum_{t=1}^{T}\sum_{k=1}^{K} z_k^t b_{ki}^t = b_{ki}^t,\ \forall i;\ \sum_{t=1}^{T}\sum_{k=1}^{K} z_k^t x_{km}^t \leqslant x_{km}^t,\ \forall m;\ \sum_{k=1}^{K} z_k^t = 1,\ z_k^t \geqslant 0,\ \forall k\right\} \tag{3-7}$$

(2) SBM-DDF

借鉴 Fukuyama 和 Weber[102] 的方法，考虑 CO_2 为非合意产出，本章将 SBM-DDF 定义为

$$S_V^G(x^{t,k'},\ y^{t,k'},\ b^{t,k'},\ g^x,\ g^y,\ g^b)=\max_{s^x,\ s^y,\ s^b}\frac{\dfrac{1}{M}\sum_{m}^{M}\dfrac{S_m^x}{g_m^x}+\dfrac{1}{N+I}\left(\sum_{n}^{N}\dfrac{s_n^y}{g_n^y}+\sum_{i=1}^{I}\dfrac{s_i^b}{g_i^b}\right)}{2}$$

$$\text{s.t.}\begin{cases}\sum_{t=1}^{T}\sum_{k=1}^{K} z_k^t x_{km}^t + s_m^x = x_{k'm}^t,\ \forall n;\ \sum_{t=1}^{T}\sum_{k=1}^{K} z_k^t y_{kn}^t - s_n^y = y_{k'n}^t,\ \forall m;\\ \sum_{t=1}^{T}\sum_{k=1}^{K} z_k^t b_{ki}^t + s_i^b = b_{k'i}^t,\ \forall i\\ \sum_{k=1}^{K} z_k^t = 1,\ z_k^t \geqslant 0,\ \forall k;\ s_m^x \geqslant 0,\ \forall n;\ s_n^y \geqslant 0,\ \forall m;\ s_i^b \geqslant 0,\ \forall i\end{cases} \tag{3-8}$$

式中，$x^{t,k'}$，$y^{t,k'}$ 和 $b^{t,k'}$ 分别为 k 地区在 t 时期的投入和产出向量；g^x、g^b 和 g^y 均为方向向量，分别对应投入和非合意产出减少、合意产出增加；s_m^x，s_n^y 和 s_i^b 分别为投入和产出的松弛向量。s_m^x 和 s_i^b 为正，说明生产未处于技术效率的前沿；s_n^y 为正，说明实际产出未达到边界的产出。SBM-DDF 解决了传统 DDF 对无效率的衡量未能包含松弛变量的缺陷，因此其测得的效率水平更能反映实际生产情况。

(3) GML 指数

在 SBM-DDF 的基础上，本章进一步构造 GML 指数来衡量各地区制造业部门的碳生产率。参照 Oh[103] 的思路，将 GML 指数分解如下：

$$GML_t^{t+1} = \frac{1 + S_V^G(x^t, y^t, b^t; g)}{1 + S_V^G(x^{t+1}, y^{t+1}, b^{t+1}; g)} \tag{3-9}$$

本章通过计算 GML 指数从 t 时期到 $t+1$ 时期的变化来衡量碳生产率的变动情况。GML_t^{t+1} 指数可能会出现大于 1、小于 1 和等于 1 三种情况。$GML_t^{t+1} > 1$、$GML_t^{t+1} < 1$ 分别对应于碳生产率的提高和下降，而 $GML_t^{t+1} = 1$ 表示在两期之间碳生产率的大小是相同的。可经数学推导进一步将 GML_t^{t+1} 指数分解为效率变化指数（GEC_t^{t+1}）和技术变化指数（GTC_t^{t+1}），具体分解如下：

$$GML_t^{t+1} = GEC_t^{t+1} \times GTC_t^{t+1}$$

$$GEC_t^{t+1} = \frac{1 + S_V^t(x^t, y^t, b^t; g)}{1 + S_V^{t+1}(x^{t+1}, y^{t+1}, b^{t+1}; g)}$$

$$GTC_t^{t+1} = \frac{[1 + S_V^G(x^t, y^t, b^t; g)]/[1 + S_V^t(x^t, y^t, b^t; g)]}{[1 + S_V^G(x^{t+1}, y^{t+1}, b^{t+1}; g)]/[1 + S_V^{t+1}(x^{t+1}, y^{t+1}, b^{t+1}; g)]} \tag{3-10}$$

根据 Oh[103] 的分析，上面提到的 $P^G(x) = P^1(x^1) \cup P^2(x^2) \cup \cdots \cup P^T(x^T)$，即 $P^G(x)$ 包括了各期的 $P^t(x^t)$，因此不同于一般的 ML 指数，GML 指数不存在无可行解的问题。

3.3.2　投入产出指标说明及数据处理

根据上述理论方法，本章选取 2001—2016 年我国 30 个省域 28 个制造业细分行业投入产出的相关基础数据。在此期间，关于工业行业的分类，国家统计局在《国民经济行业分类》中先后采取了 GB/T 4754—2002 和 GB/T 4754—2011两套标准，这就导致从 2012 年开始在行业分类上有所变化。为了保证统计口径的一致性，本章以 GB/T 4754—2002 中的 30 个制造业细分行业为基础，将 2012—2016 年的“汽车制造业”和“铁路、船舶、航空航天制造业”仍旧合并为“交通运输设备制造业”，并且将 2012—2016 年的“橡胶和塑料制品业”按行业逐年发展趋势仍分为“橡胶制品业”和“塑料制品业”。此外,在本章开头已交代,由于数据缺失的原因,这里去掉了2个行业。本章还对这些基础数据和相关变量进行了处理,具体如下。

(1) 合意产出

能源资源因具有明显的中间投入品属性,其所对应的工业产出应为涉及中间投入的工业总产值,而不是工业增加值[205]。不少文献,如陈诗一[109]也把工业总产值作为衡量工业产出的变量。因此,本章采用各地区制造业(包括28个细分行业)的工业总产值(*GIO*)来代表合意产出水平,基础数据源自2002—2017年各地区统计年鉴。为了剔除价格波动的影响,根据各地区历年工业品出厂价格指数,本章采用平减指数法将其折算成2000年不变价。

(2) 非合意产出

对于非合意产出的选择和确定,学界尚没有严格的界定。从现有研究来看,学者们根据自己的研究需要和研究实际对非合意产出的选择也是不尽相同的。比较典型的有“三废”排放量、SO_2排放量、化学需氧量(chemical oxygen demand, COD)和CO_2排放量。本章测度的碳生产率是一种考虑CO_2排放并视其为“坏”产出的全要素生产率,故选择以各地区制造业细分行业CO_2排放量来衡量非合意产出水平,CO_2排放量数据由上文根据IPCC(2006)测度方法测度所得。

(3) 投入要素

本章选取的投入要素包括劳动、能源和资本,基础数据主要来自2002—2017年各地区统计年鉴。

劳动投入(labor)。从理论上来说,劳动投入既包含劳动时间又包含劳动者的工作效率,但由于工作效率统计指标的缺乏,当前绝大多数学者在研究全要素生产率时几乎都以职工平均人数来衡量劳动投入水平。本章沿袭这一做法,选取各地区制造业28个细分行业的从业人员平均数(万人)作为劳动这一投入要素的变量。

能源投入(energy)。本章选取各地区制造业28个细分行业经折标后的能源消耗总量作为投入变量。由于不少地区的统计年鉴中各种能源消耗量为实物量,本章根据《中国能源统计年鉴》的折标准煤系数(表3.1)将各种能源折算为标准煤。由于浙江、上海、江苏和四川 4 个省域的制造业能源消耗量数据无法从地区统计年鉴中直接获得,本章通过“单位工业增加值能耗”“工业增加值”这 2 个指标用公式间接计算出这 4 个省域的能源消耗量数据。

资本投入(capital)。资本投入是以生产经营活动为目的的资金投入,其结果往往是行业固定资产总额的增加。因此,有些文献使用统计年鉴中的固定资产净值或固定资产原值代表工业生产的资本投入[206]。但这种方法显然是欠科学的,净值和原值都仅是财务会计领域的概念,两者均是经不同年份及不同当年价水平的投资品价值的简单加和得出的[207],而从资本存量(capital stock)的角度来估算资本投入的实际水平更具科学性,也更符合生产实际。资本存量是经济增长的一个重要因素,同时也是测度全要素生产率的基础内容。自 1951 年 Goldsmith 首次运用永续盘存法(perpetual inventory method, PIM)以来,关于资本存量的计算,国内外已有大量的研究文献。PIM 以其很强的实际可操作性等优良特性被广泛地运用于此类计算中,是目前普遍采用的测度方法。本章采用该方法对 2001—2016 年各地区制造业及其细分行业的资本存量(2000 年不变价)进行计算,其基本公式为

$$K_{i,t} = (1 - \delta_{i,t})K_{i,t-1} + I_{i,t} \tag{3-11}$$

式中,$K_{i,t}$ 为 i 省域制造业在第 t 年的资本存量;$K_{i,t-1}$ 为 i 省域制造业在第 t-1 年的资本存量;$\delta_{i,t}$ 为资本折旧率;$I_{i,t}$为 i 省域制造业在第 t 年的不变价固定资产投资额。其中,2001 年的资本存量为基年资本存量。$I_{i,t}$的确定借鉴了陈诗一[207]的思路,首先利用相邻两年的固定资产原值之差构造投资额序列,再利用各地区固定资产投资价格指数将当年价水平的投资额进行平减处理折算成 2000 年不变价。

基年(2001 年)的资本存量采用 Harberger[208]提出的稳态方法确定。该方法基于“稳态时资本产出比不变或资本增长速度等于产出比增长速度”的假定,具有明确的经济学依据,常见之于国内外学者如 Lee 和 Hong[209]、王恕立等[210]、崔敏和赵增耀[211]的研究中。以下是估算公式:

$$K_{i,t} = I_{i,t}/(g_{i,t} + \delta_{i,t}) \tag{3-12}$$

式中，$g_{i,t}$ 为样本考察期内的产出平均增长率，本章采用2001—2016年我国省域制造业工业总产值的几何平均增长率来表示。对于各地区制造业的资本折旧率，依据现有文献的常见做法，本章采取张军等[212]估算的9.6%。

对于少量缺失数据的补充，本章按照现有文献的习惯做法采用均值或线性插值方法。在以上指标选取和数据处理的基础上，本章运用MaxDEA7.0软件对我国30个省域的制造业碳生产率进行测度。表3.4给出了碳生产率测度相关指标的描述性统计。由表3.4可知，2001—2016年我国省域制造业的工业总产值的最大值为134 496.10亿元，最小值为108.98亿元，表明我国制造业地区发展的不平衡；这种区域间的不平衡也表现在碳排放量上，CO_2 排放量的最大值为41 340.51万吨，最小值仅为168.40万吨；同时，各地区制造业从业人员平均值、固定资产投资和能源消耗量这三种要素投入的最大值和最小值之间同样存在较大的差距，进一步凸显了各地区制造业之间在资源禀赋上的差异。

表3.4　碳生产率测度相关指标的描述性统计

变量	变量含义	单　位	样本	均值	标准差	最小值	最大值
GIO	工业总产值	亿元	480	14 085.26	21 772.92	108.98	134 496.10
CO_2	CO_2 排放量	万吨	480	7 549.09	6 735.81	168.40	41 340.51
Labor	从业人员平均数	万人	480	233.46	294.25	6.27	1 495.80
Capital	固定资产投资	亿元	480	4 275.63	5 242.81	123.05	56 191.94
Energy	能源消耗量	万吨标准煤	480	5 363.56	4 716.69	356.77	25 901.56

为了更直观地显示出各地区制造业在资源禀赋及发展趋势上的差异，表3.5给出了2001年和2016年各地区制造业的工业总产值以及劳动、资本和能源投入。由表3.5可知，就制造业的工业总产值而言，2001年，广东以14 235.27亿元的工业总产值成为唯一超过万亿元的地区，占全国的比重高达16.50%。另外4个工业总产值居全国前五位的地区依次是江苏、山东、

表 3.5　我国省域制造业的合意产出及投入

	2001 年				2016 年			
	GIO/亿元	*Labor*/万人	*Capital*/亿元	*Energy*/万吨标准煤	*GIO*/亿元	*Labor*/万人	*Capital*/亿元	*Energy*/万吨标准煤
北京	2 744.48	99.26	1 902.04	2 103.15	14 137.56	90.30	3 286.73	1 184.35
天津	2 746.99	122.18	1 887.63	744.58	28 260.32	129.89	4 779.50	686.75
河北	2 234.31	128.39	1 681.18	3 798.35	32 757.59	314.59	7 718.89	15 369.38
山西	892.56	95.14	783.16	4 878.75	4 651.19	83.14	3 565.27	9 673.83
内蒙古	571.88	42.17	582.62	1 767.00	9 257.17	71.39	4 976.27	12 078.17
辽宁	3 840.10	205.43	3 771.25	5 710.38	14 101.34	179.55	5 258.30	11 233.11
吉林	2 842.26	350.99	913.49	1 610.05	18 589.80	111.95	7 622.32	3 406.88
黑龙江	776.40	88.42	814.68	1 356.32	5 731.85	66.54	7 261.08	1 411.09
上海	6 821.22	183.91	4 847.87	3 295.43	31 592.99	205.84	8 134.17	3 974.11
江苏	9 076.34	447.81	5 056.80	4 459.10	134 496.10	1 091.26	16 150.93	12 531.15
浙江	7 387.28	294.59	2 865.91	2 834.02	58 424.07	665.58	12 228.70	19 947.16

续 表

	2001 年				2016 年			
	GIO/亿元	*Labor*/万人	*Capital*/亿元	*Energy* /万吨标准煤	*GIO*/亿元	*Labor*/万人	*Capital*/亿元	*Energy* /万吨标准煤
安徽	1 567.80	110.94	1 219.22	2 227.16	31 557.31	275.45	7 901.93	7 170.66
福建	3 301.81	295.45	1 484.13	1 048.60	43 191.39	399.91	7 328.67	4 917.38
江西	893.74	74.20	833.37	1 412.39	20 476.71	245.55	6 126.60	4 349.99
山东	8 027.55	422.20	4 044.03	6 457.94	115 170.50	782.90	18 186.92	25 901.56
河南	3 009.63	123.21	2 124.35	3 956.18	47 269.87	621.00	15 354.12	9 264.17
湖北	2 978.58	185.21	2 245.47	1 547.61	35 967.53	309.69	10 488.69	4 020.10
湖南	1 070.29	125.57	1 070.71	1 813.54	25 008.97	296.70	5 702.72	5 742.91
广东	14 235.27	534.68	4 268.11	5 424.34	124 654.31	1 373.10	10 575.86	15 610.99
广西	2 854.24	74.00	696.05	2 737.07	14 929.71	144.86	3 614.27	4 969.64
海南	162.97	29.71	676.83	468.91	1 663.80	8.33	511.40	726.75
重庆	743.20	62.64	812.71	602.04	20 626.45	168.58	5 527.91	2 769.83

续　表

	2001年				2016年			
	GIO/亿元	*Labor*/万人	*Capital*/亿元	*Energy*/万吨标准煤	*GIO*/亿元	*Labor*/万人	*Capital*/亿元	*Energy*/万吨标准煤
四川	1 957.16	100.25	1 662.42	1 200.73	28 883.17	277.68	8 172.31	7 634.21
贵州	1 817.93	52.35	289.71	1 970.97	5 908.18	62.20	1 959.87	3 562.34
云南	797.65	54.89	6 514.49	1 836.56	6 933.50	68.07	2 015.55	5 887.53
陕西	810.38	85.58	1 046.07	1 044.77	10 831.64	104.97	4 983.77	6 813.38
甘肃	1 250.27	55.70	566.29	1 064.86	3 701.99	38.07	2 376.67	4 224.95
青海	108.98	8.46	140.69	485.64	1 662.73	14.65	1 429.64	2 862.72
宁夏	193.46	14.71	200.41	356.77	2 040.01	22.23	1 160.52	3 256.65
新疆	566.36	28.88	419.67	1 144.07	3 327.21	46.11	3 324.38	9 634.93

浙江和上海，分别为 9 076.34 亿元、8 027.55 亿元、7 387.28 亿元和 6 821.22 亿元。上述 5 个地区制造业的工业总产值占全国一半以上，是典型的制造业大省(市)。在所有样本地区中，制造业的工业总产值不足千亿元的地区有 11 个，其中最低的 3 个地区依次为青海、海南和宁夏，工业总产值均不足 200 亿元。2016 年，所有样本地区中制造业的工业总产值超过万亿元的地区增加至 20 个。处于全国前五位的地区依次为江苏、广东、山东、浙江和河南，其中江苏的工业总产值为 134 496.10 亿元，占全国的比重高达 15.01%，由 2001 年的第 2 位跃升至 2016 年的第 1 位。青海、海南和宁夏 3 个地区的工业总产值仍居最末，其中青海和海南的工业总产值十分接近，均仅占全国的 0.19%。从 2001 年到 2016 年，所有样本地区制造业的工业总产值都经历了较快的增长，除甘肃、贵州和辽宁 3 个地区外，其他地区的年均增长率都在 10%以上。增长速度最快的 5 个地区依次为重庆、安徽、江西、湖南和内蒙古，其年均增长率均在 20%以上，最高的达到 24.80%。由上述分析可知，江苏、广东、浙江、山东等东部省域制造业的工业总产值在全国占据主导地位，远高于中部、西部省域，但中部、西部省域的制造业具有后发优势，其工业总产值的增长速度普遍较高。

从制造业的资本投入来看，东部省域制造业的资本投入普遍较高。2001 年，资本投入最高的 5 个地区除云南外都是东部地区。类似地，2016 年，资本投入最高的 5 个地区除河南外也都是东部地区。2016 年，资本投入最高的地区是山东，为 18 186.92 亿元。2016 年，资本投入较低的地区除海南外都是西部地区，其中最低的地区是海南，仅为 511.40 亿元。在资本投入的增速上，青海、黑龙江、内蒙古和吉林的增长速度相对较快，年均增长率都在 15%以上，其中最高的地区是青海，为 16.72%。2001—2016 年，绝大多数地区制造业的资本投入都有较大幅度的增长，其中年均增长率在 10%以上的地区有 22 个。但是云南和海南则呈现负增长，与 2011 年相比，2016 年的资本投入不增反减。从制造业的劳动投入来看，因东部地区制造业的发展水平相对较高、规模较大，其从业人员平均数也较多。2001 年和 2016 年，从业人员平均数排全国前三位的地区都是广东、江苏和山东，这 3 个地区在 2016 年的取值分别为 1 373.10 万人、1 091.26 万人和 782.90 万人。浙江和河南分别排在第 4 位和第 5 位，从业人员平均数也都超过了 600 万人。而从业人员平均数较少的地区绝大多数是制造业的发展水平相对较低的西部地区。从年均增长率来看，大部分地区的年均增长率为正，河南的年均增长率最高，为11.39%，而海南、吉林和甘肃等 7 个地区的年均增长率为负。从制造业的能源投入来看，能源消耗量较高的地区主要位于环渤海地区和制造业密集的东部沿海地区。2011 年，能源消耗量最高的 3 个地区分别是山东、辽宁和广东，均超过 5 000 万吨标准煤。2016 年，浙江以 19 947.16 万吨标准煤取代辽宁跃升至第 2 位，而山东和广东的排名不变。能源消耗量较低的还是以西部地区为主。2001—2016 年，绝大多数样本地区的能源消耗量经历了不同幅度的增长，其中年均增长率在 10%以上的地区有 9 个，增长最迅速的地区是新疆，年均增长率高达 15.26%。但是北京的能源消耗量出现了较大幅度的下降，说明节能减排效果明显。

此外，根据 DEA 分析的单调性原则，任何一个 DMU 的投入会随产出的增加而增加，所以本章运用 Pearson 相关性检验法对碳生产率测度的相关投入与产出变量的同向性进行了检验，以保证测度结果的可靠性。其检验结果（表 3.6）表明，各地区的资本、劳动、能源投入与合意产出和 CO_2 排放量均在 1%水平上显著正相关，且相关系数均较高，指标之间属于强相关，因此上述指标满足 DEA 分析的要求。

表 3.6　投入与产出的 Pearson 相关系数

变　量	*Capital*	*Labor*	*Energy*	*GIO*	CO_2
Capital	1	—	—	—	—
Labor	0.647 9***	1	—	—	—
Energy	0.651 1***	0.676 9***	1	—	—
GIO	0.662 2***	0.835 7***	0.715 3***	1	—
CO_2	0.646 9***	0.679 1***	0.782 4***	0.665 2***	1

注：*** 表示在 1%的统计水平上显著，样本观测数为 480 个。

3.3.3 全要素碳生产率的测度结果和评价

(1) 我国省域制造业碳生产率的变动趋势

根据式(3-5)~式(3-12),我们利用 MaxDEA 7.0 软件测度了 2001—2016 年我国 30 个省域制造业碳生产率,结果如表 3.7 所示。需要说明的是,由于全要素碳生产率 GML 指数及其分解是一个动态概念,即相邻两期的碳生产率、技术效率和技术进步的变化率,出于表述的便利,表中只给出了相邻年度的末年,如将 2001—2002 年简记为 2002 年。由表 3.7 可知,2001—2016 年我国绝大多数地区制造业的碳生产率呈上升趋势。在 30 个样本地区中,除宁夏、青海、贵州、新疆、甘肃和重庆这 6 个西部地区的平均 GML 指数小于 1 以及海南的平均 GML 指数等于 1 外,其余 23 个地区的平均 GML 指数均大于 1,说明自 2001 年以来我国制造业碳生产率总体上是呈增长趋势的,制造业部门在追求高质量发展、实现相对意义减排上已经取得一定的成效。其中,所有样本地区中碳生产率增长最快的 4 个地区依次是山东、上海、江苏和北京,年均增长率分别为 11.1%、10.5%、10.4% 和 9.7%;而碳生产率增长处于后四位的地区是宁夏、青海、贵州和新疆,这些地区的碳生产率不升反降,年均降幅分别为 4.8%、3.7%、2.6% 和 1.4%。我国制造业碳生产率高的省域大多分布于东部地区,而低值省域主要集中于西部地区。总体而言,我国制造业碳生产率呈现出明显的地区差异性,由东向西呈递减趋势。

(2) 碳生产率的增长来源分析

为了考察碳生产率增长的来源,本章给出了由 GML 指数分解所得的技术效率变化(*GTEC*)指数和技术变化(*GTC*)指数(表 3.8)。从分解的来源来看,各地区制造业碳生产率的增长主要应归功于技术进步,这与吴军[213]、李博等[214]的研究结论相似。除湖南的 *GTC* 指数略小于 *GTEC* 指数外,其余 29 个地区的 *GTC* 指数都大于 *GTEC* 指数;并且除宁夏的 *GTC* 指数小于 1、呈技术退步状态外,其余 29 个地区的 *GTC* 指数大于 1、呈技术进步状态。上海、江苏、北京和山东是技术进步最快的 4 个省域,技术进步年均增长率都在 8% 以上,由上述分析可知,它们不仅是技术进步最快的地区,也是碳生

表 3.7　2001—2016 年我国 30 个省域制造业碳生产率

	2002 年	2003 年	2004 年	2005 年	2006 年	2007 年	2008 年	2009 年	2010 年	2011 年	2012 年	2013 年	2014 年	2015 年	2016 年	均值
北京	1.053	1.793	0.768	1.396	1.113	1.001	1.023	1.132	1.330	0.847	0.958	1.224	1.150	0.932	1.088	1.097
天津	1.093	0.967	1.191	0.785	1.010	1.003	1.661	0.731	1.023	1.077	0.989	1.021	1.103	1.160	1.000	1.037
河北	1.421	1.041	1.024	1.050	1.060	1.091	0.893	1.128	1.006	1.019	2.658	0.590	0.909	1.080	1.017	1.075
山西	0.924	1.033	0.995	0.432	1.767	1.158	1.003	0.843	1.096	1.116	1.036	1.114	1.127	1.001	1.101	1.015
内蒙古	0.947	1.118	1.110	0.989	1.072	1.083	0.905	1.177	0.898	1.282	0.866	1.185	0.925	1.219	1.085	1.050
辽宁	1.083	1.189	1.146	1.262	1.328	1.298	1.118	1.288	1.082	0.968	1.175	1.051	0.964	0.486	0.959	1.068
吉林	0.923	0.812	1.087	1.023	1.096	1.198	0.900	0.978	0.992	1.187	1.826	0.612	1.199	1.050	1.096	1.038
黑龙江	1.091	1.023	1.008	0.998	0.950	0.978	0.781	1.094	1.008	1.055	0.979	1.097	1.053	1.240	1.049	1.022
上海	1.125	1.229	1.651	1.063	1.078	1.109	1.115	1.002	1.152	0.921	1.047	1.291	0.916	0.904	1.159	1.105
江苏	1.216	1.112	0.555	1.942	1.073	1.094	1.070	1.173	1.011	1.377	1.150	1.136	1.031	1.019	1.081	1.104
浙江	1.258	0.843	1.863	0.665	0.900	1.064	0.967	0.967	1.088	1.123	1.077	1.053	1.318	0.922	1.114	1.054
安徽	1.098	0.937	1.067	1.081	1.113	1.068	0.609	0.631	3.135	1.092	1.005	1.000	1.060	1.100	1.139	1.062
福建	1.083	0.879	1.025	1.022	1.090	1.068	1.032	1.093	0.977	1.090	1.014	1.403	0.966	0.866	1.063	1.039
江西	1.006	1.021	0.943	1.004	1.072	1.112	1.163	1.002	0.858	1.111	1.135	1.042	1.036	0.949	1.009	1.028
山东	1.209	1.111	1.446	1.085	1.085	1.110	1.009	1.035	1.036	1.142	1.098	1.108	1.071	1.087	1.088	1.111

续 表

	2002年	2003年	2004年	2005年	2006年	2007年	2008年	2009年	2010年	2011年	2012年	2013年	2014年	2015年	2016年	均值
河南	1.057	1.034	1.269	1.102	0.742	1.134	1.303	0.989	1.057	0.788	1.026	1.000	1.047	1.033	1.046	1.032
湖北	1.047	1.040	0.993	0.905	1.090	1.099	0.994	1.001	1.146	1.074	1.079	1.026	1.155	1.111	1.175	1.060
湖南	1.043	1.105	1.438	0.767	0.983	2.385	0.836	0.628	1.014	1.125	0.998	1.066	1.067	1.054	1.034	1.054
广东	1.176	1.233	1.113	1.075	0.981	1.102	0.979	1.058	0.907	1.220	0.932	1.201	1.067	1.038	1.093	1.074
广西	0.756	0.668	1.070	1.076	1.096	1.085	0.926	1.161	0.863	1.108	1.103	1.109	1.082	1.088	1.130	1.010
海南	0.978	0.978	1.045	0.992	0.997	0.973	1.002	1.009	1.027	1.000	0.868	0.948	1.149	1.016	1.042	1.000
重庆	0.780	0.900	0.909	1.085	0.998	1.035	0.993	1.045	0.990	1.115	0.951	1.131	1.069	1.017	1.031	0.999
四川	1.159	0.478	1.543	2.082	0.424	1.535	1.140	0.993	1.076	0.930	1.120	1.023	0.985	1.100	1.177	1.044
贵州	1.315	0.935	0.937	0.515	2.214	0.932	1.015	0.843	0.871	0.512	1.173	0.925	1.105	1.079	1.118	0.974
云南	0.887	1.006	1.022	1.746	1.104	1.187	0.640	0.914	0.894	1.628	1.240	0.982	0.994	1.087	1.064	1.062
陕西	0.954	1.132	1.084	0.742	0.893	1.135	1.011	1.053	0.994	1.028	0.984	1.086	1.057	1.117	1.135	1.021
甘肃	1.239	1.361	0.435	0.611	1.559	0.616	0.939	1.215	0.892	1.554	1.019	1.135	1.150	1.042	1.034	0.998
青海	1.000	0.887	0.854	0.977	0.972	0.912	0.948	0.940	0.960	0.962	0.979	0.905	1.044	1.073	1.060	0.963
宁夏	0.964	0.917	0.830	1.027	0.951	0.730	0.984	0.899	0.866	1.038	1.055	1.030	1.016	0.985	1.050	0.952
新疆	0.872	0.927	0.910	1.070	0.780	1.205	1.091	0.909	0.783	1.175	0.895	1.105	0.976	1.113	1.114	0.986

表 3.8 2001—2016 年我国 30 个省域制造业平均碳生产率及其分解

省域	平均碳生产率	*GTEC* 指数	*GTC* 指数	省域	平均碳生产率	*GTEC* 指数	*GTC* 指数
北京	1.097	1.013	1.083	河南	1.032	0.991	1.042
天津	1.037	1.000	1.037	湖北	1.060	0.993	1.067
河北	1.075	1.016	1.058	湖南	1.054	1.028	1.026
山西	1.015	0.995	1.020	广东	1.074	1.000	1.074
内蒙古	1.050	1.017	1.033	广西	1.010	0.971	1.039
辽宁	1.068	0.993	1.076	海南	1.000	1.000	1.000
吉林	1.038	0.984	1.054	重庆	0.999	0.989	1.010
黑龙江	1.022	1.010	1.013	四川	1.044	0.975	1.071
上海	1.105	0.997	1.108	贵州	0.974	0.962	1.012
江苏	1.104	1.018	1.085	云南	1.062	1.018	1.044
浙江	1.054	0.981	1.075	陕西	1.021	0.999	1.022
安徽	1.062	1.014	1.047	甘肃	0.998	0.959	1.041
福建	1.039	0.984	1.055	青海	0.963	0.963	1.000
江西	1.028	1.002	1.026	宁夏	0.952	0.953	0.999
山东	1.111	1.028	1.080	新疆	0.986	0.954	1.033

产率提高最快的地区。究其原因，主要是这 4 个省域地处东部经济发达地区，技术条件优越，产业结构先进，凭借其在基础设施和教育文化实力上的优势成了人才高地，并积聚了大量创新要素和研发资源，使其技术创新水平明显高于其他省域。尤其是上海和北京已初步形成以现代服务业为主体、以战略性新兴产业为引领、以先进制造业为支撑的现代产业体系，这使得其能源消耗和 CO_2 排放量较以往大幅下降，碳生产率水平处于领先地位。而江苏在上海的经济辐射效应下，产业结构不断优化升级，制造业渐趋高端

化、绿色化、服务化方向发展，因而碳生产率水平处于前列。就空间分布而言，2001—2016 年我国东部省域的 *GTC* 指数明显要高于中部、西部省域。可能的原因是，中部、西部省域制造业发展主要依靠承接东部省域转移的大量资源密集型行业和较落后的工艺，生产技术的提高还停留在模仿或改造阶段，且由于地理位置的限制，开放程度较低，在先进制造技术的交流引进上处于天然的劣势。

技术效率反映了资源要素的使用效率，在投入既定的情况下提高技术效率，能够拓展合意产出的增长空间，从而促进碳生产率的提高。从技术效率来看，2001—2016 年，在 30 个样本地区中，山东、湖南、江苏、内蒙古等 10 个地区的 *GTEC* 指数大于 1，即技术效率呈进步状态。可能的原因是，山东、江苏、北京、河北这些地区的制造业基础较好、资本深化程度较高、人力资本较充沛且制度环境相对完善，能较好地实现经营管理模式的创新和要素投入规模的改善，进而在一定程度上实现了制造业资源要素的优化配置。云南、湖南、内蒙古等地区虽然制造业基础不如以上几个地区，但近几年发展迅速，通过模仿、学习先进地区的组织制度和管理方式，优化产业结构，进而促进了技术效率的增长。此外，除天津和海南这 2 个地区的 *GTEC* 指数维持不变外，其余 18 个地区的 *GTEC* 指数都存在下降的趋势，尤其是西部地区，除云南外的 *GTEC* 指数均小于 1，且青海、贵州、新疆、甘肃和重庆这 5 个地区的 *GTEC* 指数的年均负增长抵消了 *GTC* 指数的年均正增长。由此，对于我国制造业整体而言，技术效率应有的提升碳生产率的作用还没有得到充分发挥，技术效率普遍不高，依靠管理体制的创新和资源的优化配置来提升制造业碳生产率还有很大的空间。尤其对于西部省域，相对落后的管理水平和资源配置效率导致了其较低的制造业碳生产率水平，要改变西部省域制造业碳生产率偏低的现状，促进技术效率的提升是一条可行的路径。其中，技术效率的变化对制造业碳生产率增长主要呈阻碍作用，可能的原因是各省域制造业普遍表现出较高的技术进步态势，这使得各省域在技术利用效率上明显滞后，存在一定程度上的“落后效应”。

（3）各地区各细分行业的平均碳生产率

图 3.6 给出了 2001—2016 年我国 30 个省域基于 GML 指数制造业各细

分行业的平均碳生产率。由图 3.6 可知,第一,大部分地区各细分行业(除相对污染类行业外)的平均碳生产率大于 1,且主要集中在 0.95~1.15。第二,从污染程度分类来看,相对清洁类行业的平均碳生产率相对较高。相对污染类行业由于其产业的特殊性,往往具有高能耗、高排放的特征,易受政策影响,对政策变化较敏感且可能在政策的影响下发生产业转移。这就不难理解相对污染类行业的平均碳生产率要明显低于相对清洁类行业的原因,且其平均碳生产率低的省域均集中在西部地区。近年来,由于国家在生态环境方面的政策要求,相对污染类行业开始进行产业转型或从东部地区转移到西部地区。其中,就相对污染类行业而言,30 个样本地区中平均碳生产率最低的地区是宁夏。鉴于历史和地理原因,宁夏的能源利用效率一直落后于其他省域,能源强度也明显大于其他省域,其相对污染类行业的产出占整个地区产出的 60%以上,这在一定程度上导致了其相对落后的碳生产率水平。第三,从要素密集度分类来看,在三大细分行业中,资本密集型行业的平均碳生产率要明显低于技术密集型行业和劳动密集型行业,其低值省域也均位于西部地区。人均资本拥有量反映经济的重型化程度,相对于劳动密集型行业,我国资本密集型行业更倾向于具有重污染行业的特征[215]。由于我国重工业化具有粗放型特点,资本密集型行业与其他行业相比在碳生产率水平上存在较大的差异。

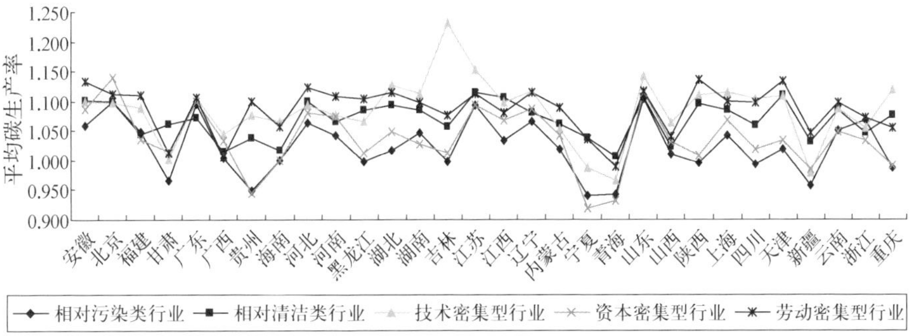

图 3.6　2001—2016 年各地区各细分行业的平均碳生产率

第 4 章　中国省域制造业碳生产率的空间差异及格局演变

第 3 章测度了 2001—2016 年我国 30 个省域的碳生产率，由测度结果可知，我国省域制造业碳生产率呈现出明显的地区差异性，制造业碳生产率高的省域大多分布于东部地区，而低值省域主要集中于西部地区。从地理学的角度看，碳生产率的研究唯有从空间格局演变把握，地区制造业节能减排工作的推进和相关政策的制定才能具有更强的针对性和更良好的操作性。基于此，为了深入理解我国省域制造业碳生产率的空间分布规律，本章运用空间四分位图、核密度函数、标准差椭圆（SDE）、Moran's I 和空间 Markov 链等多种空间统计方法，从多重视角对省域制造业及其细分行业碳生产率的空间分布格局及其演变进行了详细的考察。同时，本章检验了相邻省域之间的制造业碳生产率是否具有空间相关性，为后续将区域碳生产率纳入空间计量模型中进行时空趋同分析给出了相应的依据。

4.1　基于四分位图的制造业碳生产率的空间分布格局分析

为了能直观地显示出各省域制造业碳生产率的空间分布格局，本章运用了空间四分位图进行具体的观察。图 4.1 给出了 2002—2016 年我国 30 个省域制造业碳生产率均值的空间四分位图。图中颜色的深浅代表了制造业碳生产率的高低程度，颜色越深，其代表的制造业碳生产率就越高。图 4.1 显示了我国 30 个省域制造业碳生产率的区域差异与聚类。由图 4.1 可知，上海、江苏、广东和环渤海地区的制造业碳生产率最高，处于第四级。宁夏、青海、贵州等 6 个西部省域和海南的制造业碳生产率最低，处于第一级。9 个中部省域和四川、云南、陕西、广西这 4 个西部省域的制造业碳生产率水平处于第二级和第三级。总体来看，地域因素对制造业碳生产率有重要的影响，制造业碳生产率的分布大致遵从由西到东递增的规律，但并不完全体现地域性，这与袁晓玲等[216]得出的全要素能源效率区域格局相符，即并非由东向西严格递减。其中，还有较为特殊的省域分布情况，比如云南和四川这 2 个省域虽然位于西部地区，但它们的制造业碳生产率却处于较高的第三级，而位于东部地区的海南，其制造业碳生产率却处于最低的第一级。

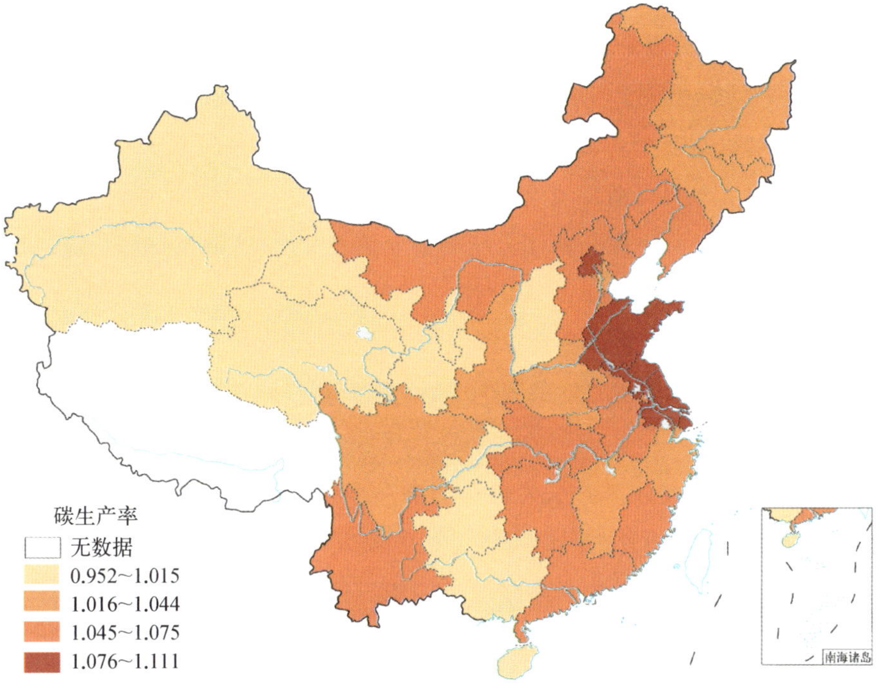

图 4.1　2002—2016 年我国 30 个省域制造业碳生产率均值的空间四分位图

同时，由图 4.1 可以看出，我国省域制造业碳生产率具有较明显的聚类趋势。为了深入理解这种地理聚类，本章将在后文中尝试利用全局 Moran's I 来具体探讨我国省域制造业碳生产率的空间依赖性。

为了考察制造业各细分行业碳生产率的空间分布格局，本章又运用了空间四分位图进行观察。我们分析了2002—2016年我国省域制造业相对污染类行业、相对清洁类行业、技术密集型行业、资本密集型行业和劳动密集型行业碳生产率均值的空间四分位图。其中,相对污染类行业和相对清洁类行业也都大致遵从由东向西递减的空间分布规律,但又有所区别。比如地处东部地区的浙江、广东这2个制造业大省,其相对污染类行业碳生产率水平处于最高的第四级,而其相对清洁类行业碳生产率水平却处于较低的第二级。可能的原因如下:一方面,这2个省域的经济发展程度高,有较严厉的环境管制,向中部、西部地区转移了一批资源消耗型产业和较落后的工艺,推动了产业转型升级;另一方面,浙江真正拥有相对优势的行业仍旧是一些效率较高的传统制造业(如纺织、服装、饮料和石油加工)而非新兴行业(如电子及通信设备制品业),这些传统优势行业主要是相对污染类行业[217]。类似地,相对污染类行业在广东的工业行业中始终占据着较大的比重[218]。同时,这2个省域都十分重视传统制造业的改造提升,如浙江于2017年6月出台了《浙江省全面改造提升传统制造业行动计划(2017—2020年)》,以进一步提升浙江传统制造业的发展水平,加快推动经济结构调整和发展方式转变,强调“绿色发展”的理念,大力推进企业技术创新,从而不断推进传统制造业碳生产率的提升。这就不难理解,从全国层面来看,这2个地区相对污染类行业的碳生产率比相对清洁类行业的碳生产率更具有优势。

按要素密集度分类的三大行业的碳生产率也均大致呈现出东部高、西部低、中部介于两者之间的态势。其中较为特殊的是,在技术密集型行业中,中部地区的湖北处于最高的第四级。原因可能是依托大批武汉高校、科研单位和知名企业的科研实力,湖北在新一代信息技术产业尤其是光电技术方面拥有明显优势。武汉·中国光谷显示产业基地已是中国首屈一指的光通信技术研发基地和激光产业基地。这些研发基地和众多的互联网实验室进一步推动了技术密集型行业的研究与试验发展(research and development, R&D)以及生产能力。同样在劳动密集型行业中,湖北也处于最高的第四级,主要得益于其较强的教育文化实力和技术创新能力。

4.2　基于核密度函数的制造业碳生产率的空间分布动态演进分析

核密度图在刻画非均衡及动态演进方面具有独特优势，可以从整体上反映制造业碳生产率分布的位置、延展及形状特征，揭示制造业碳生产率分布绝对变化的动态演进规律。密度函数位置的左右平移表示碳生产率分布的变动，两端延展表示碳生产率分布的差距程度上升，形态改变表示碳生产率分布发生扭曲。本节采用高斯核密度函数估计 2002—2016 年我国 30 个省域制造业碳生产率的分布。

4.2.1　核密度估计方法和原理

核密度估计(kernel density estimation)主要是对随机变量的概率密度进行估计，用连续的密度曲线刻画随机变量的分布形态，属于非参数检验方法。由于核密度估计不要求有数据分布的先验知识，对数据分布不附加任何假定，而是从数据样本本身出发研究数据分布特征，目前在统计学领域受到高度的重视。其基本原理如下。

假定 X_1, X_2,…, X_n服从同一分布，而其密度函数 $f(x)$ 未知，这就需要通过样本去估计 $f(x)$。下面给出了样本的经验分布函数：

$$F(x) = \frac{1}{n}\{X_1,\ X_2,\ \cdots,\ X_n\} \tag{4-1}$$

得到密度函数估计式：

$$\begin{aligned} f_h(x) &= \frac{F_n(x + h_n) - F_n(x - h_n)}{2h} \\ &= \int_{x-h_n}^{x+h_n} \frac{1}{h} K\left(\frac{t - x}{h_n}\right) \mathrm{d}F_n(t) \\ &= \frac{1}{nh_n} \sum_{i=1}^{n} K\left(\frac{x - x_i}{h_n}\right) \end{aligned} \tag{4-2}$$

式中，h 为平滑参数 ($h > 0$)，称作带宽(bandwidth)或窗口，h 越大，平滑度越高；$K(*)$为核函数形式或者权重（非负，积分为1，均值为0），观测值x_i权重的设定是依据x_i与x之间的距离，一般来讲，权重随距离的增加而递减。由式(4-2)可知，为了对密度函数$f_h(x)$进行估计，首先应确定等式右边的核函数$K(*)$和带宽h。估计结果对于h的选择较为敏感。最优带宽h^*的选择比较复杂，一般而言，其选择准则如下：当样本量较小且数据稀疏时，应选用较大的h，这会导致较大的标准差，估计将对邻近数据赋予较高的权重；当样本量较大且数据密集时，可选用较小的h，这会带来较小的标准差，估计将对特定数据赋予较高的权重，而对邻近数据赋予较低的权重。如果h太大，则会使得密度函数过于平滑；相反，如果h太小，则会使得密度函数不太平滑。如果$f_h(x)$服从正态分布，则最优带宽$h^* = s\left(\frac{4}{3n}\right)^{\frac{1}{5}} \approx 1.059\,224 sn^{-\frac{1}{5}}$，其中$s$为样本标准差。对于核函数$K(z)$，通常假定其满足以下性质：

(1) $K(z)$连续，并且关于原点对称，即为偶函数；

(2) $\int_{-\infty}^{+\infty} K(z)\mathrm{d}z = 1$，$\int_{-\infty}^{+\infty} zK(z)\mathrm{d}z = 0$，$\int_{-\infty}^{+\infty} |K(z)|\mathrm{d}z < +\infty$；

(3) 存在$z_0 > 0$，当$|z| > z_0$时，$K(z) = 0$，或者当$|z| \to +\infty$时，$|z|K(z) \to 0$；

(4) $\int_{-\infty}^{+\infty} z^2 K(z)\mathrm{d}z = \gamma$，其中$\gamma$为一个常数。

在各种常见的核函数中，应用最泛的是二次（Epanechnikov）核函数和高斯（Gaussian）核函数。对于高斯核函数，当满足$|z| \to +\infty$时，$|z|K(z) \to 0$，其数学形式为$\frac{1}{\sqrt{2\pi}}\exp\left|-\frac{z^2}{2}\right|$。鉴于高斯核函数方便的数学性质，本节在制造业碳生产率的分布动态分析中采用了高斯核密度函数估计。

4.2.2 制造业碳生产率空间分布的核密度估计结果

图4.2从整体上描述了我国省域制造业碳生产率在样本考察期内的演变。总体而言，密度函数中心略微向右移动，波峰变得更加陡峭，变化区间

呈缩小态势，这说明在 2002—2016 年，我国省域制造业碳生产率整体有所上升，同时地区差距渐趋缩小。具体而言，相对于 2002 年，2006 年的密度函数中心明显向右偏移，主峰值明显增大，同时变化区间也增大，在高碳生产率区间形成多个较小的波峰，这说明在此期间整体碳生产率显著上升，同时省域间两极分化现象加剧，碳生产率的省际差距总体上在拉大。但此后这一过程发生了逆转，较之于 2006 年，2010 年的密度函数中心明显向左偏移，波峰明显变得平缓，变化区间略有增大，这表明在此期间整体碳生产率有所下降，地区间的碳生产率差距相对略有扩大。较之于 2010 年，2014 年的密度函数中心明显向右移动，峰值明显上升，同时单峰变为双峰，变化区间相对缩小，这表明在此期间整体碳生产率有所提高，两极分化现象显著减弱，同时由双峰现象可以初步判断我国省域制造业碳生产率呈现了局部趋同。较之于 2014 年，2016 年的密度函数中心继续稍微向右移动，主峰值大幅上升，变化区间进一步缩小，曲线的形状又由多峰变为单峰，这意味着在此期间整体碳生产率继续得到改善，地区差距继续缩小，一定程度上说明我国省域制造业部门的碳生产率水平逐步趋于一致。

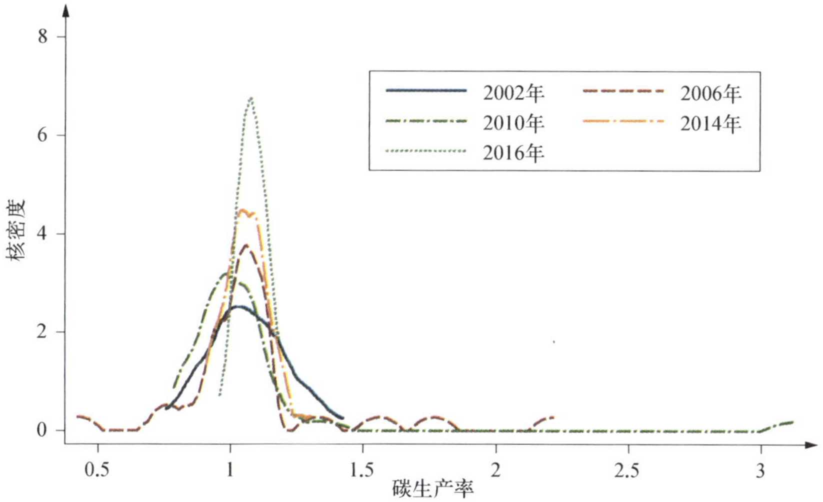

图 4.2　我国省域制造业碳生产率的演变

同时，本小节还给出了制造业各细分行业碳生产率分布的核密度图（图 4.3）。从图 4.3 可以看出如下几点演变特征。

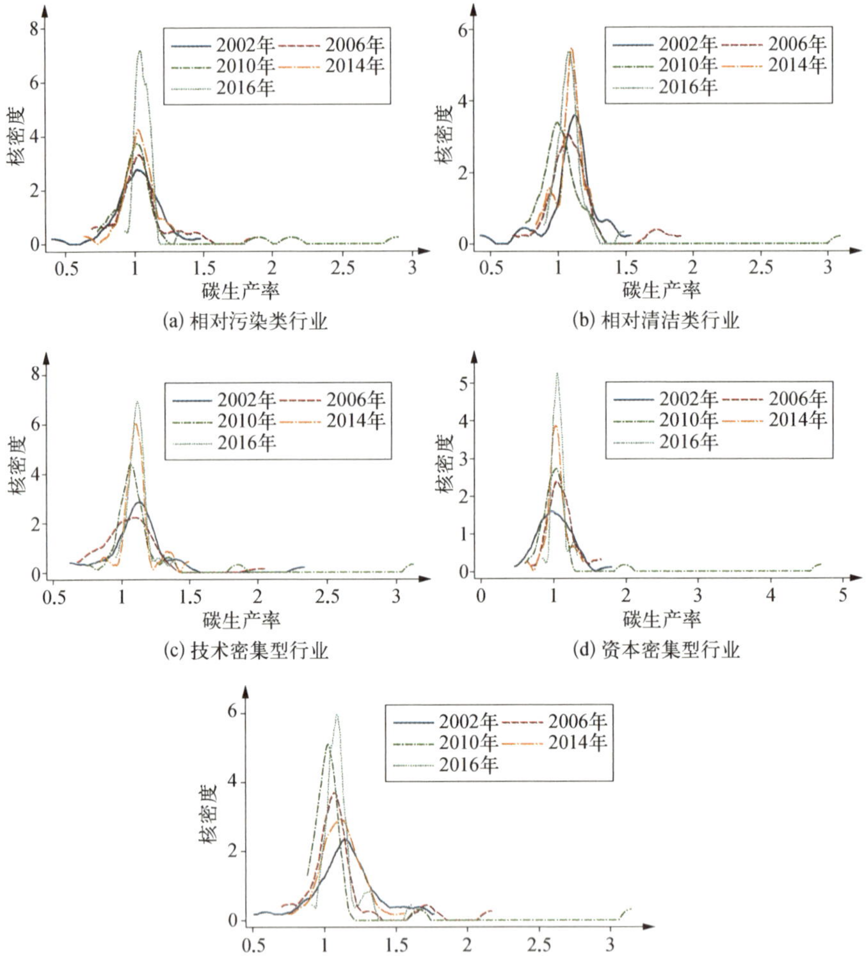

(a) 相对污染类行业　(b) 相对清洁类行业

(c) 技术密集型行业　(d) 资本密集型行业

(e) 劳动密集型行业

图 4.3　我国省域制造业各细分行业碳生产率的演变

第一,在样本考察期内,制造业各细分行业碳生产率分布曲线的中心均基本呈现向右移动的趋势,说明其碳生产率水平均大致呈现逐年上升趋势,这一特征与前文关于制造业整体的描述基本一致。第二,在制造业各细分行业中,除劳动密集型行业在 2014 年的峰值出现明显的下降外,其余细分行业碳生产率分布曲线的波峰逐年变得陡峭,表明省域间这些细分行业碳生产率的绝对差距呈缩小趋势。第三,在样本考察期内,制造业各细分行业碳生产率分布曲线存在明显的向右拖尾现象,尤其是 2010 年拖尾现象更加明显，表明高值省域的制造业碳生产率水平与各省域的制造业碳生产率平均水平之间的差距较大，这种差距在2010年更加显著。第四，在样本考察期内，制造业各细分行业碳生产率分布的单极化现象基本上始终存在，且峰值呈逐年上升趋势，表明随着时间的推移，其极化现象加剧。相对污染类行业在2016年出现了双峰现象，主峰值较高，侧峰值较低，说明相对污染类行业碳生产率水平存在一定的梯度，呈现微弱的两极分化现象。相对清洁类行业碳生产率分布则经历了单极化—多极化—单极化的过程，多极化出现在2014年，且峰值逐年上升，表明极化现象得到有效控制。

4.3　基于SDE的制造业碳生产率的时空演化趋势分析

标准差椭圆（SDE）是一种能够精确地刻画经济空间分布多方面特征的空间统计方法。它是描述离散程度的经典统计量——标准差在二维空间的演化。SDE最先由Lefever[219]于1926年提出，它通常是通过识别一组数据的离散及方向来描绘变量的地理分布趋势的。目前，SDE被广泛应用于许多研究领域及商业分析中，尤其在空间统计领域更是被广泛接受，例如Eryando等[220]、赵璐等[221]、Rahman等[222]均使用了该方法。为了准确揭示我国省域制造业碳生产率的空间演化规律，本节在ArcGIS 10.3的支持下，采用SDE从多重角度反映我国省域制造业碳生产率的时空演变过程，定量识别并以空间可视化的方式描述其在时空演变过程中的整体特征。

4.3.1　SDE的工作原理

测量一组点或区域的趋势的一种常用方法便是分别计算x轴和y轴方向上的标准距离。这2个测量值可用于定义一个包含所有要素分布的椭圆的轴线。该方法以平均中心作为起点，对x坐标和y坐标的标准差进行计算，从而定义椭圆的轴，因此该椭圆被称为标准差椭圆。SDE主要有4个参数，即中心、旋转角、长半轴、短半轴。SDE生成算法：首先确定圆心，即方向分布工具的圆心，然后直接利用算术平均中心计算该圆心。SDE的计算

公式为

$$SDE_x = \sqrt{\frac{\sum_{i=1}^{n}(x_i - \bar{X})^2}{n}},\ SDE_y = \sqrt{\frac{\sum_{i=1}^{n}(y_i - \bar{Y})^2}{n}} \tag{4-3}$$

式中，SDE_x和SDE_y为SDE的标准差；x_i和y_i为i要素的空间位置坐标；$\bar{X}$和$\bar{Y}$为要素的算术平均中心；n为要素总个数。在空间统计上，基于X、Y的方差，可以求得SDE的长半轴和短半轴。

SDE的方向以旋转角(θ)表示，以x轴为准、正北方向为0°，按顺时针方向旋转，其计算公式为

$$\tan\theta = \frac{A+B}{C},\ A = \sum_{i=1}^{n}\tilde{x}_i^2 - \sum_{i=1}^{n}\tilde{y}_i^2,\ B = \sqrt{A^2 + 4\left(\sum_{i=1}^{n}\tilde{x}_i\tilde{y}_i\right)^2},\ C = 2\sum_{i=1}^{n}\tilde{x}_i\tilde{y}_i \tag{4-4}$$

式中，$\tilde{x}_i$和$\tilde{y}_i$分别为$\bar{X}$与x_i的差和$\bar{Y}$与y_i的差。

最后以下列公式确定x轴和y轴的标准差：

$$\sigma_x = \sqrt{\frac{\sum_{i=1}^{n}(\tilde{x}_i\cos\theta - \tilde{y}_i\sin\theta)^2}{n}},\ \sigma_y = \sqrt{\frac{\sum_{i=1}^{n}(\tilde{x}_i\sin\theta - \tilde{y}_i\cos\theta)^2}{n}} \tag{4-5}$$

SDE的长轴方向表征要素在二维空间上分布的主趋势方向通过方位角体现。其长轴长度和短轴长度分别表征要素空间分布在主趋势方向和次要方向上偏离重心的程度，且短轴长度与长轴长度的比值可用以表征要素空间分布的形态。其重心移动则反映了点群格局的总体位移特征，即哪侧变量增长快，就往哪侧移动。若内侧变量增长快，则SDE收缩；若外侧变量增长快，则SED扩张[47,48]。在一定的时间尺度上，经SDE描述，我国制造业碳生产率空间分布变化的重心、空间范围、方向及形态可能随时间呈现异质性的动态特征，从而为理解制造业碳生产率的时空演变过程提供了新的参考。

4.3.2 基于SDE的制造业碳生产率空间格局演化特征

图4.4给出了2002—2016年我国30个省域制造业碳生产率空间分布

格局。本小节中的 SDE 面积使用一个标准差，该设定下的 SDE 包含 68%的样本数量①。2012—2016 年我国 30 个省域制造业碳生产率分布大体上表现为“东（略偏北）—西（略偏南）”的空间格局。由图 4.4 可知，落在空间分布 SDE 内的省域主要位于东部沿海地区和中部地区，西部地区被覆盖的面积较少，东北三省也不在 SDE 内。总体来说，我国省域制造业碳生产率空间格局表现出一定的演化特征，具体如下。

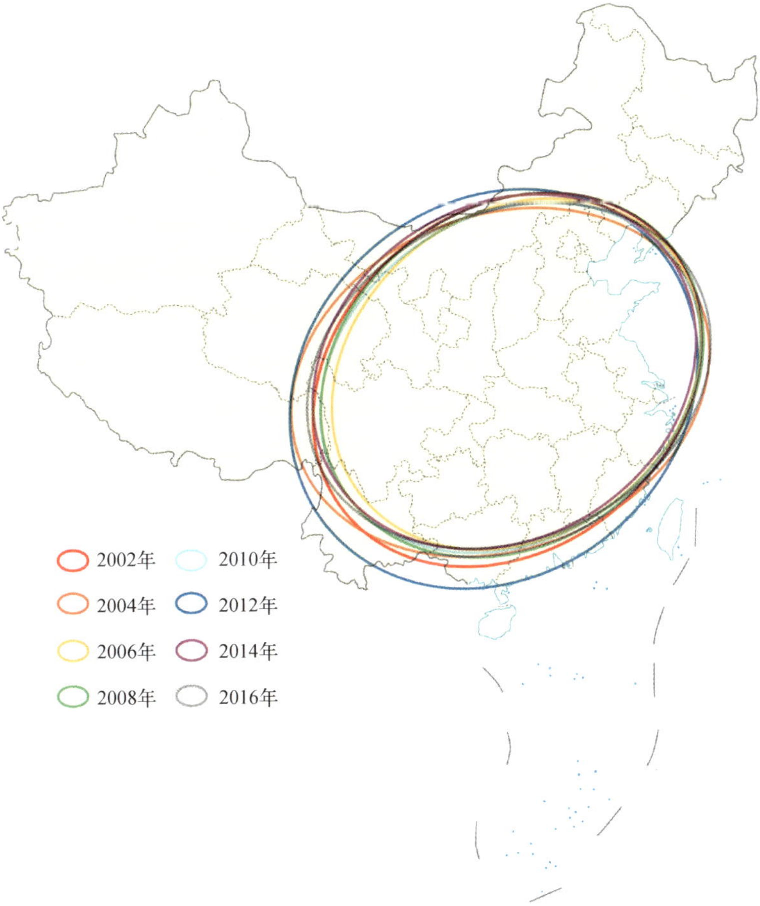

图 4.4　2002—2016 年我国 30 个省域制造业碳生产率空间分布格局

① 本小节所使用的 ArcGIS10.3 提供了“椭圆大小”这个参数，它包含 3 种可以选定要表示的标准差数——1、2 和 3，分别代表所生成的椭圆可以包括 68%、95%和 99%三个级别的数据比例，这里选择参数 1 来生成。

(1) 分布重心变化

表4.1给出了制造业碳生产率空间分布格局的SDE参数。2002—2016年,其重心空间移动轨迹如图4.5所示。表4.1的数据经转换后可得,其重心总位移为56.29 km,其中向东位移9.42 km,向北位移55.50 km,总体呈现向东北移动的态势。制造业碳生产率重心主要在110.731 9°E~112.173 1°E、32.469 8°N~33.483 7°N移动,重心主要分布在河南省南阳市(2004年和2012年,重心在湖北省十堰市)。总体来说,重心移动变化不是很大,相对较稳定。

表4.1 制造业碳生产率空间分布格局的SDE参数

年份	中心坐标	空间范围	转角/(°)
2002	111.494 2°E、32.911 7°N	434.066 6	74.769 1
2004	111.003 9°E、33.009 6°N	440.954 4	79.979 2
2006	112.173 1°E、33.148 0°N	397.158 2	74.672 0
2008	111.631 7°E、33.361 5°N	421.695 6	74.500 5
2010	111.909 4°E、33.073 9°N	403.908 4	74.143 4
2012	110.731 9°E、32.469 8°N	500.325 7	83.825 4
2014	111.636 3°E、33.483 7°N	425.134 5	78.371 0
2016	111.594 9°E、33.412 1°N	431.854 0	77.160 6

资料来源:根据相关数据计算整理。

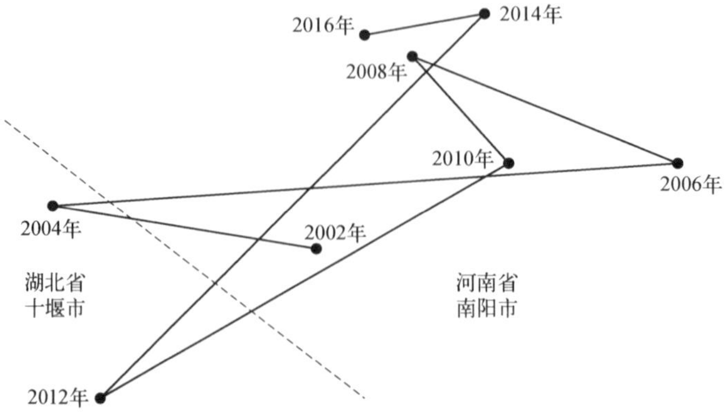

图4.5 制造业碳生产率重心空间移动轨迹

在东—西方向上，总体来看，2002—2016 年我国省域制造业碳生产率重心没有明显的向东移动或向西移动的趋势，位移总量较小。但 2005—2006 年，其重心向东移动距离最大，达到 135.91 km，表明这一年东部省域制造业碳生产率的提升超过了中部、西部省域。2006—2007 年，其重心又迅速回调，向西移动距离达到 115.45 km。结合具体的国内政策与国际经济背景，可在一定程度上对我国省域制造业碳生产率空间格局这一变化做出相关解释。西部地区大开发主要以开发资源型工业为主，且随着西部大开发战略的不断推进，东部地区的高污染、高能耗产业加快转移到西部地区，使得个别西部省域的制造业碳生产率出现了不增反降的现象。2007 年之后，全球金融危机对中国造成的影响逐步加大，全要素生产率的增长速度迅速回落[223]。沿海地区制造业由于受到国际市场和国内市场的双重影响，全要素生产率增长率下滑的现象尤为明显，在一定程度上导致了全要素碳生产率的增长速度放缓，从而使得重心向西移动。

在南—北方向上，2002—2016 年，总体上我国省域制造业碳生产率重心出现显著的向北移动趋势，位移总量达 55.50 km。其中，2002—2008 年，碳生产率重心逐渐向北移动，位移总量为 46.68 km；2010—2012 年，碳生产率重心表现出向南移动的趋势，但 2010 年以后又迅速向北回调。究其原因，这与东北老工业基地振兴战略的实施，着力于转变经济增长方式的成效初步显现有关，在一定程度上提高了当地的能源效率并缩小了与高能效地区的差距[224]，进而缩小了与这些地区的碳生产率的差距。

（2）分布范围变化

2002—2016 年，我国省域制造业碳生产率空间分布范围呈现较强的波动性（表 4.1），其变动过程大体可以分为三个阶段。其中，2002—2006 年，我国省域制造业碳生产率空间分布范围缩小趋势显著；2006—2012 年，其分布范围呈现明显的扩大趋势；2012 年以后，其分布范围再次出现缩小趋势。2016 年的碳生产率空间分布范围略小于 2002 年的初始水平。在这个过程中，空间范围波动最大的是 2010—2012 年。在这个阶段，空间范围迅速扩大，这意味着 SDE 内省域的制造业碳生产率的增长速度减缓，更多地带动 SDE 外省域的制造业碳生产率的提升。

（3）方向分布变化

2002—2016 年，我国省域制造业碳生产率空间分布 SDE 转角在波动中主要呈现缩小趋势。虽然在 2002—2004 年、2010—2012 年这两个阶段出现一定的波动，但随后继续保持缩小趋势。从变化幅度来看，其值在 74.143 4°~83.825 4°变动。SDE 转角缩小表明，相对于我国西南部的省域，位于我国东北部的省域对我国制造业部门碳生产率的作用增强。

（4）分布形状变化

2002—2016 年，我国省域制造业碳生产率空间分布 SDE 短轴长度与长轴长度的比值总体较稳定，除个别年份（2006 年和 2012 年）有明显的上升，这表明与其他年份相比，2006 年和 2012 年我国省域制造业碳生产率空间分布的方向性相对不明显。2002—2016 年，SDE 长轴总体增长，短轴总体缩短。短轴在 2002—2010 年保持连续缩短趋势，2012 年骤然增长，然后再次继续缩短，这表明我国省域制造业碳生产率在南—北方向上呈现收缩趋势。虽然长轴总体增长，但无法看出其明显的增长趋势，即在东—西方向上无明显增长或呈现收缩趋势。

同时，本小节还给出了制造业各细分行业碳生产率空间分布的 SDE 图（图 4.6）。从图 4.6 可以得出如下几点演变特征。

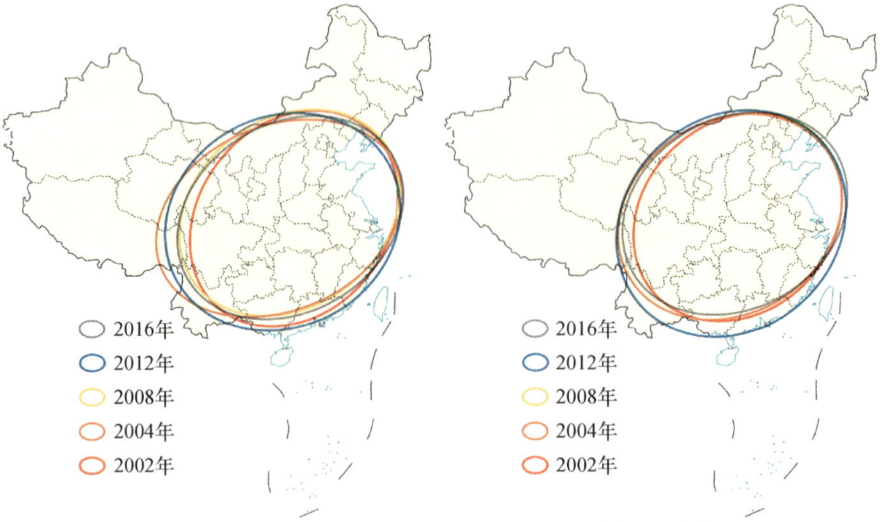

(a) 相对污染类行业 (b) 相对清洁类行业

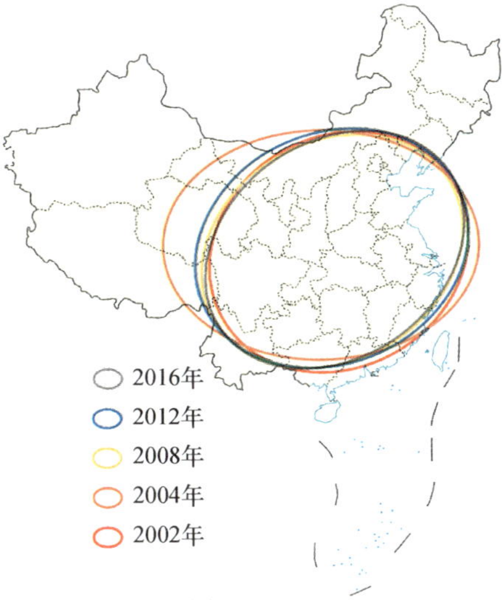

(c) 技术密集型行业

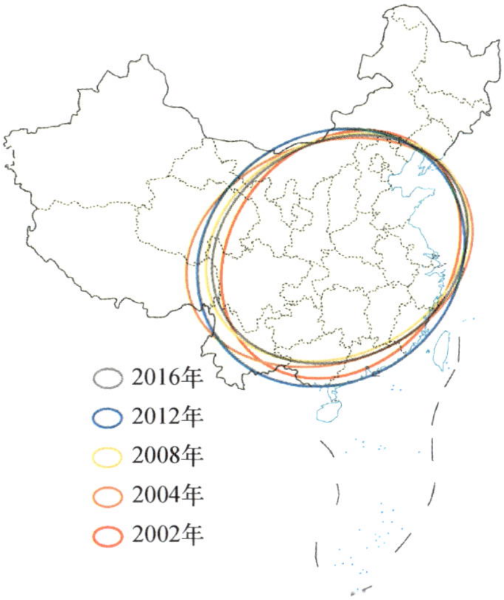

(d) 资本密集型行业

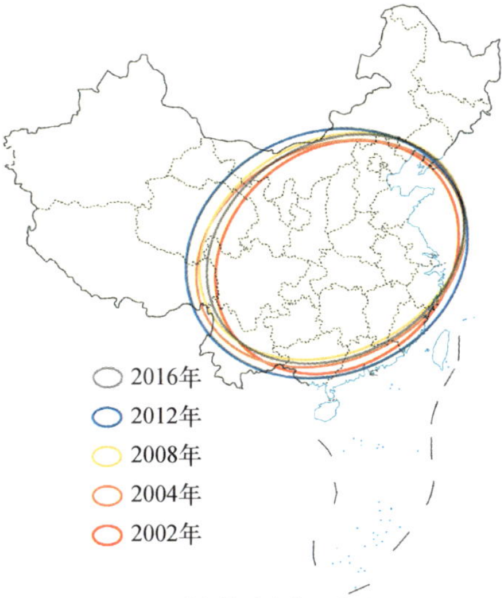

(e) 劳动密集型行业

图 4.6　2002—2016 年制造业各细分行业碳生产率空间分布格局

类似于我国省域制造业碳生产率空间分布格局的 SDE 图，分布在制造业各细分行业碳生产率空间分布 SDE 内的省域主要位于东部沿海地区和中部地区。从分布重心来看，2002—2016 年制造业各细分行业碳生产率的重心与制造业部门碳生产率的重心比较接近，大致分布在河南省南阳市，重心移动也相对较稳定。但技术密集型行业在 2004 年的中心坐标为 109.970 8°E、32.911 7°N(湖北省十堰市),中心坐标向西位移十分明显。此外,2004 年相对污染类行业和资本密集型行业碳生产率的重心也位于湖北省十堰市。

从分布范围的变化来看,SDE 分布范围变化最明显的是技术密集型行业。2002—2004 年,该细分行业的分布范围由 425.204 2 扩大到 516.634 5,变化十分显著,这表明在这一时期,一些西部省域技术密集型行业的碳生产率的增长速度要高于 SDE 内的省域。

从转角的变化来看,总体来说,2002—2016 年相对污染类行业 SDE 转角变化要大于相对清洁类行业。相对污染类行业由于其行业的特殊性,能源需求较大,污染物排放较多,受政策影响较大,并可能会伴随政策的变化出现产业转移现象,这就不难理解相对污染行业 SDE 转角变化较大。相对清洁类行业 SDE 转角的变化区间为 73.162 2°~78.362 2°,而相对污染类行业 SDE 转角的变化区间则为 68.917 1°~82.643 6°,后者的 SDE 转角变化较大,且在 2002—2012 年呈现明显的增长趋势,这表明东部沿海省域,中部、西部省域相对污染类行业碳生产率对全国该细分行业碳生产率的影响在不断加大。在按要素密集度细分行业中,SDE 转角变化最大的是技术密集型行业,尤其是 2002—2004 年,SDE 转角由 80.071 6°增长到 92.035 5°,结合该阶段 SDE 重心的显著右移,可以得出这一时期西部省域技术密集型行业碳生产率拉动作用明显增强的结论。

4.4 基于 Moran's I 的制造业碳生产率的空间相关性分析

4.4.1 空间自相关检验模型

Anselin 认为空间数据基本上都会存在空间相关性,若忽略空间数据的这种空间相关性,将会产生一定的误差。尤其是随着新经济地理学的兴起、空间计量经济学的发展,学者们越来越关注截面数据或面板数据中可能存在的空间效应问题。而且在财政分权体制和官员晋升激励这一背景下,中国各地区间的经济增长和污染排放均存在竞争性及策略性互动[225],说明中国各地区不仅关注自身的经济增长和污染排放，同时也关注其他地区（尤其是邻近地区）的经济增长和污染排放。此外，不少研究表明，技术创新存在空间扩散效应[226-229]，而技术创新是影响碳生产率的根本途径之一[132]，因此碳生产率也很有可能存在空间效应。基于此，在分析制造业碳生产率空间格局时，很有必要对其空间相关性进行详细考察。

空间自相关（spatial autocorrelation）在这里可解释为位置相近的省域有相近水平的制造业碳生产率。基于空间自相关的复杂性，不少文献提出了一系列度量空间自相关的方法，其中最常用的是莫兰指数（Moran's I）[230]。它是最早应用于检验空间依赖和集聚问题的探索性分析的指标。基于此，本节采用 Moran's I 来考察我国省域制造业碳生产率是否具有显著的空间自相关性。Moran's I 可进一步分为全域 Moran's I（global Moran's I）和局域 Moran's I（local Moran's I）。其中，全域 Moran's I 考察的是整个空间序列的集聚特征，而局域 Moran's I 用来检验局部地区是否存在变量集聚现象（Anselin，1995）。

（1）全域 Moran's I

Moran's I 可视为观测值与其空间滞后（spatial lag）的相关系数。全域 Moran's I 的公式可表示为

$$I = \frac{\sum_{i=1}^{n}\sum_{j=1}^{n} w_{ij}(x_i - \bar{x})(x_j - \bar{x})}{s^2 \sum_{i=1}^{n}\sum_{j=1}^{n} w_{ij}} \tag{4-6}$$

式中，n 为空间单元数，这里指我国 30 个省域；x_i 和 x_j 分别为 i 地区和 j 地区所考察变量的取值，这里指我国 30 个省域的制造业碳生产率；$\bar{x}$ 为变量观测值的均值，$\bar{x} = (\sum_{i=1}^{n} x_i)/n$；$s^2$ 为样本方差，$s^2 = \frac{\sum_{i=1}^{n}(x_i - \bar{x})^2}{n}$；$w_{ij}$ 为空间权重矩阵的 (i, j) 元素，而 $\sum_{i=1}^{n}\sum_{j=1}^{n} w_{ij}$ 为所有 w_{ij} 之和，本节采用一阶 Rook 邻接矩阵，其表达式为

$$w_{ij}=\begin{cases}1 & \text{当 } i \text{ 地区与 } j \text{ 地区相邻}\\ 0 & \text{当 } i \text{ 地区与 } j \text{ 地区不相邻}\end{cases}\quad (i\neq j) \tag{4-7}$$

全域 Moran 散点图将我国 30 个省域制造业碳生产率的空间依赖模式划分为四个象限。其中,第一象限表示碳生产率高的省域被其他碳生产率高的省域包围,被称为高-高集聚;第二象限表示碳生产率低的省域被其他碳生产率高的省域包围,被称为低-高集聚。类似地,第三象限被称为低-低集聚,第四象限被称为高-低集聚。若观测值均匀散布于四个象限,则认为不同省域制造业碳生产率之间不存在空间自相关性。

对于全域 Moran's I 的计算结果,还要对其显著性进行检验,一般采用渐进正态分布和随机分布两种假设进行检验,标准化形式为

$$Z(I)=\frac{I-E(I)}{\sqrt{Var(I)}} \tag{4-8}$$

标准化全域 Moran's I 的期望值为

$$E_n(I)=-\frac{1}{n-1} \tag{4-9}$$

对于正态分布的空间数据,方差算式为

$$Var_n(I)=\frac{n^2w_1+nw_2+3w_0^2}{w_0^2(I)}-E_0^2(I) \tag{4-10}$$

根据式(4-7)~式(4-10),可检验我国省域制造业碳生产率是否存在全域空间自相关性。若全域 Moran's I 的数值高于正态分布函数在 5%或 1%的显著性水平下的临界值,就说明我国省域制造业碳生产率在空间分布上呈显著的正向相关关系,相邻省域的类似特征值出现空间依赖性。

(2) 局域 Moran's I

基于 Moran(1995)的研究,本小节给出局部空间自相关性指标(local indicators of spatial autocorrelation, LISA)——局域 Moran's I,可用于识别变量在局部空间上的集聚与异质情况。局域 Moran's I 的定义为

$$I_i = \frac{(x_i - \bar{x})}{s^2} \sum_{j=1}^{n} w_{ij}(x_j - \bar{x}) \qquad (4-11)$$

局域 Moran's I 的含义与全域 Moran's I 相似。$I_i > 0$，说明高(低)值的 i 地区被周围的高(低)值地区包围；$I_i < 0$，说明高(低)值的 i 地区被周围的低(高)值地区包围。类似于全域 Moran's I，在计算出局域 Moran's I 的基础上，可绘制出反映我国 30 个省域制造业碳生产率空间依赖性的局域 Moran 散点图。

4.4.2　制造业碳生产率的 Moran's I 和散点图

本小节借助 GeoDa 软件对 2002—2016 年我国省域制造业碳生产率的地理空间相关性进行了 Moran's I 检验(表 4.2)。表 4.2 给出了 2002—2016 年我国省域制造业碳生产率的全域 Moran's I 和局域 Moran's I，并给出了制造业各细分行业碳生产率的全域 Moran's I。由表 4.2 可知，无论是制造业整体还是其细分行业，Moran's I 都为正(分布区间为 0.213 1～0.483 4)，且都通过了 5%的显著性水平检验。这个结果表明，我国省域制造业碳生产率在地理空间上并非均衡分布，而是表现出较强的地理空间集聚特征。制造业各细分行业的碳生产率在地理空间上也都表现为较强的正相关性特征。我国省域制造业碳生产率的地理空间集聚特征如下：较高碳生产率的省域倾向于和较高碳生产率的省域相邻，可能的原因是低碳技术的省际溢出和邻近省域政府间对有效环境政策的效仿；较低碳生产率的省域倾向于和较低碳生产率的省域相邻，可能归因于邻近省区间的环境倾销和转移效应以及政府的"逐底竞争"，导致制造业碳生产率在地理空间上非均衡分布。

表 4.2　2002—2016 年我国省域制造业碳生产率的 Moran's I

	Moran's I	$E(I)$	$SD(I)$	$\bar{I}$	Z 值	p 值
制造业整体(全域)	0.357 3	−0.034 5	0.114 0	−0.032 7	3.421 2	0.003 0
制造业整体(局域)	0.286 1	−0.034 5	0.117 4	−0.035 2	2.738 5	0.004 0

续　表

	Moran's I	$E(I)$	$SD(I)$	$\bar{I}$	Z 值	p 值
相对污染类	0.483 4	−0.034 5	0.120 2	−0.024 1	4.220 0	0.002 0
相对清洁类	0.233 4	−0.034 5	0.114 8	−0.034 8	2.336 1	0.018 0
技术密集型	0.213 1	−0.034 5	0.110 6	−0.037 7	2.268 7	0.015 0
资本密集型	0.348 7	−0.034 5	0.115 2	−0.036 1	3.340 7	0.002 0
劳动密集型	0.224 0	−0.034 5	0.114 1	−0.033 7	2.257 9	0.024 0

图 4.7 直观地显示了 2002—2016 年我国省域制造业及其细分行业碳生产率的空间相关性。表 4.3 给出了 2002—2016 年我国省域制造业碳生产率的空间聚类。由图 4.7(a)和表 4.3 可知，对于制造业碳生产率，我国 30 个省域中有 19 个省域位于第一、第三象限，显示正向空间关联，其中 11 个省域表现为高-高集聚类型，8 个省域表现为低-低集聚类型，这表明我国省域制造业碳生产率在空间相关性上，不仅主要表现为空间依赖性的特征，也呈现空间异质性的特征。从地理分布可以看出，高-高集聚类型大多聚集在东部经济强省，而低-低集聚类型大多位于西部经济欠发达地区。

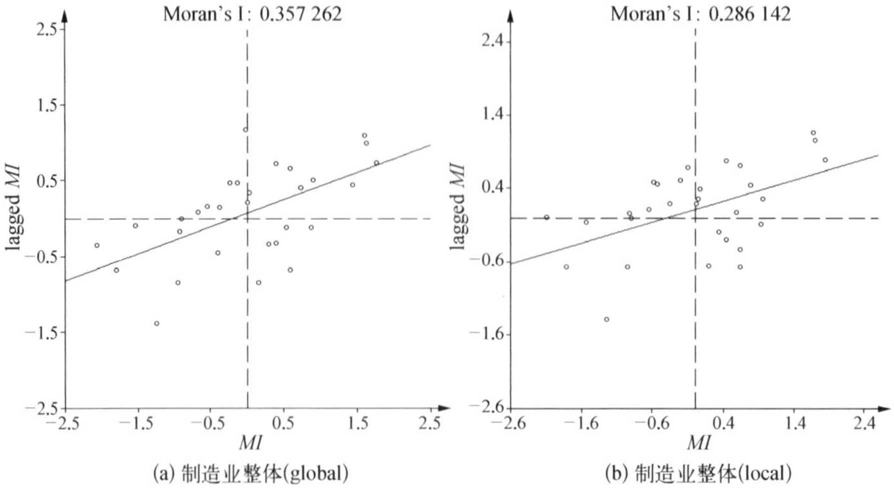

(a) 制造业整体(global)　　(b) 制造业整体(local)

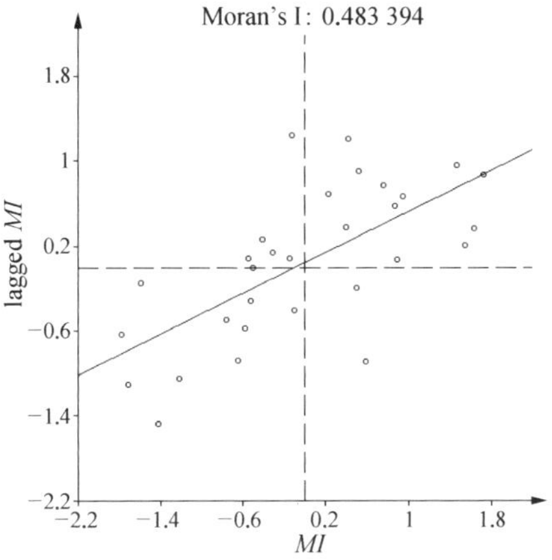

(c) 相对污染类行业

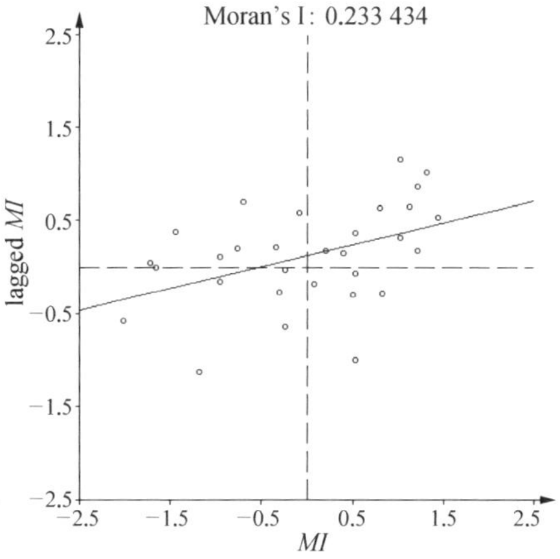

(d) 相对清洁类行业

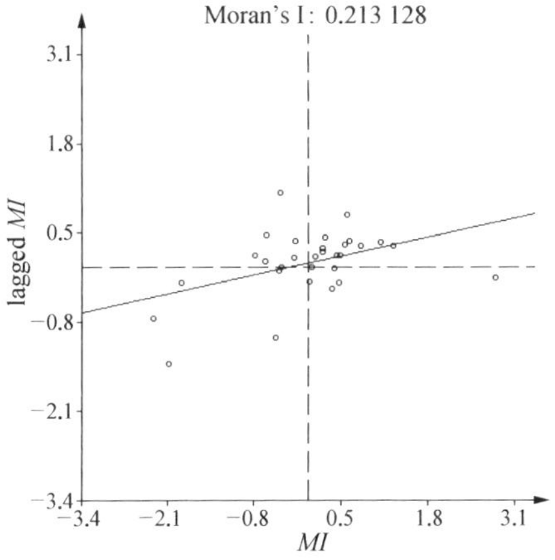

(e) 技术密集型行业

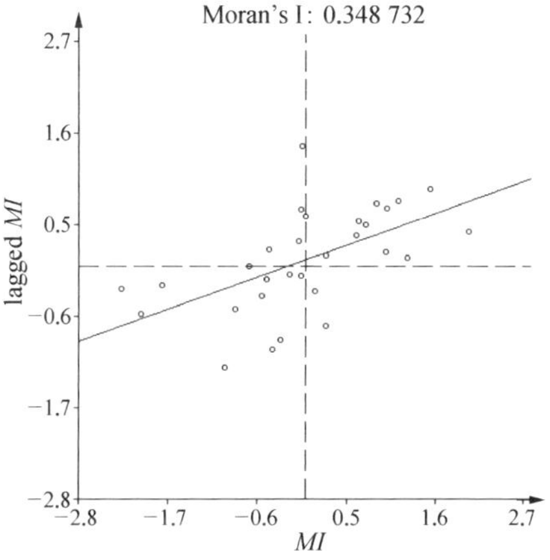

(f) 资本密集型行业

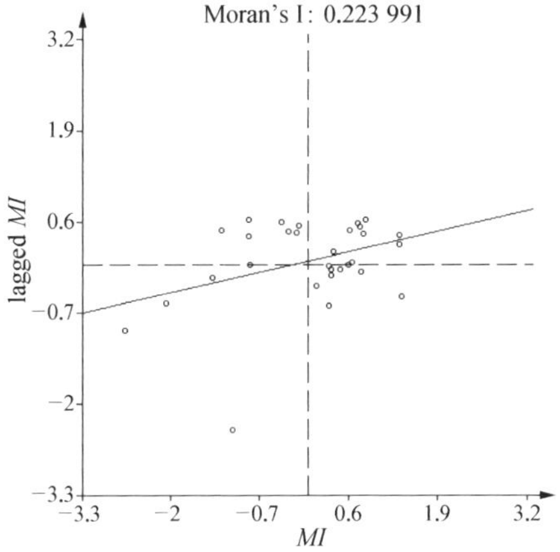

(g) 劳动密集型行业

图 4.7　2002—2016 年我国省域制造业及其细分行业碳生产率的 Moran 散点图

表 4.3 2002—2016 年我国省域制造业碳生产率的空间聚类

集聚区	省　　　域
高-高(H－H)	上海、江苏、山东、北京、辽宁、安徽、浙江、河北、福建、吉林、天津
低-高(L－H)	江西、山西、黑龙江、广西、河南
低-低(L－L)	青海、宁夏、甘肃、新疆、海南、贵州、重庆、陕西
高-低(H－L)	云南、四川、湖南、内蒙古、湖北、广东

(1) 高-高(H－H)集聚区。H－H 集聚区主要是以京津地区、长三角地区为代表的东部沿海地区,这些地区具有经济发展水平较高、资本深化程度较高、制造业基础良好、技术条件相对优越、人力资本较充沛、各省域之间交流比较充分等优势,这些优势不断推进高-高聚集区制造业碳生产率水平的发展。这些地区的省域在制造业碳生产率自身改进的同时表现出良好的扩散趋势,地区间低碳技术的创新和环境政策的扩散效应正在显现。

(2) 低-高(L－H)集聚区。首先,L－H 集聚区的省域都与制造业碳生产率水平较高的省域(如山东、上海、江苏、北京、广东等)相邻。其次,这些劳动密集型省域在周边发达省域的发展过程中承担了大量的资源与环境代价,如江西在加快承接浙江、广东、福建转移的资源型产业的过程中,并未深入借鉴、学习这些省域先进的低碳技术及经营管理制度和经验。因此,如何有效利用邻近省域的辐射与扩散效应,是提高 L－H 集聚区制造业碳生产率水平的出路,其提升空间与潜力巨大。

(3) 低-低(L－L)集聚区。L－L 集聚区的省域主要是地处我国西部地区的省域。其中大部分西部省域的先天区位具有明显劣势,使其在外部资源获取过程中优势不足,在资金政策扶持上相对乏力,制造业基础相对薄弱,且以传统的资源型产业为主,技术水平和产业结构相对落后,技术效率也普遍偏低。此外,在承接东部省域制造业转移过程中,个别政府间出现了环境规制“逐底竞争”的行为,这些因素都在一定程度上导致了我国省域制造业碳生产率 L－L 集聚类型的出现。西部地区并未出现具有明显优势的高制造业碳生产率水平的省域,“涓滴效应”并没有得到有效实现。

(4) 高-低(H－L)集聚区。H－L 集聚区的省域具有明显的地理区位优势和较高的制造业碳生产率水平。以广东和湖北为例,作为我国经济发展的先驱省份和制造业大省,这 2 个省域依托其较强的科技创新实力,注重对制造业传统产业的优化升级及高新技术产业的投入和扶持,在推进制造业发展的同时降低了资源的消耗与污染物的排放。同时应注意到,H－L 集聚区的省域往往也会受到极化现象的困扰,这些省域与邻近省域的制造业碳减排的协同机制还有待完善,制造业产业链的延伸与总体布局的合理性有待进一步加强。

就制造业各细分行业而言,在样本考察期内落在各象限的省域数虽不尽相同,但大多数省域落在第一、第三象限,且落在第一象限的省域数多于第三象限,这充分说明制造业各细分行业碳生产率在全域空间上的集聚性要强于异质性,且以 H－H 集聚类型为主。尤其对于相对污染类行业和资本密集型行业,这种正的空间自相关性特征更加明显。在相对污染类行业和资本密集型行业中,落在第一、第三两个象限的省域数占全部统计单元的比重分别高达 76.7%和 80%。无论是从制造业整体还是其细分行业来看,我国省域制造业碳生产率的空间相关性特征是比较稳定的。因此,在对我国省域制造业碳生产率进行研究时,如果未能考虑这种稳定的空间相关性,就有可能影响到研究结果的准确性和可靠性。

4.5　基于空间 Markov 链的制造业碳生产率的时空演变特征分析

空间 Markov 链方法能反映制造业碳生产率在各省域之间空间作用的路径。由上一节的分析可知,我国省域制造业碳生产率呈现明显的空间相关性,地理集聚特征明显,因此本节采用空间 Markov 转移概率矩阵来考察制造业碳生产率在地区内与地区间的流动性,以期为我国省域制造业碳生产率差异、极化现象提供科学解释。

4.5.1　空间 Markov 链方法

Markov 链可通过构建转移概率矩阵(transition probability matrix)来考

察各省域不同时期制造业碳生产率分布的动态演变特征。它是一类随机过程,可表示为 $\{X_t, t \in T\}$,其观测值构成一个有限的集合 M,由于所包含元素为随机过程的状态,集合 M 也被称为状态空间,T 则对应各个时期。假设随机变量 $X_t = j$,即 t 时期的系统状态为 j,该系统满足下式:

$$P\{X_t = j \mid X_{t-1} = i_{t-1}, X_{t-2} = i_{t-2}, \cdots, X_0 = i_0\} = P\{X_n = j \mid X_{n-1} = i\} = P_{ij} \tag{4-12}$$

由式(4-12)可知,X_t、X_{t-1}皆为随机变量且 X_t的条件分布仅仅取决于 X_{t-1},这是 Markov 链动态行为的特征,因此它是一类特殊的随机过程。假定 P_{ij}是 t 时期制造业碳生产率属于 i 类型的省域在 $t+1$ 时期转移到 j 类型的转移概率,并可利用极大似然估计法进行估计。P_{ij}的计算公式为

$$P_{ij} = \frac{n_{ij}}{n_i} \tag{4-13}$$

式中,n_{ij}为在样本考察期内从 t 时期的 i 类型转移到 $t+1$ 时期的 j 类型的省域个数;n_i为在样本考察期内在 i 类型下的省域个数。如果将制造业碳生产率水平划分为 N 种类型,则不同年份制造业碳生产率水平的转移可以用一个 $N×N$ 的 Markov 转移概率矩阵来表示,并能够以此来探究制造业碳生产率的动态演进过程。在本小节中,取 $N = 4$,则 Markov 转移概率矩阵如表 4.4 所示。如果某个省域的制造业碳生产率初始状态水平为 i 类型,在下个时期仍为 i 类型,则区域类型转移平稳;如果转移后制造业碳生产率类型有所提高,那么该省域发生向上转移;反之,则该省域发生向下转移。

表 4.4　Markov 转移概率矩阵(N=4)

$t/(t+1)$	Ⅰ	Ⅱ	Ⅲ	Ⅳ
Ⅰ	P_{11}	P_{12}	P_{13}	P_{14}
Ⅱ	P_{21}	P_{22}	P_{23}	P_{24}
Ⅲ	P_{31}	P_{32}	P_{33}	P_{34}
Ⅳ	P_{41}	P_{42}	P_{43}	P_{44}

空间 Markov 链方法是在传统的 Markov 链方法中引入“空间滞后”这一概念[231]。各省域间制造业碳生产率水平呈现一定的空间相关性,地理集聚特征明显,因此有必要引入“空间滞后”概念,建立空间 Markov 转移概率矩阵,考察邻近省域制造业碳生产率水平对本省域制造业碳生产率水平转移的影响。空间 Markov 链方法将传统的 $N\times N$ 的转移概率矩阵扩展为 N 个 $N\times N$ 的条件转移概率矩阵(表 4.5)。P_{ij} 为在空间滞后类型为 N_i 的情形下,省域制造业碳生产率从 t 时期的 i 类型转移到 $t+1$ 时期的 j 类型的转移概率,可进一步揭示空间效应对其演变的作用。其中,空间滞后值为邻近省域制造业碳生产率水平的空间加权。

表 4.5　空间 Markov 转移概率矩阵($N=4$)

空间滞后	$t/(t+1)$	Ⅰ	Ⅱ	Ⅲ	Ⅳ
Ⅰ	Ⅰ	P_{1111}	P_{1211}	P_{1311}	P_{1411}
	Ⅱ	P_{2111}	P_{2211}	P_{2311}	P_{2411}
	Ⅲ	P_{3111}	P_{3211}	P_{3311}	P_{3411}
	Ⅳ	P_{4111}	P_{4211}	P_{4311}	P_{4411}
Ⅱ	Ⅰ	P_{1112}	P_{1212}	P_{1312}	P_{1412}
	Ⅱ	P_{2112}	P_{2212}	P_{2312}	P_{2412}
	Ⅲ	P_{3112}	P_{3212}	P_{3312}	P_{3412}
	Ⅳ	P_{4112}	P_{4212}	P_{4312}	P_{4412}
Ⅲ	Ⅰ	P_{1113}	P_{1213}	P_{1313}	P_{1413}
	Ⅱ	P_{2113}	P_{2213}	P_{2313}	P_{2413}
	Ⅲ	P_{3113}	P_{3213}	P_{3313}	P_{3413}
	Ⅳ	P_{4113}	P_{4213}	P_{4313}	P_{4413}
Ⅳ	Ⅰ	P_{1114}	P_{1214}	P_{1314}	P_{1414}
	Ⅱ	P_{2114}	P_{2214}	P_{2314}	P_{2414}
	Ⅲ	P_{3114}	P_{3214}	P_{3314}	P_{3414}
	Ⅳ	P_{4114}	P_{4214}	P_{4314}	P_{4414}

4.5.2 我国省域制造业碳生产率水平转移的时间特征

本小节分两个阶段计算在整个样本考察期内,我国30个省域制造业碳生产率水平的传统Markov转移概率矩阵(表4.6),考察制造业碳生产率水平转移规律,以期为制造业碳生产率差异、极化现象提供科学解释。制造业碳生产率水平的四种分类依次为“<1”“(1,1.06)”“(1.06,1.1)”“>1.1”。由表4.6可知,在时间效应下,我国省域制造业碳生产率水平的转移平稳性和转移路径具有明显规律,具体如下。

第一,2002—2016年,整体而言,转移概率矩阵对角线上的转移概率总体上大于其非对角线上的,对角线上的转移概率最大为0.439、最小为0.329,这表明我国省域制造业碳生产率维持平稳的概率至少为0.329。对于每种初始状态水平,其保持稳定的概率要大于转移概率,这表明我国省域制造业碳生产率水平受到前期碳生产率水平的影响,表现出一定的路径依赖性。

第二,转移概率矩阵非对角线上的转移概率全不为零,这表明在连续的两个阶段内,我国省域制造业碳生产率水平有可能向邻近层次转移,而且存在实现跃迁的可能性。值得注意的是,2002—2016年,制造业碳生产率初始状态为中高水平的省域向上转移的概率相对较高,为0.282。可能的原因是中高水平省域的减排技术创新要素的存量相对充裕,再加上低碳技术创新水平的上升惯性,导致其实现向上转移的概率相对较大。

第三,通过2002—2010年、2010—2016年两期的对比,我国省域制造业碳生产率水平的转移特征存在差异。其中,2002—2010年制造业碳生产率初始状态为低、中低、中高、高水平的省域保持稳定的概率均相对较高。与2010—2016年相比,2002—2010年由低水平向中高水平、中高水平向高水平转移的概率相对较高,由中低水平向中高水平转移的概率较接近,这表明我国省域制造业通过生产技术的提高和资源的优化配置,碳生产率水平得到有效提升,而2010—2016年生产技术提高和投入产出优化配置的边际效应递减,使其向更高层次转移的可性能减小。

表 4.6　2002—2016 年我国省域制造业碳生产率水平的传统 Markov 转移概率矩阵

年　份	t/(t+1)	n	Ⅰ	Ⅱ	Ⅲ	Ⅳ
2002—2016	Ⅰ	123	0.439	0.203	0.163	0.187
	Ⅱ	98	0.224	0.388	0.143	0.255
	Ⅲ	85	0.200	0.200	0.329	0.282
	Ⅳ	114	0.184	0.184	0.281	0.342
2002—2010	Ⅰ	82	0.537	0.183	0.134	0.134
	Ⅱ	50	0.280	0.400	0.140	0.180
	Ⅲ	47	0.277	0.106	0.362	0.255
	Ⅳ	61	0.197	0.180	0.279	0.361
2010—2016	Ⅰ	41	0.244	0.244	0.220	0.293
	Ⅱ	48	0.167	0.375	0.146	0.333
	Ⅲ	38	0.105	0.316	0.289	0.316
	Ⅳ	53	0.170	0.189	0.283	0.321

4.5.3　我国省域制造业碳生产率水平的空间动态演变特征

在引入地理空间格局后，由表 4.7 和表 4.8 可以看出，在时间与空间效应下，我国省域制造业碳生产率水平的转移表现出明显的特征，具体如下。

第一，我国 30 个省域制造业碳生产率水平的转移在地理空间效应的作用下呈现一定的空间依赖性。表 4.7 中四种空间滞后类型下的条件转移概率矩阵并不相同，这表明在不同邻近省域制造业碳生产率水平的影响下，其发生转移的概率各不相同。对于邻近省域制造业碳生产率为高水平的省域，其碳生产率水平向下转移的概率总体上小于邻近省域制造业碳生产率为低水平的省域；而对于邻近省域制造业碳生产率为中低水平的省域，其碳生产率水平向下转移的概率总体上大于邻近省域制造业碳生产率为中高水

平的省域，如 $P_{31|2} > P_{31|3}$。

第二，我国30个省域中不同的邻近省域制造业碳生产率水平对省域制造业碳生产率水平转移的影响有所不同。较高的邻近省域制造业碳生产率水平对周边省域制造业碳生产率的发展具有一定的积极作用，如 $P_{23|4} > P_{23}$、$P_{34|4} > P_{34}$，这说明样本省域中高制造业碳生产率水平的省域对邻近省域制造业碳生产率的提升有一定的辐射带动作用，可归因于低碳技术的省际溢出和良好环境政策措施的仿效等。相反，较低的邻近省域制造业碳生产率水平对周边省域制造业碳生产率的发展具有一定的消极作用，如 $P_{24|1} < P_{24}$、$P_{34|1} < P_{34}$，这说明样本省域中低制造业碳生产率水平的省域对邻近省域制造业碳生产率的发展可能存在一定的抑制作用。

第三，我国30个省域中邻近省域制造业碳生产率水平的差距对省域碳生产率水平转移概率的影响不同，呈现异质性。如当邻近省域制造业碳生产率为中低、中高水平时，初始状态处于中低水平的省域向上转移的概率分别为0.500、0.600；而当邻近省域碳生产率为高水平时，其向上转移的概率不升反降，为0.322。原因可能是，当邻近省域制造业碳生产率水平差距较小时，省域之间技术创新要素扩散与吸收效果明显、知识与技术溢出效应显著；而当邻近省域制造业碳生产率水平差距较大时，低水平省域由于人才资源、教育文化实力、研发投入、产业结构等基础较薄弱，可获得高水平邻近省域的辐射扩散效应极为有限，甚至可能沦为高制造业碳生产率水平区域的边缘省域，导致碳生产率空间差距增大，进而产生极化现象。

第四，在我国30个省域制造业碳生产率水平的不同发展阶段，邻近省域水平对本省域水平产生差异化影响。例如，当邻近省域制造业碳生产率水平为低水平时，初始状态为中低水平的省域在2002—2010年保持平稳的概率为0.556（表4.7），大于未考虑空间滞后时的概率（0.400，见表4.5）；而初始状态为中低水平的省域在2010—2016年保持平稳的概率为0.429（表4.8），虽仍大于未考虑空间滞后时的概率，但差距不明显。由表4.8可知，2002—2010年，由于中低水平省域低碳技术的持续累积，其制造业碳生产率水平相对稳定，受低水平环境的影响较小。

表 4.7　2002—2016 年我国省域制造业碳生产率水平的空间 Markov 转移概率矩阵

空间滞后	$t/(t+1)$	n	Ⅰ	Ⅱ	Ⅲ	Ⅳ
Ⅰ	Ⅰ	42	0.429	0.095	0.190	0.286
	Ⅱ	32	0.156	0.500	0.188	0.156
	Ⅲ	26	0.231	0.192	0.308	0.269
	Ⅳ	38	0.289	0.184	0.184	0.342
Ⅱ	Ⅰ	23	0.565	0.130	0.174	0.130
	Ⅱ	24	0.208	0.292	0.250	0.250
	Ⅲ	16	0.250	0.125	0.438	0.188
	Ⅳ	28	0.250	0.286	0.179	0.286
Ⅲ	Ⅰ	12	0.250	0.333	0.167	0.250
	Ⅱ	15	0.133	0.267	0.200	0.400
	Ⅲ	24	0.083	0.417	0.250	0.250
	Ⅳ	16	0.063	0.125	0.250	0.563
Ⅳ	Ⅰ	45	0.444	0.311	0.133	0.111
	Ⅱ	28	0.286	0.393	0.036	0.286
	Ⅲ	19	0.158	0.105	0.421	0.316
	Ⅳ	32	0.125	0.094	0.375	0.406

综上可知，我国省域制造业碳生产率水平的转移在地理空间效应的作用下具有一定的空间依赖性。2002—2010 年，我国省域制造业碳生产率主要分布在低水平和高水平两个区域，极化现象显著。2010—2016 年，我国省域制造业碳生产率在各水平分布相对均匀，向上转移的概率较高，尤其当邻近省域制造业碳生产率为高水平时，低水平、中低水平、中高水平向上转移的概率分别为 0.714、0.334 和 0.750，这表明在高邻近省域制造业碳生产率

水平环境的影响下，我国省域制造业碳生产率分布的非均衡现象减弱、空间差距缩小。在整个样本期间，当邻近省域制造业碳生产率水平分别处于低水平、中低水平、中高水平、高水平状态时，向上转移的概率依次加大，这表明邻近省域水平的高低对本省域水平的非同步提升作用明显，这也是我国省域制造业碳生产率存在差距的一个不可忽视的原因。

表 4.8　2002—2010 年和 2010—2016 年我国省域制造业碳生产率水平的空间 Markov 转移概率矩阵

空间滞后	t/(t+1)	2002—2010 年					2010—2016 年				
		n	Ⅰ	Ⅱ	Ⅲ	Ⅳ	n	Ⅰ	Ⅱ	Ⅲ	Ⅳ
Ⅰ	Ⅰ	28	0.536	0.107	0.179	0.179	14	0.214	0.071	0.214	0.500
	Ⅱ	18	0.222	0.556	0.167	0.056	14	0.071	0.429	0.214	0.286
	Ⅲ	14	0.214	0.000	0.429	0.357	12	0.250	0.250	0.167	0.333
	Ⅳ	31	0.323	0.194	0.161	0.323	7	0.143	0.143	0.286	0.429
Ⅱ	Ⅰ	14	0.714	0.071	0.071	0.143	9	0.333	0.222	0.333	0.111
	Ⅱ	13	0.308	0.308	0.231	0.154	11	0.091	0.273	0.273	0.364
	Ⅲ	8	0.500	0.000	0.250	0.250	8	0.000	0.250	0.625	0.125
	Ⅳ	7	0.286	0.429	0.000	0.286	21	0.238	0.238	0.238	0.286
Ⅲ	Ⅰ	8	0.375	0.250	0.250	0.125	4	0.000	0.500	0.000	0.500
	Ⅱ	9	0.444	0.111	0.111	0.333	6	0.000	0.500	0.000	0.500
	Ⅲ	9	0.111	0.444	0.222	0.222	15	0.067	0.400	0.267	0.267
	Ⅳ	8	0.000	0.125	0.250	0.625	8	0.125	0.125	0.250	0.500
Ⅳ	Ⅰ	31	0.516	0.290	0.097	0.097	14	0.286	0.357	0.214	0.143
	Ⅱ	10	0.200	0.500	0.000	0.300	18	0.333	0.333	0.056	0.278
	Ⅲ	15	0.333	0.067	0.533	0.067	4	0.000	0.250	0.000	0.750
	Ⅳ	17	0.059	0.059	0.353	0.529	15	0.200	0.133	0.400	0.267

第5章　中国省域制造业碳生产率的空间绝对趋同机制

由第4章的研究可知,我国各省域制造业碳生产率的水平差异较大,这种差异在时间尺度上的演变规律如何?是否会随着时间的推移而出现趋同?若存在趋同,则表明目前的节能减排政策有利于减少不同地区的碳生产率差异;若不存在趋同,则说明我国各省域制造业碳生产率的水平差异有逐渐扩大的可能性,这意味着有必要适当调整节能减排政策,政府的财政补贴与技术扶持必须进一步向制造业碳生产率低的地区倾斜。研究我国省域制造业碳生产率趋同,有助于识别碳生产率演进趋势并制定特定的省域层面的减排措施,从而促进我国总体减排目标在各省域之间的有效分配。为了动态、深入地研究我国省域制造业碳生产率的发展差异及演进趋势,本章引入趋同理论对其进行趋同性检验。在对不同考察对象的趋同研究中,国内外大多数学者一般采用σ趋同、绝对β趋同、条件β趋同①,其中前两种趋同属于绝对趋同,本章重点讨论制造业碳生产率的绝对趋同。

5.1　制造业碳生产率的趋同假说

一些学者研究得出,落后地区经济发展存在赶超趋势是源于全要素生

---

① Sala-i-Martin X. The classical approach to convergence analysis[J]. The Economic Journal, 1996, 106(437): 1019-1036.

沈坤荣,马俊.中国经济增长的"俱乐部收敛"特征及其成因研究[J].经济研究,2002(1):33-39,94-95.

林光平,龙志和,吴梅.中国地区经济σ-收敛的空间计量实证分析[J].数量经济技术经济研究,2006(4):14-21,69.

产率的趋同[232-236]。但是关于省域制造业碳生产率的趋同情况却更加复杂。一方面,制造业落后地区技术整体水平较低,技术变迁和生产率提高的成本比制造业发达地区要小[237],因此其碳生产率的上升速度可能会赶超制造业发达地区;另一方面,我国的资源分布和环境污染成本均具有显著的地域特点,即西部省域的资源禀赋优于东部省域,中部、西部省域的环境污染退化成本要小于东部发达省域[238],这使得高耗能、高排放产业逐步转移至中部、西部制造业基础相对落后的省域,导致这些省域环境要素消耗得更快,而这又可能制约这些省域全要素碳生产率的提升。

从经济增长理论来看,随着生产活动规模的不断扩大,能源消费和 CO_2 排放量也将随之不断增加,但微观、中观和宏观层面的趋同效应会导致省域制造业碳生产率的差异不断缩小,并最终实现趋同。

第一,微观机制主要表现为企业与消费者行为的趋同机制。经济人的假设在经济分析中具有重要的理论意义,根据新古典经济学关于经济人的假设,经济人以追求物质利益为目的,其有限理性和机会主义行为倾向往往使其无视生态规律对经济系统的约束作用,难以以生态理性自觉地约束个人行为、自发地进行生态环境的保护,进而难以实现绿色发展。而制度安排可通过激励功能和约束功能规范人的行为,政策机制对人的行为也具有引导功能,可在一定程度上抑制不利于生态环境的机会主义倾向。当环境政策趋严时,企业将会面临停产、迁址或技术创新减排三种路径抉择。企业作为理性经济人,在环境规制和资源的双重约束下,随着地区间生产技术的不断溢出,趋向于使用各类节能减排技术开展生产活动,在追求发展的同时将会担负更多的社会责任,从而实现 CO_2 排放量的减少。随着对绿色消费的倡导和激励,作为理性的消费者,在选择消费品时,将会更加关注绿色、环保概念,如近些年,绿色出行方式和节能型家电正日益受到消费者的青睐。绿色消费是绿色发展的一个重要环节,也是化解物质消费与环境之间冲突的一个有效途径。绿色消费是促进产业结构优化升级的引擎。在《经济学手稿(1857—1858)》的导言中,马克思曾指出,生产与消费互为中介,消费对生产产生巨大的反作用。消费者对环境问题的持续关注,反过来也会引领或倒逼企业进行技术革新,采用更环保的生产技术,生产受市场青睐的绿色产品，推动形成绿色生产方式，促进生产与消费的良性循环。正如习近平同志所强调的，“我们要充分认识形成绿色发展方式和生活方式的重要性、紧迫性、艰巨性”“推动形成绿色发展方式和生活方式，是发展观的一场深刻革命”①。绿色生产方式和生活方式业已成为一种时代的风尚和主旋律。

第二，中观机制主要表现为结构趋同机制。在我国 30 个省域的制造业发展过程中，其产业结构和能源结构也在经历不断的演进，地区间的竞争和示范效应容易形成产业结构趋同，产业结构趋同会导致省域间类似的能源和污染排放结构，也会引起区域间 CO_2 排放的趋同。随着制造业传统产业的改造升级和先进制造业的不断发展，产业的能源消耗相对较低，CO_2 排放量下降，届时各省域制造业碳生产率均会有所提高。同时，能源结构替代也是引起 CO_2 排放量趋同的一个不可忽视的因素。随着能源消费结构的不断优化，将会从高耗能、高排放的能源（如煤炭）转向可再生能源，受能源资源稀缺和政府节能减排的目标驱动，各地区的能源结构将逐步向清洁型和高效型转变，省域间的 CO_2 排放量也随之降低并趋同，最终使其制造业碳生产率得以提高。

第三，宏观机制主要体现在政府行为的趋同机制。一方面，作为世界上最大的 CO_2 排放国，面对环境压力，碳减排和经济稳定增长已经成为当下中国建设的一个双重目标。在此背景下，各地方政府不单纯面临着 GDP 的政绩考核，亦面临着“要把生态环境放在经济社会发展评价体系的突出位置”②，政府将会出台更严格的环境规制。严格的环境规制政策使得不少高耗能、高排放制造业企业被迫关停或选择迁址到其他地方，留下的制造业企业一般会在节能技术创新领域投入更多的资金，从而有效控制或减少 CO_2 排放量。此外，地区间环境规制的趋同将控制各地区的 CO_2 排放量，促进地区间 CO_2 排放量的相对趋同。同时，政府的环境规制也将影响人们的消费选择，规范和引导消费者低碳、适度的消费行为。另一方面，随着经济的不断增长，各地方政府将不断增加对清洁低碳技术领域的投入，增强环境治

---

① 中共中央文献研究室，中国外文局.习近平谈治国理政　第二卷[M].北京：外文出版社，2017：395.

② 中共中央文献研究室. 习近平关于全面深化改革论述摘编[M].北京：中央文献出版社，2014：104－105.

理能力，从而有效降低 CO_2 排放量，缩小省域间碳生产率的差距。

因此，随着企业社会责任意识的增强、经济发展水平的提高、产业结构的升级、能源结构的替代及环境规制的不断强化，制造业 CO_2 的变动趋势上升后会逐渐下降，理论上能够出现趋同的情形，届时我国省域制造业碳生产率的趋同假说成立。

5.2 碳生产率的空间溢出效应分析

碳生产率空间溢出效应的作用机制是实证分析的重要理论支撑。因此，阐释清楚碳生产率空间溢出效应的来源和溢出机制非常重要。本节将参考已有研究成果，对碳生产率空间溢出效应的作用机制进行讨论，从理论上定性分析碳生产率空间溢出效应的传导路径。

5.2.1 要素流动型空间溢出效应

要素流动型空间溢出效应是指随着区域经济一体化进程加快，中心地区将通过生产要素的流动影响到周边地区的经济效率，进而影响周边地区的碳生产率。借用区域累积因果理论的相关概念，要素流动型空间溢出效应可以分为扩散效应（spread effects）和回流效应（backwash effects）。20 世纪 50 年代，Myrdal[239]和 Hirschman[240]先后提出了扩散效应和回流效应的概念。Hirschman 的城市对外围地区的“渗透”作用在概念上与 Myrdal[239]的扩散效应相似。根据 Hirschman[240]的研究，扩散效应是指经济发展水平较高的地区向较落后地区“购买和投资”的最重要的正向效应。相反，Hirschman 的负向效应（回流效应）包括从经济水平较落后地区向较发达地区转移的劳动力，尤其是具有较高技能和训练有素的工人，中心地区强有力的竞争导致外围地区生产疲弱。中心地区投资的流向，商品和服务的支出，人员、企业和就业、知识和技术的支出以及政府支出会对外围地区产生正向或负向的增长影响[241]。这些影响的大小取决于生产方式、距离和外围环境等一系列因素。就碳生产率而言，扩散效应是指经济发展水平较高的地区的资本、贸易、劳动力等要素会向周边落后地区外溢，带动周边地区逐步改善环境质量,促进周边地区碳生产率的提高。碳生产率的回流效应是指经济发展水平较高的地区会从周边落后地区吸引资本、贸易、劳动力等要素流入,不断提高自身低碳经济发展水平,对周边地区的碳生产率产生负向影响。

5.2.2　技术溢出型空间溢出效应

技术溢出型空间溢出效应是指一个地区采取的低碳技术或工艺会对邻近地区的碳生产率产生影响。技术溢出型空间溢出效应主要通过以下三种路径发生:一是人才流动效应,低碳技术可能会随着掌握先进技术的人才在区域间的流动而发生溢出,因此低碳技术可能会随着省域间的人才流动而向周边溢出;二是竞争效应,技术水平较高的企业会给周边地区企业带来竞争压力,刺激周边地区企业不断改进技术,提高效率;三是示范效应,低碳技术的种种优势会引起邻近地区的学习和模仿,从而改善邻近地区的碳生产率。

本书第 3 章的研究表明,我国省域制造业碳生产率增长主要依靠技术进步而非技术效率提升。因此,在考察我国省域制造业碳生产率趋同机制时,必须关注技术进步在制造业碳生产率省域趋同中所起的作用。弥合省域间制造业碳生产率差距,从技术层面上讲就必须缩小省域间制造业低碳技术上的差距。借鉴经济增长趋同中的技术扩散模型,可以认为制造业低碳技术空间扩散是促进我国省域制造业碳生产率差距缩小的重要动力。通过引进、学习和模仿这些低碳技术,落后地区可以低成本地实现本地区制造业碳生产率的提高。同时,其制造业低碳技术水平越接近发达地区,模仿成本通常也越高,且技术模仿的空间也变得越小,导致相应的制造业碳生产率增速也随之放缓。低碳技术空间的扩散方向均是从处于技术先进的地区扩散到技术落后地区,从而缩小省域间的制造业低碳技术差距,进而缩小省域间的制造业碳生产率差距,即促使碳生产率趋同。图 5.1 描述了技术溢出型空间溢出效应的传导路径。地理距离、政策、法规、资本、市场、劳动者素质和 R&D 水平等因素都可

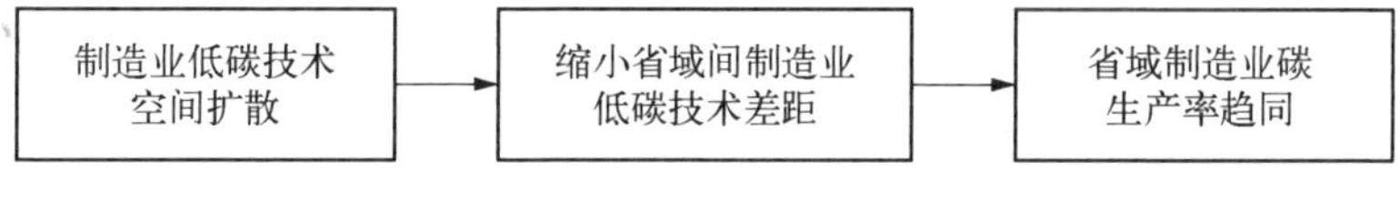

图 5.1　低碳技术空间扩散与省域制造业碳生产率趋同关系

能影响制造业低碳技术的空间扩散。

5.2.3 政策蔓延型空间溢出效应

政策蔓延型空间溢出效应是指一个地区针对节能减排制定的新政策或制度还会对邻近地区的碳生产率产生影响。政策蔓延型空间溢出效应既可能是正向的,也可能是负向的。其中,正向的溢出效应的主要来源有两种。一种是源于某一地区环境政策引起邻近地区模仿的“示范效应”。标杆示范效应在一定程度上能够强化与激励邻近地区在节能减排上的努力。而且由于环境污染的空间关联性,制定节能减排政策且环境质量改善明显的地区倾向于与邻近地区加强这方面的交流与合作,通过合作减少 CO_2 在地区间的扩散,从而促进环境质量的共同改善。另一种是源于政府迫于政绩压力开展“减排锦标赛”式追赶行为的“竞争效应”。地方政府间的标尺竞争行为不仅出现在经济发展上,也存在于环境治理和节能减排等方面。在竞争激励下,政府会提高本地区的环境规制强度,增加绿色低碳技术的资源投入,以期在竞争中胜出。而负向的溢出效应也有两种来源:一种是“挤出效应”,即环境规制力度较强的地区会将污染密集型高碳产业“挤出”至邻近地区;另一种是“搭便车效应”,即环境治理具有公共物品属性,其高昂的成本可能会使周边地区发生“搭便车”行为。碳排放具有扩散性,同样减排的成果也具有地区性。一地政府在减排方面投入的成本,结果可以使邻近地区也获得收益。这种一方投入多方受益的模式,使得一些地方政府尤其是欠发达地区政府选择处于观望状态,在节能减排上动力不足,缺乏真正有效的行动。因此,政府对环境的干预措施既有可能对周边地区的碳生产率产生正向的溢出效应,亦有可能产生负向的溢出效应。

5.3 制造业碳生产率的 σ 趋同分析

5.3.1 σ 趋同模型构建

自 20 世纪 90 年代早期 Quah 的开创性研究以来,σ 趋同研究方法逐渐流行[25,242]。σ 趋同意味着随着时间的推移经济变量的截面离差趋于下降。

正如 Quah[242] 所认为的，σ 趋同决定了各经济体之间的收入分配是否随着时间趋于一致。σ 趋同在区域科学和经济地理研究中受到了广泛关注[23,25,243]。

离散程度是考察 σ 趋同的重要指标，如果省域制造业碳生产率具有 σ 趋同特征，则各省域制造业碳生产率的差异会随着时间的推移渐趋缩小。关于 σ 趋同，目前大多数学者都运用了标准差、变异系数和 σ 系数统计指标[139,244,245]。本章亦选用这三种系数来分析我国省域制造业碳生产率的离散程度，三种系数的具体计算公式如下：

$$S = \sqrt{\frac{\sum_{i=1}^{N}(CP_i - \overline{CP})^2}{N}} \tag{5-1a}$$

$$CV = S/\overline{CP} \tag{5-1b}$$

$$\sigma = \sqrt{\frac{\sum_{i=1}^{N}(\ln CP_i - \overline{\ln CP})^2}{N}} \tag{5-1c}$$

式中，S 为标准差；N 为省域个数；CV 为变异系数；CP_i 为 i 省域的制造业碳生产率；$\overline{CP}$ 为制造业碳生产率均值。

5.3.2　σ 趋同检验结果

图 5.2 和图 5.3 分别报告了 2002—2016 年我国省域制造业整体和各细分行业碳生产率的标准差与 σ 系数的变动趋势。标准差的变动趋势与 σ 系数的变动趋势基本一致，因此本章集中分析 σ 系数的变动趋势（标准差的变动趋势分析可参考 σ 系数）。由图 5.3 可知，第一，在制造业整体中，σ 系数呈波动性下降态势，具体表现为稳升—稳降—骤升—骤降—稳降的变动过程。其中，2002—2005 年表现为稳步上升的态势，2005—2009 年表现为稳步下降的态势，而 2009—2010 年和 2010—2011 年分别有一个短暂的大幅上升和下降的过程。总体上，我国省域制造业碳生产率的截面离差呈

现小幅缩小态势，即存在 σ 趋同。第二，从按污染程度细分行业来看，两个行业的 σ 系数波动性均较大(尤其是相对清洁类行业在 2010—2011 年和 2011—2012 年分别出现陡升和陡降)，但均显示出趋同特征。除 2002—2003 年和 2010—2012 年这两个时段外，两个行业中相对污染类行业的离散程度更大。第三，从按要素密集度细分行业来看，三大行业 σ 系数波动性较大的时段集中在 2009—2012 年，且资本密集型行业 σ 系数的波动性要大于另外两大行业。从总体趋势来看，三大行业 σ 系数均呈下降态势，也就是说三大行业也均存在 σ 趋同。

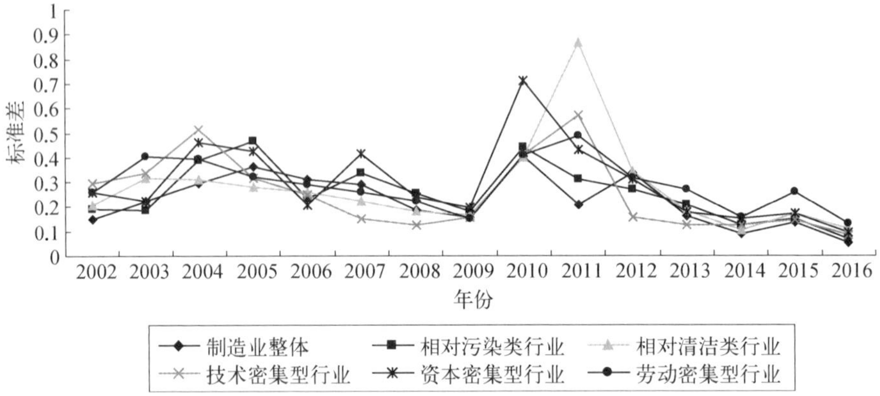

图 5.2　2002—2016 年我国省域制造业碳生产率标准差的变动趋势

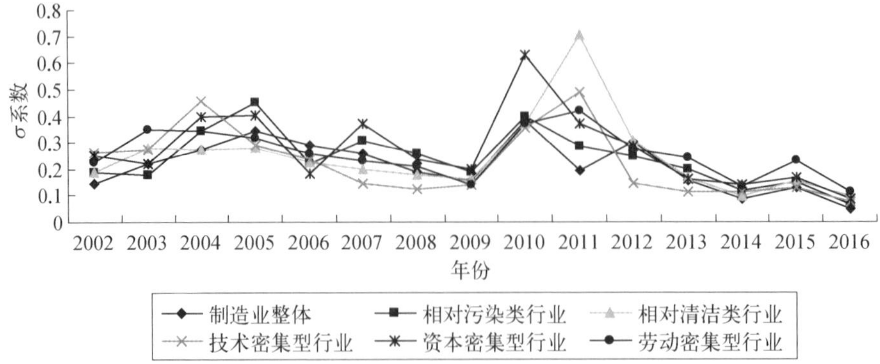

图 5.3　2002—2016 年我国省域制造业碳生产率 σ 系数的变动趋势

图 5.4 给出了 2002—2016 年我国省域制造业碳生产率变异系数的变动趋势。从图中可发现，第一，在制造业整体及其细分行业中，变异系数总体

上均呈波动下降趋势，表明我国 30 个省域制造业碳生产率水平离散程度呈缩小态势。第二，在按污染程度细分行业中，类似于标准差和 σ 系数的情形，相对清洁类行业的变异系数总体上较小，且两个行业变异系数的变动趋势大致类似。第三，在按要素密集度细分行业中，技术密集型行业的变异系数波动性较小，而资本密集型行业的变异系数波动性则较大。总体而言，三大行业中技术密集型行业的变异系数相对较低（尤其是在 2004 年以后），这从一定程度上反映了在这三大行业中，技术密集型行业的 σ 趋同特征相对最明显。

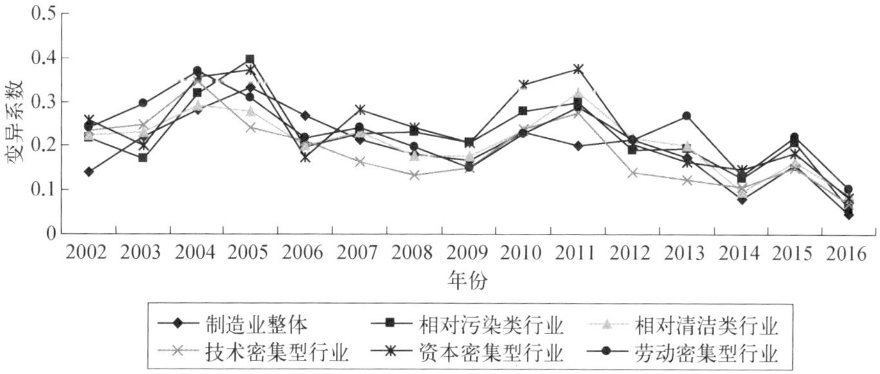

图 5.4　2002—2016 年我国省域制造业碳生产率变异系数的变动趋势

5.4　制造业碳生产率空间绝对 β 趋同研究

5.4.1　空间绝对 β 趋同模型构建

（1）传统绝对 β 趋同模型

β 趋同是因所构建的检验回归方程的回归系数 β 而得名的。绝对 β 趋同表明经济变量的增长率与其初始水平呈负相关，落后地区的经济变量具有后发优势，并最终趋于一个共同稳态水平。在经济趋同研究中，假定除了初始资本水平外，不同地区的技术进步速度、人口增长率、规章制度、产业规模及生产组织技术等方面都相同。Barro 和 Sala-i-Martin[24] 基于新古典增长模型，构建了用于研究经济趋同性的计量模型，并考察了美国 8 个州的经济增长趋同性问题,通过构建趋同检验回归方程识别方程中用于检验区域经济增长的 β 趋同系数是否显著。本章根据 Sala-i-Martin 的 β 趋同模型,将我国省域制造业碳生产率绝对 β 趋同模型设定为

$$g_{i,t} = \alpha + \beta \ln CP_{i,t-1} + \eta_i + \gamma_t + \varepsilon_{i,t} \tag{5-2}$$

式中,$\ln CP_{i,t-1}$ 为 i 省域在 $t-1$ 时期碳生产率的对数形式;$g_{i,t}$ 为 i 省域在 t 时期内碳生产率的增长率,$g_{i,t} = (\ln CP_{i,t+T} - \ln CP_{i,t})/T$;$T$ 为相隔的时期数,本章中取 $T=1$,即用 $\ln CP_{i,t+1} - \ln CP_{i,t}$ 表示省域制造业碳生产率增长速度,$t \in [1, 15]$;α 为截距项;η_i、γ_t 和 $\varepsilon_{i,t}$ 分别为反映地区异质性的个体固定效应、时间固定效应和随机扰动项,且 $\varepsilon_{i,t} \sim N(0, \sigma^2 I_n)$。如果基期碳生产率的回归系数表示 $\beta < 0$ 且统计显著,则表明我国省域制造业碳生产率具有绝对 β 趋同性。

绝对 β 趋同速度在本章中是指低碳生产率省域赶超高碳生产率省域的速度,通常以百分比表示。λ 为各自的趋同或发散速度,根据 Mankiw 等(1992)的研究,趋同速度的计算公式如下:

$$\beta = (e^{-\lambda T} - 1)/T, \lambda = -\ln(1 + T\beta)/T \tag{5-3}$$

(2) 空间绝对 β 趋同模型

地理位置在碳生产率趋同研究中也十分重要。技术进步被认为是解决 CO_2 排放问题的一个有效途径,省域间的技术外溢可能有助于改进 CO_2 排放条件,从而提高碳生产率。基于“污染避难所”假说,当各个地区环境规制的强度不一致时,制造业高碳产业可能会从环境规制相对严苛的省域转移到环境规制相对宽松的省域。因此,与发达省域相邻的欠发达省域,其制造业部门的碳生产率可能偏低。此外,地理位置对政策也有重要的影响。一个地区有效的环境政策可能会导致邻近地区学习和模仿,最终导致政策扩散到周边所有地区。因此,在检验省域碳生产率趋同机制时有必要纳入空间效应。由于传统的趋同模型往往忽视了变量间的空间交互作用,若节能减排技术具有空间自相关性,就可能导致检验结果出现偏误。为了消除这种空间相关性,本章拟采用空间滞后模型、空间误差模型和空间杜宾模型对传统趋同检验模型进行修正,从而提高模型的估计效果。

① 空间滞后模型

空间滞后模型(SLM)在模型里考虑了被解释变量的空间依赖作用,探讨省域制造业碳生产率对邻近省域是否有扩散或溢出作用,其表达式为

$$g_{i,t} = \alpha + \rho \sum_{j=1}^{N} w_{i,j} g_{j,t} + \beta \ln CP_{i,t-1} + \eta_i + \gamma_t + \varepsilon_{i,t} \qquad (5-4)$$

式中,ρ 为空间自回归系数; $\sum_{j=1}^{N} w_{i,j}$ 为空间权重矩阵; $\sum_{j=1}^{N} w_{i,j} g_{j,t}$ 为邻近省域碳生产率增长率的加权值。

② 空间误差模型

空间误差模型(SEM)将空间相关性视为随机扰动项引入模型,反映邻近省域制造业碳生产率的不可观测因素变量对本省域碳生产率水平的影响程度。也就是说,如果一个省域的制造业碳生产率增长受到不可观测因素的作用,那么该作用也将影响到邻近省域的制造业碳生产率增长,其表达式为

$$\begin{aligned} g_{i,t} &= \alpha + \beta \ln CP_{i,t-1} + \eta_i + \gamma_t + \varepsilon_{i,t} \\ \varepsilon_{i,t} &= \lambda \sum_{j=1}^{N} w_{i,j} \varepsilon_{j,t} + \mu_{i,t},\ \mu_{i,t} \sim N(0,\ \sigma^2 I) \end{aligned} \qquad (5-5)$$

式中,λ 为空间自相关系数; $\sum_{j=1}^{N} w_{i,j} \varepsilon_{j,t}$ 表示邻近省域对误差项的加权平均效应。

③ 空间杜宾模型

空间杜宾模型(SDM)同时考虑了解释变量和被解释变量的空间滞后项,是讨论空间回归模型的一般起点[191]。SDM 能够在回归系数外同时给出直接效应与间接效应,提高了对经济现象解释的准确性和有效性。另外,静态模型可能会有遗漏解释变量引致的内生性问题。针对这个问题,本章参考 Sachs 和 Warner(1995)的做法,将被解释变量的滞后项引入模型来处理此问题。本章的实证模型为

$$\begin{aligned} g_{i,t} = {} & \alpha + \tau g_{i,t-1} + \rho \sum_{j=1}^{N} w_{i,j} g_{j,t} + \beta \ln CP_{i,t-1} + \\ & \delta \sum_{j=1}^{N} w_{i,j} \ln CP_{j,t-1} + \eta_i + \gamma_t + \varepsilon_{i,t} \end{aligned} \qquad (5-6)$$

式中，$\ln CP_{i,t-1}$为i省域在$t-1$时期碳生产率的对数形式；$g_{i,t}$为i省域在t时期内碳生产率的增长率；$g_{i,t-1}$为i省域在$t-1$时期内碳生产率的增长率；$\sum_{j=1}^{N} w_{i,j}$为$N\times N$阶的空间权重矩阵；$\sum_{j=1}^{N} w_{i,j}\ln CP_{j,t-1}$表示邻近省域的制造业碳生产率对被解释变量的加权平均效应；η_i、γ_i和$\varepsilon_{i,t}$分别为反映地区异质性的个体固定效应、时间固定效应和随机扰动项。当$\tau=0$时，该模型为静态面板模型；当$\tau\neq 0$时，该模型为动态面板模型。其中，参数δ说明了省域碳生产率增长行为除直接受到邻近省域碳生产率的交互作用外，还可能受到在空间上相互关联的外生变量的间接作用。按照以上分析，如果考察对象趋同机制存在，则本章预期基期制造业碳生产率的回归系数β的符号为负且显著。

使用 Wald 检验、似然比（likelihood ratio，LR）检验，可检验 SDM 否会退化为 SLM 或 SEM[157]，两个检验假设为

$$H_{01}: \delta = 0 \tag{5-7}$$

$$H_{01}: \delta + \rho\beta = 0 \tag{5-8}$$

其中，式（5－7）检验 SDM 是否会退化为 SLM，式（5－8）则检验其是否会退化为 SEM。检验规则如下：如果上述两个原假设都被拒绝，那么面板 SDM 更适合于本章的研究；如果 Wald-lag、LR-lag 显著，而 Wald-err、LR-err 不显著，那么 SDM 退化为 SLM；如果 Wald-err、LR-err 显著，而 Wald-lag、LR-lag 不显著，那么 SDM 退化为 SEM。所有检验都服从卡方分布，拒绝所有假设表明 SDM 是最适合数据的模型。

（3）空间权重矩阵的构建

选用哪种空间权重矩阵（spatial weight matrix）对本章最后的估计结果有重要的影响，目前主要采用邻接空间权重矩阵（contiguity matrix）、地理距离权重矩阵（inverse distance weight matrix）和经济距离权重矩阵（economic distance weight matrix）三种空间权重矩阵。本章亦选取了这三种矩阵。

① 邻接空间权重矩阵

假设有n个省域的空间元素是$\{x_i\}_{i=1}^{n}$。设i省域与j省域之间的距离为w_{ij}，则有如下公式：

$$W = \begin{bmatrix} w_{11} & \cdots & w_{1n} \\ \vdots & \ddots & \vdots \\ w_{n1} & \cdots & w_{nn} \end{bmatrix} \quad (5-9)$$

在式(5－9)中,矩阵主对角线上的元素代表同一省域的距离,都等于零,即 $w_{11} = \cdots = w_{nn} = 0$。若 i 省域与 j 省域有共有的边界,则是车相邻(rook contiguity);若 i 省域与 j 省域有相同的顶点但无共有的边界,则是象相邻(bishop contiguity);若 i 省域与 j 省域有相同的顶点或有共有边界,则是后相邻(queen contiguity)。

② 地理距离权重矩阵

本章中地理距离权重矩阵直接用两个省域之间距离的倒数来衡量空间权重,可用公式表示为

$$w_{ij} = \frac{1}{d_{ij}} \quad (5-10)$$

式中,d_{ij}为 i 省域与 j 省域之间的地理距离。考虑到各省域制造业碳生产率之间的空间作用机制不但与是否为邻近省域有关,也可能与省域之间的地理距离有着更为密切的关系,因此也考虑把该权重矩阵作为本章研究的回归矩阵之一。

③ 经济距离权重矩阵

经济距离权重矩阵(W)在本章中则选用省域制造业总产值的绝对值的倒数作为测度经济距离的指标(E),经济距离权重矩阵是经济距离与地理距离权重矩阵的乘积。经济距离权重矩阵不仅考虑了空间经济单元之间的地理距离,也充分结合了空间经济单元之间的经济距离。

5.4.2　空间绝对 β 趋同的实证检验与结果分析

(1) 参数估计方法

“对动态面板数据模型进行回归的方法主要有三种:一是偏误修正的最大似然(maximum likelihood, ML)估计量或准最大似然(quasi-maximum likelihood, QML)估计量[246];二是基于工具变量(instrumental variable, IV)

或广义矩(generalized method of moments, GMM)的估计量[247];三是使用贝叶斯理论的马尔可夫链蒙特卡洛(Markov chain Monte Carlo, MCMC)方法[248]。”①这三种估计方法都存在各自的缺陷,这些缺陷都有可能使得估计量产生偏误。其中,Yu 等[246]、Lee 和 Yu[249]分别对第一种估计量提出了偏误修正并对此进一步拓展,指出当时期 T 大于截面个数 $n^{1/3}$ 时,该偏误修正估计量能够渐近消除存在的偏误并产生一个中心置信区间。第二种方法虽通过纳入一个内生交互效应扩展了 Arellano 和 Bond[250]的差分 GMM 估计量,但其估计量仍可能会有明显的偏误。综上,通过对这三种估计方法的比较甄别,发现本章宜选用第一种估计量对动态面板数据进行估计,该方法得出的结果更为稳健和可靠。

(2)模型选择

本章应用 Stata 15.0 软件进行空间计量分析,为了便于模型的比较和选择,在每种空间权重矩阵下,分别运用动态 SLM、SEM 和动态 SDM 对省域制造业碳生产率的 β 趋同模型进行估计。表 5.1 是整体制造业碳生产率绝对 β 趋同在不同空间权重矩阵(W)下的回归结果。本章利用 Hausman 检验统计量分别对模型(1)~(9)究竟采用固定效应(fixed effects, FE)模型还是随机效应(random effects, RE)模型进行判别。结果显示,各模型 Hausman 检验统计量在 19.87~114.42,p 值均为 0.000 0,故强烈拒绝原假设,在这种情况下宜选用 FE 模型,其估计更有效率。

综合各模型比较来看,在邻接空间权重矩阵下,各模型的拟合度和对数似然值(log-likelihood, Log-L)结果均在合理范围之内,空间变量滞后项系数 ρ、空间误差项系数 λ 和空间交互项系数 δ 均显著为正,sigma2_e 均通过了显著性为 1%的检验,解释变量回归系数也均显著。所以可以得出结论,在本章的制造业碳生产率趋同研究中,空间面板模型估计要比普通面板估计更加适合,能更精确地刻画碳生产率趋同现象。SDM 的拟合度和 Log-L 均高于 SLM 和 SEM,且 SDM 中的 ρ 和解释变量的空间交互项系数 δ 均在 1%的统计水平下显著,而在 SLM 中,ρ 显著性不高,仅在 10%的统计

① 孙攀,吴玉鸣,鲍曙明.中国碳减排的经济政策选择——基于空间溢出效应视角[J].上海经济研究,2017(8):30-37.

水平下显著,说明 SDM 较其他两个模型更好。本章继续做 SDM 的退化检验,Wald 检验和 LR 检验结果均强烈拒绝了模型(1)和(2)两个原假设,进一步表明在邻接空间权重矩阵下,SDM 更适合检验我国省域制造业碳生产率时空趋同机制。类似于邻接空间权重矩阵的分析,在另两种空间权重矩阵下,相比于其他模型,SDM 的结果也较好,考虑了更多的变量空间滞后项,得到更为一般的估计结果。各模型 Log - L 的比较也说明 SDM 是最合适的模型形式。因此在三种空间权重矩阵下,SDM 更适合于本章的研究。以下重点分析模型(3)(6)(9),并对总效应进行效应分解。

比较不同空间权重矩阵下的 SDM 结果,邻接空间权重矩阵和地理距离权重矩阵下,被解释变量空间滞后项系数 ρ 分别在 1%和 5%的统计水平下显著,而经济距离权重矩阵下 ρ 不显著;从 Log - L 结果来看,邻接空间权重矩阵和地理距离权重矩阵对数似然值较大;从模型的判决系数(R - square, R^2)来看,这两种空间权重矩阵下的模型判决系数也相对较高,其拟合效果较好。因此,依据空间滞后项系数、对数似然值、拟合优度结果,邻接空间权重矩阵和地理距离权重矩阵在本章空间绝对 β 趋同研究中要比经济距离权重矩阵更适合。

(3) 结果分析

由表 5.1 的估计结果可知,$\ln CP$ 的估计系数 β 在模型(1) ~ (9)中均为负值,并均在 1%的统计水平下显著,充分表明 30 个省域制造业碳生产率具有空间绝对 β 趋同特征,即制造业碳生产率较低的省域其增长率整体上高于制造业碳生产率较高的省域。在三种空间权重矩阵下的 SDM [模型(3)(6)(9)]中,β 系数差别不大,估计结果稳健性良好。依据新古典增长模型 β 趋同的计算公式,在邻接空间权重矩阵、地理距离权重矩阵和经济距离权重矩阵下,制造业碳生产率的趋同速度分别为 14.12%、14.36%和 14.39%。

在模型(3)和(6)中,被解释变量的空间滞后项系数 ρ 均显著为正,说明一个省域制造业碳生产率增长率会受到邻近省域制造业碳生产率增长率扩散(溢出)效应的影响,各省域制造业碳生产率增长之间存在空间依赖性,每个省域的碳生产率的变化不仅受到本地区相关因素的影响,同时还受到周边省域碳生产率变化的影响,这也为区域之间碳生产率的合作提供了事实依据。

表 5.1 省域制造业碳生产率绝对 β 趋同的估计结果

	邻接空间权重矩阵			地理距离权重矩阵			经济距离权重矩阵		
	SLM(1)	SEM(2)	SDM(3)	SLM(4)	SEM(5)	SDM(6)	SLM(7)	SEM(8)	SDM(9)
L.g	-0.2322^{***} (−2.90)	—	-0.1497^{**} (−1.98)	-0.2312^{***} (−2.90)	—	-0.1347^{*} (−1.77)	-0.2324^{***} (−2.90)	—	-0.1329^{*} (−1.77)
ρ	0.0869^{*} (−1.93)	—	0.1970^{***} (3.79)	0.1608^{**} (2.30)	—	0.1798^{**} (2.49)	0.153 6 (0.85)	—	0.155 7 (0.91)
$\ln CP$	-0.0432^{***} (−3.69)	-0.1110^{***} (−7.68)	-0.1317^{***} (−4.63)	-0.0439^{***} (−3.73)	-0.1444^{***} (−11.05)	-0.1338^{***} (−4.72)	-0.0424^{***} (−3.65)	-0.1438^{***} (−10.78)	-0.1340^{***} (−4.76)
$W \cdot \ln CP$	—	—	0.1343^{***} (4.52)	—	—	0.1351^{***} (4.54)	—	—	0.1345^{***} (4.28)
λ	—	0.4098^{***} (5.47)	—	—	0.7016^{***} (12.43)	—	—	0.6902^{***} (11.75)	—
sigma2_e	0.0052^{***} (5.14)	0.0058^{***} (14.13)	0.0042^{***} (5.29)	0.0052^{***} (5.14)	0.0054^{***} (14.33)	0.0043^{***} (5.35)	0.0051^{***} (5.26)	0.0053^{***} (14.24)	0.0043^{***} (5.55)
Log − L	487.412 4	487.412 4	525.698 0	487.297 9	487.297 9	521.565 5	486.858 1	486.858 1	518.920 2

续　表

	邻接空间权重矩阵			地理距离权重矩阵			经济距离权重矩阵		
	SLM(1)	SEM(2)	SDM(3)	SLM(4)	SEM(5)	SDM(6)	SLM(7)	SEM(8)	SDM(9)
R^2	0.147 0	0.112 8	0.302 5	0.138 6	0.112 8	0.293 4	0.140 1	0.112 8	0.285 7
Hausman 检验	19.87 [0.000 0]	53.56 [0.000 0]	109.63 [0.000 0]	20.64 [0.000 0]	120.86 [0.000 0]	103.45 [0.000 0]	20.13 [0.000 0]	114.42 [0.000 0]	101.21 [0.000 0]
模型	FE	FE	FE	FE	FE	FE	FE	FE	FE
观测数	390	420	390	390	420	390	390	420	390
趋同速度/%	4.42	11.77	14.12	4.49	15.60	14.36	4.33	15.53	14.39

注：***、**、*分别代表通过 1%、5%、10%的显著性检验;小括号中的数值为 Z 值。

在模型(3)(6)(9)中,解释变量的空间滞后项($W \cdot \ln CP$)的系数δ在1%的统计水平下均显著为正,表明基期制造业碳生产率水平不仅对本省域的碳生产率增长具有明显的负向作用,还对其周边省域制造业碳生产率的增长起正向作用。由于各省域之间的“经济关联”和“技术关联”的加强,以及政府间政策的“模仿、竞争效应”及“同群效应”,本省域的制造业碳生产率水平会影响到邻近省域制造业碳生产率水平,进而影响到邻近省域制造业碳生产率的增长。

在模型(3)(6)(9)中,被解释变量一阶滞后项(L.g)的系数均为负且均具有较高的显著性,这意味着碳生产率增长率的一阶滞后项对当期碳生产率增长率有显著的负向作用。因此,在本研究中动态空间计量模型要比静态空间计量模型对样本数据具有更好的估计。

为了正确估计出模型中解释变量对被解释变量的影响,LeSage 和 Pace[191]利用模型的自身偏导数和交叉偏导数将总效应分解为直接效应和间接效应,以下是偏导数的矩阵表达式:

$$S_r(W) = V(W)I_n\beta_r$$

$$V(W) = (I_n - \rho W)^{-1} = I_n + \rho W + \rho^2 W^2 + \rho^3 W^3 + \cdots \qquad (5-11)$$

$\bar{M}(r)_{\text{直接}}$、$\bar{M}(r)_{\text{间接}}$和$\bar{M}(r)_{\text{总}}$分别代表平均直接效应、平均间接效应和平均总效应(LeSage 和 Pace,2014),即

$$\begin{aligned}
\bar{M}(r)_{\text{直接}} &= n^{-1}tr[S_r(W)] \\
\bar{M}(r)_{\text{总}} &= n_n^{-1'}S_r(W)_n \\
\bar{M}(r)_{\text{间接}} &= \bar{M}(r)_{\text{总}} - \bar{M}(r)_{\text{直接}}
\end{aligned} \qquad (5-12)$$

直接效应衡量区域内溢出效应,间接效应衡量区域间溢出效应,而总效应则用于反映总体的空间溢出效应。这种方法被 Elhorst 运用于面板数据中。通过该方法,本章使用 Stata 15.0 软件对不同空间权重矩阵下的空间 SDM 面板模型进行测度,并得出如表 5.2 所示的结果。

表 5.2　空间杜宾模型变量 ln *CP* 的空间溢出效应的分解

效　应	变量	邻接空间权重矩阵	地理距离权重矩阵	经济距离权重矩阵
		(1)	(2)	(3)
直接效应	ln *CP*	-0.1248^{***} (−4.26)	-0.1305^{***} (−4.26)	-0.1271^{***} (−4.25)
间接效应	ln *CP*	0.1194^{***} (4.07)	0.1332^{***} (4.04)	0.1294^{***} (3.71)
总效应	ln *CP*	−0.005 4 (−0.28)	0.002 7 (0.13)	0.002 3 (0.11)

注：***、**、* 分别代表通过 1%、5%、10%的显著性检验，小括号中的数值为 *Z* 值。

在三种不同的空间权重矩阵下，ln *CP* 的直接效应和间接效应系数均在 1%的统计水平下显著，但总效应均未能通过显著性检验。ln *CP* 的直接效应和间接效应回归系数都较接近，其中地理距离权重矩阵下的系数略微较大。在地理距离权重矩阵下，ln *CP* 的直接效应为−0.130 5，间接效应为 0.133 2，总效应为 0.002 7，由此可以看出，省域制造业碳生产率存在明显的空间外溢效应，本省域制造业碳生产率的提高有利于邻近省域制造业碳生产率增长。这意味着对于制造业碳生产率，一方面，β 趋同特征明显，即省域的碳生产率越高，其碳生产率的增长率反而越低；另一方面，通过技术溢出和先进的管理经验、环境政策对邻近省域产生积极的示范效应，促使其技术革新和知识创新，出台有效的节能减排政策带来碳生产率增长动力。在本章中，由表5.2 可知，总效应不显著的原因可能是直接效应和间接效应表现为一正一负，在绝对值上十分接近，两种效应之间呈相互抵消之势，从而使得总效应不显著。

5.4.3　细分行业空间绝对 β 趋同实证检验和结果分析

除制造业整体外，本章还检验了制造业各细分行业的碳生产率绝对 β 趋同，并得出了检验结果。事实上，不同类型制造业碳生产率的绝对 β 趋同情形也存在一定的差异。

（1）按污染程度细分行业

将制造业划分为相对污染类行业和相对清洁类行业后，在相对污染类行业中，Hausman 检验结果表明回归更适用于 FE 模型，而在相对清洁类行业中，对于模型（1）和（4），Hausman 检验统计量分别为 4.09 和 3.67（$p < 0.05$），说明回归更适用于 RE 模型，其他模型则均采用 FE 模型。对于相对污染类行业的估计结果，本章发现空间效应是显著的，因为在邻接空间权重矩阵和地理距离权重矩阵下，被解释变量空间滞后项系数 ρ 和空间误差系数 λ 均大于 0 且在 1%的统计水平下显著，而在经济距离权重矩阵下，ρ 虽不显著，但 λ 大于 0 且显著。然后，针对 SDM 面板模型是否可以退化为 SLM 面板模型和 SEM 面板模型，本章继续进行 Wald 检验和 LR 检验，发现在三种空间权重矩阵下，两种检验均显示 $p < 0.01$，因此均强烈拒绝原假设，应选取 SDM 面板模型。在相对清洁类行业中，除模型（3）中 ρ 值在 10%的统计水平下显著，其他模型中 ρ 值均未能通过显著性检验，但 λ 在三种空间权重矩阵下都高度显著。对三种空间权重矩阵下的 SDM 进行 Wald 和 LR 两种检验，结果均显示 $p < 0.01$，即都不能简化，因此同样选取 SDM 面板模型。从各空间权重矩阵来看，对于相对污染类行业，在邻接空间权重矩阵和地理距离权重矩阵下，ρ 的显著性要明显高于经济距离权重矩阵；而对于相对清洁类行业，在邻接空间权重矩阵和地理距离权重矩阵下，回归的拟合系数 R^2 和对数似然值 Log－L 要优于经济距离权重矩阵。综上，最终选定邻接空间权重矩阵和地理距离权重矩阵下的 SDM，即将模型（3）和（6）作为研究两个行业碳生产率绝对 β 趋同的模型，并对总效应进行分解。

表 5.3 和表 5.5 的回归结果显示，相对污染类行业和相对清洁类行业也都存在绝对 β 趋同。由表 5.3 和表 5.5 可知，两个行业在各自的模型（1）～（9）中，$\ln CP$ 的回归系数 $\beta < 0$，且均在 1%的统计水平下显著，制造业碳生产率的增长率与其初始水平呈反比，表明制造业低碳生产率省域的增长速度整体上大于高碳生产率省域，低碳生产率省域的碳生产率水平会逐渐赶上高碳生产率省域，最终达到趋同。从绝对 β 趋同速度来看，相对污染类行业和相对清洁类行业在模型（3）中的趋同速度分别为 16.66%和 15.16%，在模型（6）中的趋同速度分别为 18.24%和 15.91%。由此可以得出结论，无论

是在邻接空间权重矩阵下还是在地理距离权重矩阵下，相对污染类行业碳生产率的空间趋同速度都要高于相对清洁类行业，可能的原因是我国相对污染类行业尤其是重化工行业的环境规制强度要远大于相对清洁类行业，对其造成的碳排放等污染采取了更为严密的措施。表 5.4 和表 5.6 分别显示了两个行业 $\ln CP$ 空间效应的分解结果。由分解结果可以看出，第一，两个行业的直接效应和间接效应分别表现为一负一正且均高度显著，两种效应在绝对值上十分接近，但两者的总效应均不显著。第二，相对污染类行业中 $\ln CP$ 负向的直接效应要大于相对清洁类行业，但正向的间接效应则刚好相反。

（2）按要素密集度细分行业

表 5.7、表 5.9 和表 5.11 分别给出了按要素密集度分类的绝对 β 趋同估计结果。首先在模型选择上，在技术密集型行业和资本密集型行业中，当在三种权重矩阵下采用 SEM 时，Hausman 检验结果 $p < 0$，故更适用于 RE 模型，而在 SLM 和 SDM 下，Hausman 检验结果表明更适用于 FE 模型。在劳动密集型行业中，Hausman 检验结果显示，当采用 SLM 时，$p < 0$，回归当选用 RE 模型，而在空间面板 SEM 和 SDM 下均应选用 FE 模型。其次，在估计结果中，三大行业 SDM 的 ρ 和 λ 基本上都通过了显著性为 10% 的检验，Log－L 和 R^2 的值也基本上都要高于 SLM 和 SEM。通过 Wald 检验和 LR 检验对 SDM 做退化检验，结果都在 1% 的显著性水平下强烈拒绝两个原假设，因此 SDM 更适合于这三大行业碳生产率绝对 β 趋同的研究。关于空间权重矩阵的选择，根据 ρ 值的显著性，对于技术密集型行业，三种空间矩阵中邻接空间权重矩阵最优，而对于劳动密集型行业，邻接空间权重矩阵和经济距离权重矩阵要优于地理距离权重矩阵。

由表 5.7、表 5.9 和表 5.11 的回归结果可知，这三大行业的碳生产率也都存在 β 趋同。对于每个细分行业，模型（1）～（9）中 β 系数均小于 0 且在 1% 的统计水平下显著。就趋同速度而言，三大行业中技术密集型行业的趋同速度最高。其可能的原因是较之于其他细分行业，技术密集型行业中碳生产率的技术创新效应更大也更加明显，而技术要素通过在邻近省域之间的扩散和外溢，加快了碳生产率的空间趋同。

表 5.3 相对污染类行业碳生产率绝对 β 趋同的估计结果

	邻接空间权重矩阵			地理距离权重矩阵			经济距离权重矩阵		
	SLM(1)	SEM(2)	SDM(3)	SLM(4)	SEM(5)	SDM(6)	SLM(7)	SEM(8)	SDM(9)
L.g	$-0.237\,4^{***}$ (−4.09)	—	$-0.206\,3^{***}$ (−4.57)	$-0.239\,4^{***}$ (−4.12)	—	$-0.205\,7^{***}$ (−4.38)	$-0.240\,0^{***}$ (−4.21)	—	$-0.200\,8^{***}$ (−4.32)
ρ	$0.136\,4^{**}$ (2.34)	—	$0.256\,2^{***}$ (4.61)	0.110 8 (1.02)	—	$0.317\,6^{***}$ (4.42)	−0.101 5 (−0.49)	—	0.169 0 (1.19)
$\ln CP$	$-0.086\,6^{***}$ (−5.10)	$-0.102\,8^{***}$ (−8.17)	$-0.153\,5^{***}$ (−6.92)	$-0.110\,8^{***}$ (−5.05)	$-0.133\,8^{***}$ (−10.07)	$-0.166\,7^{***}$ (−8.53)	$-0.085\,0^{***}$ (−4.98)	$-0.134\,6^{***}$ (−9.84)	$-0.168\,5^{***}$ (−8.62)
$W \cdot \ln CP$	—	—	$0.137\,8^{***}$ (6.02)	—	—	$0.152\,3^{***}$ (7.31)	—	—	$0.149\,3^{***}$ (6.47)
λ	—	$0.340\,2^{***}$ (4.71)	—	—	$0.645\,1^{**}$ (2.19)	—	—	$0.628\,4^{***}$ (8.59)	—
sigma2_e	$0.007\,6^{***}$ (5.29)	$0.007\,5^{***}$ (14.28)	$0.006\,4^{***}$ (5.07)	$0.007\,7^{***}$ (5.22)	$0.007\,1^{***}$ (14.33)	$0.006\,4^{***}$ (4.93)	$0.007\,7^{***}$ (5.20)	$0.007\,0^{***}$ (14.22)	$0.006\,5^{***}$ (4.97)
Log − L	411.365 0	411.365 0	441.384 4	409.985 3	409.985 3	443.550 6	409.990 5	409.990 5	440.372 4
R^2	0.203 7	0.126 8	0.322 6	0.206 5	0.126 8	0.337 2	0.236 0	0.126 8	0.336 7
Hausman 检验	54.05 [0.000 0]	48.84 [0.000 0]	128.02 [0.000 0]	52.40 [0.000 0]	85.06 [0.000 0]	142.60 [0.000 0]	49.10 [0.000 0]	82.13 [0.000 0]	140.85 [0.000 0]

续 表

	邻接空间权重矩阵			地理距离权重矩阵			经济距离权重矩阵		
	SLM(1)	SEM(2)	SDM(3)	SLM(4)	SEM(5)	SDM(6)	SLM(7)	SEM(8)	SDM(9)
模型	FE	FE	FE	FE	FE	FE	FE	FE	FE
观测数	390	420	390	390	420	390	390	420	390
趋同速度/%	9.06	10.85	16.66	11.74	14.36	18.24	8.88	14.46	18.45

注：***、**、* 分别代表通过 1%、5%、10%的显著性检验；小括号中的数值为 Z 值。

表 5.4 相对污染类行业 SDM 下 ln *CP* 的空间溢出效应的分解

效 应	变 量	邻接空间权重矩阵	地理距离权重矩阵	经济距离权重矩阵
		(1)	(2)	(3)
直接效应	ln *CP*	−0.145 9*** (−6.21)	−0.162 9*** (−7.51)	−0.161 7*** (−7.57)
间接效应	ln *CP*	0.117 2*** (5.02)	0.145 2*** (5.28)	0.142 0*** (5.53)
总效应	ln *CP*	−0.028 7 (−1.17)	−0.017 7 (−0.58)	−0.019 7 (−0.75)

注：***、**、* 分别代表通过 1%、5%、10%的显著性检验；小括号中的数值为 Z 值。

表 5.5 相对清洁类行业碳生产率绝对 β 趋同的估计结果

	邻接空间权重矩阵			地理距离权重矩阵			经济距离权重矩阵		
	SLM(1)	SEM(2)	SDM(3)	SLM(4)	SEM(5)	SDM(6)	SLM(7)	SEM(8)	SDM(9)
L.g	-0.277 0*** (-2.68)	—	-0.095 2*** (-1.60)	-0.276 3*** (-2.67)	—	-0.078 6 (-1.35)	-0.248 1*** (-4.59)	—	-0.079 1 (-1.34)
ρ	-0.000 3 (-0.00)	—	0.106 2* (1.67)	-0.078 5 (-0.53)	—	0.023 5 (0.20)	0.108 7 (1.00)	—	0.111 0 (1.03)
$\ln CP$	-0.007 0 (-1.50)	-0.107 8*** (-6.31)	-0.140 7*** (-5.73)	-0.006 7 (-1.44)	-0.144 7*** (-9.40)	-0.147 1*** (-5.64)	-0.038 7*** (-3.15)	-0.143 3*** (-9.26)	-0.147 8*** (-5.05)
$W \cdot \ln CP$	—	—	0.140 2*** (4.47)	—	—	0.156 9*** (4.36)	—	—	0.160 0*** (4.01)
λ	—	0.364 5*** (4.31)	—	—	0.665 6*** (10.16)	—	—	0.681 0*** (10.22)	—
sigma2_e	0.105 0*** (11.07)	0.011 1*** (14.15)	0.009 3*** (7.05)	0.104 9*** (11.17)	0.010 5*** (14.33)	0.009 3*** (6.84)	0.010 8*** (6.52)	0.010 1*** (14.18)	0.009 4*** (6.89)
Log-L	371.635 6	371.635 6	371.635 6	373.560 8	373.560 8	373.560 8	341.444 1	341.444 1	369.333 7
R^2	0.123 5	0.090 2	0.156 3	0.124 4	0.090 2	0.271 8	0.133 0	0.164 7	0.256 3
Hausman 检验	4.09 [0.129 7]	29.83 [0.000 0]	68.82 [0.000 0]	3.67 [0.160 0]	79.93 [0.000 0]	73.29 [0.000 0]	5.71 [0.057 5]	76.76 [0.000 0]	71.35 [0.000 0]

续　表

	邻接空间权重矩阵			地理距离权重矩阵			经济距离权重矩阵		
	SLM(1)	SEM(2)	SDM(3)	SLM(4)	SEM(5)	SDM(6)	SLM(7)	SEM(8)	SDM(9)
模型	RE	FE	FE	RE	FE	FE	FE	FE	FE
观测数	390	420	390	390	420	390	390	420	390
趋同速度/%	0.70	11.41	15.16	0.67	15.63	15.91	3.95	15.47	15.99

注：***、**、* 分别代表通过 1%、5%、10% 的显著性检验；小括号中的数值为 Z 值。

表 5.6　相对清洁类行业 SDM 下 ln *CP* 的空间溢出效应的分解

效　应	变　量	邻接空间权重矩阵	地理距离权重矩阵	经济距离权重矩阵
		(1)	(2)	(3)
直接效应	ln *CP*	−0.135 9*** (−5.21)	−0.144 9*** (−5.05)	−0.139 7*** (−4.52)
间接效应	ln *CP*	0.126 7*** (4.01)	0.155 5*** (3.97)	0.155 1*** (3.50)
总效应	ln *CP*	−0.009 2 (−0.51)	0.010 6 (0.52)	0.015 4 (0.65)

注：***、**、* 分别代表通过 1%、5%、10% 的显著性检验；小括号中的数值为 Z 值。

表 5.7 技术密集型行业碳生产率绝对 β 趋同的估计结果

	邻接空间权重矩阵			地理距离权重矩阵			经济距离权重矩阵		
	SLM(1)	SEM(2)	SDM(3)	SLM(4)	SEM(5)	SDM(6)	SLM(7)	SEM(8)	SDM(9)
L.g	$-0.164\,6^{**}$ (-2.44)	—	$-0.081\,7$ (-1.28)	$-0.167\,6^{**}$ (-2.50)	—	$-0.056\,3$ (-0.92)	$-0.167\,1^{**}$ (-2.52)	—	$-0.067\,2$ (-1.00)
ρ	0.086 4 (1.41)	—	$0.212\,3^{***}$ (3.59)	$-0.052\,4$ (-0.44)	—	0.011 7 (0.10)	0.091 1 (0.70)	—	$0.227\,7^{*}$ (1.89)
$\ln CP$	$-0.142\,6^{***}$ (-4.18)	$-0.124\,2^{***}$ (-5.88)	$-0.206\,1^{***}$ (-6.97)	$-0.140\,9^{***}$ (-4.16)	$-0.148\,3^{***}$ (-6.85)	$-0.219\,0^{***}$ (-6.51)	$-0.140\,6^{***}$ (-4.15)	$-0.139\,0^{***}$ (-6.33)	$-0.218\,5^{***}$ (-5.69)
$W \cdot \ln CP$	—	—	$0.173\,1^{***}$ (5.99)	—	—	$0.215\,7^{***}$ (5.89)	—	—	$0.226\,9^{***}$ (4.60)
λ	—	$0.223\,7^{***}$ (2.62)	—	—	$0.396\,7^{***}$ (3.22)	—	—	$0.367\,5^{***}$ (2.65)	—
sigma2_e	$0.050\,7^{***}$ (3.98)	$0.055\,6^{***}$ (12.92)	$0.044\,3^{***}$ (3.72)	$0.050\,9^{***}$ (3.97)	$0.054\,0^{***}$ (13.12)	$0.043\,0^{***}$ (3.77)	$0.050\,6^{***}$ (4.03)	$0.053\,5^{***}$ (12.60)	$0.043\,4^{***}$ (3.95)
Log−L	41.712 2	41.712 2	66.163 1	41.161 7	41.161 7	74.272 1	41.128 0	41.128 0	68.925 8
R^2	0.291 3	0.237 3	0.385 3	0.310 8	0.237 3	0.412 6	0.291 6	0.237 3	0.397 9
Hausman 检验	80.02 [0.000 0]	−14.43 [<0]	132.70 [0.000 0]	76.71 [0.000 0]	−11.39 [<0]	159.19 [0.000 0]	78.27 [0.000 0]	−11.72 [<0]	161.95 [0.000 1]

续　表

	邻接空间权重矩阵			地理距离权重矩阵			经济距离权重矩阵		
	SLM(1)	SEM(2)	SDM(3)	SLM(4)	SEM(5)	SDM(6)	SLM(7)	SEM(8)	SDM(9)
模型	FE	RE	FE	FE	RE	FE	FE	RE	FE
观测数	390	420	390	390	420	390	390	420	390
趋同速度/%	15.39	13.26	23.08	15.19	16.05	24.72	15.15	14.97	24.65

注：***、**、* 分别代表通过 1%、5%、10% 的显著性检验；小括号中的数值为 Z 值。

表 5.8　技术密集型行业 SDM 下 ln *CP* 的空间溢出效应的分解

效应	变量	邻接空间权重矩阵	地理距离权重矩阵	经济距离权重矩阵
		(1)	(2)	(3)
直接效应	ln *CP*	-0.1977^{***} (−6.23)	-0.2165^{***} (−5.92)	-0.2075^{***} (−5.19)
间接效应	ln *CP*	0.1468^{***} (4.51)	0.2144^{***} (5.25)	0.2233^{***} (3.66)
总效应	ln *CP*	−0.0510 (−1.18)	−0.0063 (−0.06)	0.0158 (0.32)

注：***、**、* 分别代表通过 1%、5%、10% 的显著性检验；小括号中的数值为 Z 值。

表 5.9 资本密集型行业碳生产率绝对 β 趋同的估计结果

	邻接空间权重矩阵			地理距离权重矩阵			经济距离权重矩阵		
	SLM(1)	SEM(2)	SDM(3)	SLM(4)	SEM(5)	SDM(6)	SLM(7)	SEM(8)	SDM(9)
L.g	-0.165 7** (-2.08)	—	-0.108 0* (-1.73)	-0.166 1** (-2.09)	—	-0.084 3 (-1.28)	-0.167 3** (-2.10)	—	-0.084 8 (-1.26)
ρ	0.021 9 (0.46)	—	0.157 0*** (3.16)	0.034 3 (0.31)	—	0.228 9*** (2.69)	0.063 5 (0.39)	—	0.304 7** (2.50)
$\ln CP$	-0.079 1*** (-6.27)	-0.061 3*** (-3.52)	-0.139 3*** (-6.30)	-0.079 0*** (-6.19)	-0.092 9*** (-4.24)	-0.150 0*** (-6.70)	-0.228 0*** (-5.70)	-0.150 7* (-1.71)	-0.148 6*** (-6.62)
$W \cdot \ln CP$	—	—	0.116 9*** (4.11)	—	—	0.127 9*** (4.10)	—	—	0.124 0*** (3.95)
λ	—	0.145 8* (1.74)	—	—	0.435 2*** (2.92)	—	—	0.014 6 (0.05)	—
sigma2_e	0.005 6*** (5.68)	0.007 4*** (14.48)	0.004 8*** (5.88)	0.005 6*** (5.67)	0.006 9*** (12.09)	0.004 8*** (5.84)	0.049 9*** (5.63)	0.069 0*** (8.74)	0.004 8*** (5.97)
Log - L	472.900 7	472.900 7	500.727 2	472.880 5	472.880 5	499.407 4	472.707 7	472.707 7	497.595 9
R^2	0.215 5	0.197 2	0.317 3	0.214 2	0.197 2	0.314 9	0.210 6	0.197 2	0.310 4
Hausman 检验	69.18 [0.000 0]	-18.47 [<0]	131.13 [0.000 0]	68.16 [0.000 0]	-9.47 [<0]	140.69 [0.000 0]	60.78 [0.000 0]	-12.97 [<0]	140.18 [0.000 0]

续　表

	邻接空间权重矩阵			地理距离权重矩阵			经济距离权重矩阵		
	SLM(1)	SEM(2)	SDM(3)	SLM(4)	SEM(5)	SDM(6)	SLM(7)	SEM(8)	SDM(9)
模型	FE	RE	FE	FE	RE	FE	FE	RE	FE
观测数	390	420	390	390	420	390	390	420	390
趋同速度/%	8.24	6.33	15.00	8.23	9.75	16.25	25.88	16.33	16.09

注：***、**、* 分别代表通过 1%、5%、10% 的显著性检验；小括号中的数值为 Z 值。

表 5.10　资本密集型行业 SDM 下 ln *CP* 的空间溢出效应的分解

效　应	变　量	邻接空间权重矩阵	地理距离权重矩阵	经济距离权重矩阵
		(1)	(2)	(3)
直接效应	ln *CP*	$-0.134\ 3^{***}$ (−5.74)	$-0.147\ 0^{***}$ (−5.97)	$-0.142\ 8^{***}$ (−5.97)
间接效应	ln *CP*	$0.100\ 7^{***}$ (3.51)	$0.118\ 8^{***}$ (3.13)	$0.109\ 6^{***}$ (2.87)
总效应	ln *CP*	$-0.033\ 6^{*}$ (−1.81)	−0.028 2 (−1.15)	$-0.033\ 1^{***}$ (−1.31)

注：***、**、* 分别代表通过 1%、5%、10% 的显著性检验；小括号中的数值为 Z 值。

表 5.11 劳动密集型行业碳生产率绝对 β 趋同的估计结果

	邻接空间权重矩阵			地理距离权重矩阵			经济距离权重矩阵		
	SLM(1)	SEM(2)	SDM(3)	SLM(4)	SEM(5)	SDM(6)	SLM(7)	SEM(8)	SDM(9)
L.g	-0.173 8*** (-2.88)	—	0.001 0 (0.02)	-0.175 4*** (-2.89)	—	-0.015 0 (-0.30)	-0.175 1*** (-2.86)	—	-0.021 1 (-0.44)
ρ	0.092 0 (0.98)	—	0.167 7*** (2.86)	0.129 5 (0.65)	—	0.191 3* (1.79)	0.207 8 (1.41)	—	0.351 4*** (4.97)
ln *CP*	-0.019 1*** (-3.13)	-0.079 7*** (-4.58)	-0.155 9*** (-16.57)	-0.018 8*** (-3.07)	-0.123 7*** (-8.43)	-0.140 3*** (-9.06)	-0.018 9*** (-3.08)	-0.123 5*** (-8.75)	-0.136 8*** (-8.54)
W · ln *CP*	—	—	0.151 0*** (12.86)	—	—	0.138 2*** (6.36)	—	—	0.131 6*** (6.00)
λ	—	0.347 9*** (3.56)	—	—	0.699 3*** (11.52)	—	—	0.720 0*** (12.76)	—
sigma2_e	0.098 2*** (10.11)	0.009 1*** (14.09)	0.008 3*** (6.20)	0.098 3*** (10.02)	0.008 5*** (14.30)	0.008 5*** (6.55)	0.097 5*** (9.69)	0.008 0*** (14.21)	0.008 5*** (6.70)
Log - L	394.743 0	394.743 0	394.743 0	388.746 7	388.746 7	388.746 7	385.338 9	385.338 9	385.338 9
R^2	0.082 0	0.058 9	0.229 7	0.078 1	0.058 9	0.208 0	0.076 1	0.058 9	0.193 9
Hausman 检验	-29.40 [<0]	11.23 [0.000 0]	62.01 [0.000 0]	-27.92 [<0]	56.85 [0.000 0]	50.81 [0.000 0]	-21.22 [<0]	61.71 [0.000 0]	46.91 [0.000 1]

续 表

	邻接空间权重矩阵			地理距离权重矩阵			经济距离权重矩阵		
	SLM(1)	SEM(2)	SDM(3)	SLM(4)	SEM(5)	SDM(6)	SLM(7)	SEM(8)	SDM(9)
模型	RE	FE	FE	RE	FE	FE	RE	FE	FE
观测数	390	420	390	390	420	390	390	420	390
趋同速度/%	1.93	8.31	16.95	1.90	13.20	15.12	1.91	13.18	14.71

注：***、**、*分别代表通过1%、5%、10%的显著性检验；小括号中的数值为 Z 值。

表5.12 劳动密集型行业SDM下ln *CP* 的空间溢出效应的分解

效 应	变 量	邻接空间权重矩阵	地理距离权重矩阵	经济距离权重矩阵
		(1)	(2)	(3)
直接效应	ln *CP*	-0.1506^{***} (−13.95)	-0.1379^{***} (−8.10)	-0.1310^{***} (−7.64)
间接效应	ln *CP*	0.1356^{***} (10.15)	0.1359^{***} (5.11)	0.1237^{***} (4.15)
总效应	ln *CP*	-0.0150^{***} (−0.92)	−0.0020 (−0.09)	−0.0074 (−0.28)

注：***、**、*分别代表通过1%、5%、10%的显著性检验；小括号中的数值为 Z 值。

同时，表 5.8、表 5.10 和表 5.12 也给出了三大行业 ln *CP* 空间效应的分解结果。结果发现，第一，与制造业整体绝对 β 趋同情况不一样的是，资本密集型行业的总效应在邻接空间权重矩阵和经济距离权重矩阵下均表现为负，且分别通过了 10%和 1%的显著性检验；劳动密集型行业的总效应在邻接空间权重矩阵下也表现为负且高度显著，表明在这两大行业中，ln *CP* 负向的直接效应要强于正向的间接效应。第二，技术密集型行业的正向直接效应和负向间接效应在三大行业中都是最大的，说明相比于其他细分行业，技术密集型行业的绝对 β 趋同特征尤为突出，其碳生产率的外溢效应也更加明显。第三，在技术密集型、资本密集型和劳动密集型三大行业中，本省域 ln *CP* 对邻近省域制造业碳生产率增长的间接效应分别为 0.146 8、0.100 7 和 0.135 6（在邻接空间权重矩阵下），且均在 1%的统计水平下显著，说明省域之间存在制造业碳生产率的示范效应，应加强省域间制造业低碳、高质量发展领域的协同与合作。

第6章　中国省域制造业碳生产率的空间条件 β 趋同机制

对于不同类型的趋同,其潜在的政策含义也是不同的。绝对趋同是地区间经济变量差异的自发减小,在该情形下,如何加快趋同速度是政策制定的重心和出发点。而条件趋同往往与地区结构特征联系在一起,因此对于落后地区,准确识别经济增长的结构因素及如何在这些方面改善和提高从而实现趋同,是决策者们首要考虑的问题。第5章主要研究了我国省域制造业碳生产率绝对趋同机制,而本章将进一步研究其条件 β 趋同机制及影响碳生产率增长的驱动因素。

6.1　条件 β 趋同模型

条件 β 趋同是指由于各个地区的特性不同,各个地区所拥有的稳态水平也不同,碳生产率水平将随着时间的推移向各自的稳态水平趋近。与绝对 β 趋同不同的是,在条件 β 趋同中,除碳生产率的初始水平外,各省域制造业的特性也会影响碳生产率的趋同,且各省域随时间趋于各自不同的稳态水平。在绝对 β 趋同模型中,引入几个可能影响碳生产率趋同的控制变量,便构成了条件 β 趋同,本章借鉴前期文献的研究结果,将条件 β 趋同模型设定为

$$g_{i,t} = \alpha + \beta \ln CP_{i,t-1} + X_{i,t} + \eta_i + \gamma_t + \varepsilon_{i,t} \tag{6-1}$$

式中,$\ln CP_{i,t-1}$ 为 i 省域在 $t-1$ 时期碳生产率的对数形式;$g_{i,t}$ 表示 i 省域在 t 时段内碳生产率的增长率,$g_{i,t} = (\ln CP_{i,t+T} - \ln CP_{i,t})/T$;$T$ 为相隔的时期数,本章中取 $T=1$,即用 $\ln CP_{i,t+1} - \ln CP_{i,t}$ 表示省域制造业碳生产率增长速

度，$t \in [1, 15]$；X 为加入的各控制变量；α 为截距项；η_i、γ_i 和 $\varepsilon_{i,t}$ 分别为反映地区异质性的个体固定效应、时间固定效应和随机扰动项，且 $\varepsilon_{i,t} \sim N(0, \sigma^2 I_n)$。如果基期碳生产率的回归系数 $\beta < 0$ 且统计显著，那么说明我国省域制造业碳生产率具有条件 β 趋同性。

6.2 变量选择理论基础

6.2.1 碳生产率影响因素的理论模型

本章借鉴 Fisher - Vanden 等[251]阐述碳生产率的影响因素，假设一般生产过程中三种必要投入要素为资本、劳动和能源。以下是从成本最小化角度设定的 Cobb - Douglas 成本函数：

$$C(P_K, P_L, P_E, Q) = A^{-1} P_K^{\alpha_K} P_L^{\beta_L} P_E^{\gamma_E} Q \tag{6-2}$$

式中，$C(P_K, P_L, P_E, Q)$ 为成本函数；A 为全要素生产率；P_K、P_L 和 P_E 分别为资本、劳动和能源三种投入要素的价格；α_K、β_L 和 γ_E 分别为资本、劳动和能源要素的产出弹性；Q 为产出。

能源需求用 E 表示。依据谢泼德引理，在支出函数 $E(P, U)$ 给定的情况下，通过对要素价格 P 求偏导数可得到 Hicks 需求函数 $X_h(P, U)$，则能源要素需求可由成本函数 $C(P_K, P_L, P_E, Q)$ 对能源价格(P_L)求偏导得出：

$$E = (\gamma_E A^{-1} P_K^{\alpha_K} P_L^{\beta_L} P_E^{\gamma_E} Q) / P_E \tag{6-3}$$

进而假定企业在长期均衡中总收益等于总成本，即 $C = P_Q Q$，其中 P_Q 为产品的价格，P_Q 取决于资本、劳动和能源三种投入要素的价格：

$$P_Q = P_K^{\alpha_K} P_L^{\beta_L} P_E^{\gamma_E}, \ \alpha_K + \beta_L + \gamma_E = 1 \tag{6-4}$$

将式(6 - 4)代入式(6 - 3)可得：

$$E = (\gamma_E A^{-1} P_Q Q) / P_E \tag{6-5}$$

式(6 - 5)可转换如下：

$$Q/E = \gamma_E^{-1} A^{-1} (P_E / P_Q) \tag{6-6}$$

在实际生产过程中，能源消费往往会导致碳排放，两者之间呈正向线性关系，其关系可用如下公式来表示：

$$E = \lambda T \tag{6-7}$$

式中，λ 为固定参数；T 为碳排放量。将式（6－7）代入式（6－6）可得如下公式：

$$Q/T = \lambda \gamma_E^{-1} A^{-1} (P_E/P_Q) \tag{6-8}$$

式中，Q/T 为碳生产率；P_E/P_Q 代表实际能源价格水平。由式（6－8）可知，碳生产率主要决定因素为全要素生产率（A）和实际能源价格水平（P_E/P_Q），且均与这两种因素正向相关。

本章参照白重恩和张琼[252]的做法，将影响全要素生产率的要素使用效率的因素大致分成三类：第一类表现为与要素整体生产率提高相关的因素，本章将其归为“X－效率”因素；第二类表现为要素有效使用相关的因素；第三类表现为与要素配置效率相关的因素，因为同一要素在不同地方的生产率存在差异从而导致要素配置结构发生变化，进而影响单位要素总的生产率发生变动。

在使用基于 SBM 方向距离函数的 GML 分析法得到我国 30 个省域 2002—2016 年各年的制造业碳生产率指数后，结合上述分析，本章利用式（6－9）所示的分析框架体系来探讨上述三类因素及实际能源价格对制造业碳生产率的影响机理。

$$CP_{it} = \underbrace{(\phi_1 TE_{1,it} + \phi_2 TE_{2,it} + \cdots)}_{\text{“X-效率”因素}} + \underbrace{(\varphi_1 EU_{1,it} + \varphi_2 EU_{2,it} + \cdots)}_{\text{“要素有效使用”因素}} + \underbrace{(\gamma_1 AE_{1,it} + \gamma_2 AE_{2,it} + \cdots)}_{\text{“配置效率”因素}} + \delta Enep_{it} + \tau X + \varepsilon_{it} \tag{6-9}$$

式中，下标 i 与 t 分别表示省域与年份；CP_{it} 代表各省域各年份的制造业碳生产率；$Enep_{it}$ 表示各省域各年份的能源价格；X 表示年份或省域虚拟变量等表征的年份或省域特殊效应。

6.2.2　变量选择及影响机理分析

依据前文分析，我们将制造业碳生产率的影响因素归结为“X－效率”因素、“要素有效使用”因素和“配置效率”因素三大类。因此,本章识别技术水平、外资规模、资本深化率、劳动生产率、企业规模、能源消费结构、能源价格等影响因素的过程围绕着这三个分类展开。对于“X-效率”因素,本章考虑“技术水平”和“外资规模”两个指标;对于“要素有效使用”因素,本章考虑“资本深化率”和“劳动生产率”两个指标;对于“配置效率”,本章考虑“能源消费结构”和“能源价格”两个指标。

(1) 技术水平

一方面,大多数有关增长的研究表明技术创新是经济增长的重要驱动力。另一方面,清洁低碳技术对能源消费和二氧化排放绩效产生一定的影响,技术进步是能源生产率持续提高的关键[253]。不少研究也证实了技术水平对环境效率有正向促进作用。比如,Zhang 等[254]考察了 1990—2012 年我国 38 个工业部门的碳生产率及其变化,研究发现碳生产率在 20 世纪 90 年代受追赶效应驱动,在 2000—2012 年科技创新是主要的驱动力。类似地,Li 等[255]利用 meta-frontier 函数综合评估并分解了 2003—2015 年我国 36 个工业部门的全要素碳生产率,研究发现其工业碳生产率的增长主要归因于技术创新。基于扩展的 LMDI 模型,Shao 等[256]探究了上海市技术经济驱动对工业碳强度的作用,得出 R&D 强度的效应显著为负而投资强度和研发效率总体上表现为正向促进作用,但不稳定。王群伟等[257]认为,技术进步在我国碳排放绩效增长中起到主导作用。林善浪等[132]利用 1997—2009 年中国省域面板数据,考察了技术创新和空间集聚这两个因素对碳生产率变化的影响,证明了技术创新对碳生产率的提升作用未能得到充分发挥但在逐步加强,且存在地区差异性。程钰等[258]研究了全球科技创新对碳生产率的影响,得出科学技术的发展对碳生产率有重要的促进作用。参考程钰等(2019)的研究,技术水平对碳生产率的作用机理可通过图 6.1 来表示。在中国“碳达峰”“碳中和”的目标下,制造业企业通过技术购买、引进、消化吸收和改造等一系列研发活动提升企业低碳生产领域的科技创新能力,提高企业生产效率,使得在既定的能源投入下,增加企业产出,降低生产过程中的碳排放,从生产效率视角促进制造业碳生产率的提高。

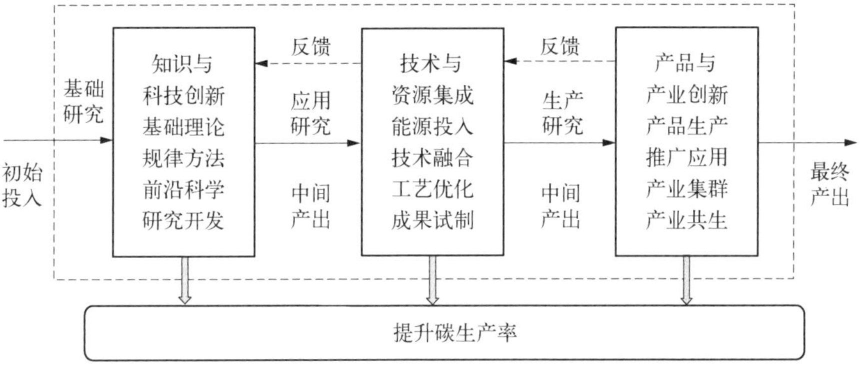

图 6.1　技术水平对碳生产率的作用机理

对于技术水平的刻画，目前还没有形成一致的意见，鉴于数据的可得性和完整性，本章借鉴 Shao 等[259]的做法，技术水平在本章中采用研发强度和能源强度两个指标来衡量。R&D 是推动技术进步的重要来源，囿于数据的可得性，本章采用各省域规模以上工业企业 R&D 经费内部支出占工业总产值的比重代表，采用区域 R&D 支出强度比表示，即 R&D 支出与 GDP 之比，并预计其系数为正。对于能源强度，本章采用各省域制造业单位工业产值所消费的能源量表示，能源强度能直接反映行业能源利用技术及其研发投入效果[259]。能源强度越低，说明在同等产出下，消费的能源量及释放的 CO_2 越少，即碳生产率越高，因此本章预计其系数为负。

(2) 外资规模

外资在中国制造业发展中起到了不可忽视的作用。中国制造业部门是吸引外商直接投资最多的产业部门，在国家实行改革开放、大力吸引外资的背景下，外资弥补了中国制造业发展的资金缺口。关于外资与环境质量方面的研究，目前主要存在两种观点，且围绕这两种观点，许多学者进行了论证。一是早在 1994 年由 Copeland 和 Taylor[260]最先提出的“污染天堂”假说，认为经济全球化使发展中国家沦为发达国家的“污染天堂”，从而加剧了这些国家环境质量的退化。二是“污染光环”假说，认为外资的流入和先进技术的引进往往相伴相生，从而改进东道国资源使用和污染减排效率，使得东道国的环境水平得到提高，如 Herrerias 等[261]、Shahbaz 等[262]的研究均得到该结论。国内外研究一般认为 FDI 会通过规模效应、结构效应和技术效应三种效应途径影响东道国的环境质量[263,264]。FDI 对碳生产率的规模效应主要体现在 FDI 使东道国经济规模扩大和发展水平提高,产出的增长导致更多的污染排放物;结构效应是资本的增加导致产业的非均衡增长,加深经济结构的重工业化程度,从而增加能源消耗和污染物排放;技术效应则是母国先进的低碳技术和管理经验的溢出。

就碳排放而言,FDI 的影响较为复杂。一国所处的不同的发展阶段、不同的地域、不同的产业等,都有可能得出不一样的结论。关于 FDI 如何影响我国碳排放,目前学界尚未达成一致的观点。大多数实证研究得出的结论倾向于支持"污染天堂"的观点。例如,牛海霞和胡佳雨[265]基于对 28 个省市的研究,得出我国 FDI 与碳排放之间存在正向关系的结论,即 FDI 每上升 1%,人均 CO_2 排放量将会上升大约 0.09%。Sun 等[266]利用自回归分布滞后(autoregressive distributed lag, ARDL)模型,证实了中国 FDI 流入与碳排放之间表现为正向相关关系,即 FDI 流入每增加 1%,碳排放会上升 0.058%。Zhang 等[267]在对 1982—2016 年中国碳排放的考察中也得出了类似结论,发现 FDI 流入对碳排放的影响为正。但也有一些相关研究的结论证实"污染光环"的观点,例如 Sung 等[268]利用 GMM 估计法实证检验了我国 28 个制造业细分行业 FDI 和 CO_2 排放之间的关系,发现 FDI 有利于东道国环境质量的改进,即 FDI 具有降低 CO_2 排放的"污染光环"效应。Jiang 等[269]通过对 2014 年我国 150 个城市的横截面数据进行实证检验,发现 FDI 与空气污染负相关,证实了"污染光环"效应的存在。

本书参考邵军和管驰明[270]的做法,以各省域外资工业企业产出与工业总产出之比来表示 FDI。

(3) 资本深化率

资本投入是工业生产中一种比较传统的生产要素。在短期中,企业为了扩张生产规模,往往会选择增加资本投入的方法,而当企业的生产规模达到一定水平时,由于存在规模报酬递减规律,粗放式的资本投入只会造成制造业资本要素配置扭曲的问题,从而不利于生产效率的提升。Samuelson[271,272]最早提出了资本深化的概念,他认为资本深化是人均资本存量随着时间的推移而增长的过程。资本深化以资本存量与劳动力的比值表示该指标,用以反映经济的重型化程度。在中国,资本深化总是与重工业化的经济战略高度相关。一方面,重工业具有资本密集型发展的特点,而资本密集型行业往往属于重污染行业[273]。另一方面,关于资本深化对全要素生产率的影响,李小平和朱钟棣[274]、张军和金煜[275]指出资本深化是全要素生产率增长趋缓的原因。陈勇和唐朱昌[276]、李小平和朱钟棣[274]在研究中国技术选择问题时认为,资本深化是技术进步率趋缓的原因。因此,资本深化程度高的地区往往难以协调制造业发展和碳减排之间的关系,可能不利于碳生产率的提高。

鉴于资本深化程度越高的产业部门与环境的不和谐性越明显,资本深化程度高的地区可能与其他地区制造业碳生产率存在较大的差异,因此有必要把资本深化率纳入本章的模型中。本章以各省域制造业的资本存量与从业人员平均数之比来衡量资本深化率,且预期其系数为负。

(4) 劳动生产率

本章将劳动生产率纳入制造业碳生产率影响因素体系主要基于如下两点考虑。第一,在同等条件下,劳动生产率的高低关系到单位劳动投入所带来的产出量,因此从理论上讲劳动生产率的提高有增加企业财富的效果。同时企业财富的增加使得企业有更多的资金用于提高节能减排技术,从而进一步降低碳排放[277]。第二,单位劳动产能的高低决定了包括能源在内的其他生产要素的替代率。劳动生产率的提高有助于降低产品成本,消耗了较少的原材料和能源,降低了碳排放。Dissou 等[278]通过对加拿大工业行业固定弹性(constant elasticity of substitution, CES)生产函数的估计,发现劳动力和资本之间的替代性相对较低,但劳动力和能源之间具有相对较高的替代性,劳动力能更容易地替代能源。上述两方面原因导致的结果是制造业生产活动的投入产出比与能源消费量及能源消费导致的碳排放量发生变动,进而影响了碳生产率。此外,劳动生产率是决定劳动者收入的一个重要原因,而收入水平又与劳动者治理环境的意愿相关[273]。Barbier 等[279]的研究表明,污染治理的收入弹性在低收入被调查对象中是 0.1~0.2,而在高收入被调查对象中是 0.6~0.7。随着收入水平的提高,劳动者对生态环境改善的意愿也会提高，从而影响到节能减排，进而影响到制造业碳生产率。

鉴于上述原因，本章将劳动生产率引入模型进行控制，以各省域制造业的工业总产值与从业人员平均数之比代表该省域制造业的劳动生产率，并预计其系数为正。

（5）企业规模

Kendrick[280]、Denison[281]等经济学家认为规模经济是全要素生产率增长的一个重要因素。Sleuwaegen 和 Goedhuys[282]解释了企业规模促进企业生产率提高的原因，认为企业规模越大，其采购先进技术设备的能力越强，开展高风险研发创新活动的资金越充裕。马歇尔在其所著的《经济学原理》中重点阐述了规模经济形成的原因，他把规模经济归结为两类，即内部规模经济和外部规模经济。内部规模经济重点源自厂商生产规模的扩张和产量的提高而使得单位成本下降。与资本、劳动及能源等一般生产要素一样，CO_2排放也具有规模收益，即随着产出规模的扩大，平摊到单位产品上的包括 CO_2排放的要素投入会相应下降。随着企业规模的扩大，企业生产的专业化水平会逐渐提高，机器设备的利用率也不断提升，从而使得企业的资源集约化程度变得越来越高。同时由于不可分割性，一些生产要素只有在达到特定产量时才能被充分利用，发挥出最大的生产力，从而显著提高能源效率，进而促进碳生产率的提高。

一方面，与小企业相比，大企业一般在生产效率上更有优势且更易形成规模经济[283,284]。另一方面，相较于小企业，大企业具有较强的融资能力。当地区环境规制趋严时，鉴于其较好的信誉和偿债能力，大企业更容易从金融机构获得贷款，用以淘汰相对落后的污染产能并形成清洁高效产能，在保持产能不变的情况下减少碳排放，从而促进碳生产率的提高。因此，本章预期企业规模效应为正。参考邵军和管驰明[270]的做法，本章用各省域制造业的工业总产值（2000 年不变价）与规模以上工业企业数目之比来表示企业规模指标。

（6）能源消费结构

在制造业生产过程中，消耗不同类型的化石燃料其碳排放量是不同的，因此用一种化石能源替代另一种化石能源可能会改变 CO_2排放量。一般来说，在生产过程中同等发热量条件下，煤炭消费产生的 CO_2 较多，给环境造成的污染也最大。Liu[285]指出，燃煤是中国碳排放最主要的燃料来源，占中国碳排放总量的 70%。根据英国石油公司(2017)的统计数据，2001—2016 年煤炭占中国一次能源消费总量的平均比例为 69.8%，这个比例要远远高于同期 OECD 国家的 19.8%、巴西的 5.9%和俄罗斯的14.4%，也要高于印度的 54.4%。2020 年，中国非化石能源占比 15.9%，清洁能源发电量占比 36%，煤炭消费占比 57%，比世界平均水平高 30%。Shao 等[259]研究得出能源结构对上海碳排放量有显著影响且能源结构调整是碳减排的一个重要推力。Hao 和 Huang[286]研究了我国能源消费结构和碳排放之间的关系，结果表明用油或气替代煤炭能显著减少 CO_2 排放量，尤其天然气是一种理想的选择，因此减少对煤炭的依赖有助于提高我国的生态环境质量。查建平[287]认为煤炭消费比重的上升将阻碍工业碳排放绩效的提升。然而，中国碳减排的能源结构效应(如用非化石燃料替代高碳煤)目前还微乎其微，在某些情况下甚至适得其反[288-290]。

不同地区制造业能源消费结构的不同可能导致其碳生产率的不同。用其他清洁能源替代煤炭能有效缓解 CO_2 排放问题，从而可能改进碳生产率。因此，应充分考虑制造业的能源结构。参考已有文献，本章以各地区制造业的煤炭消费量与能源消费量之比表示能源消费结构，并预期其系数为负。

(7) 能源价格

由式(6-8)的理论推导可知，碳生产率与实际能源价格呈正向相关关系。一方面，有不少研究证实了能源价格与能源效率之间的正向关系，如杨冕等[291]利用向量修正模型考察了我国能源效率的影响因素，研究表明能源相对价格与能源效率之间有正相关作用。王玉燕和林汉川[292]认为能源价格的提升有利于我国西部地区能源效率的改进。另一方面，能源效率提升的直接效应是可以降低单位产出的能源消耗和温室气体排放。已有不少研究发现能源价格对于碳排放具有调节效应，如 Amano[293]研究得出实际能源价格与能源消耗之间呈负相关关系。Tang 和 Tan[294]认为能源价格是低碳经济发展过程中调节能源消费、推动污染物减排的重要手段。Pereira 和

Pereira 等[295]研究了葡萄牙的化石燃料价格和碳排放之间的关系，发现相对于天然气，随着化石燃料价格上涨和油价上涨，带来的碳排放量将大幅下降。郭正权等[296]基于可计算一般均衡模型，得出化石能源价格下降对经济系统具有正面影响，虽然提升了实际 GDP 与社会福利，但也导致了化石能源消耗与碳排放的增加，给环境系统造成了负面影响。因此，能源价格对碳生产率的作用机理可通过图 6.2 来表示。

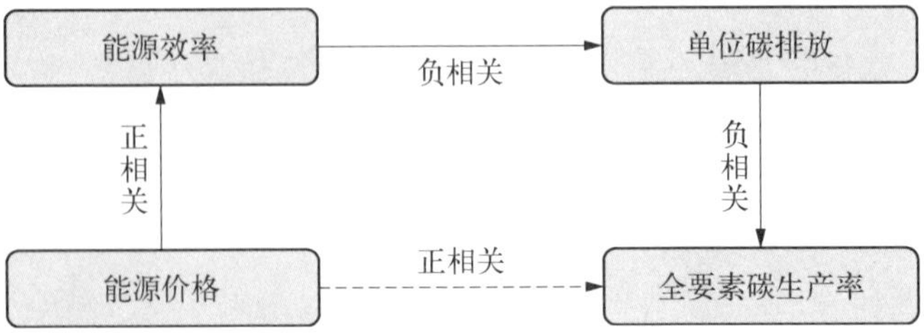

图 6.2　能源价格影响碳生产率作用机理

鉴于上述分析，在识别制造业碳生产率影响因子时，需要充分考虑各地区的能源价格。参照王玉燕和林汉川[292]、何凌云等[297]的做法，本章以各地区原材料、燃料、动力购进价格指数作为能源价格的代理变量。

6.2.3　指标选择和数据来源

各控制变量原始数据主要来自历年各地区的统计年鉴以及《中国统计年鉴》《中国工业统计年鉴》《中国能源统计年鉴》《中国科技统计年鉴》。其中，制造业能源消费量、资本存量、从业人员平均数这几个指标与第 3 章中测度碳生产率时投入要素中相应的指标一致；制造业工业总产值也与第 3 章中相应的指标（合意产出）一致。为保证数据的可比性，各省域制造业的固定资产投资平减为 2000 年不变价，并用永续折旧法折算资本存量。同时，各地区工业品出厂价格指数采用平减指数法将各地区制造业历年的工业总产值折算成 2000 年不变价。在制造业各细分行业的模型回归中，企业规模（*SS*）、能源强度（*EI*）、资本深化率（*KL*）、劳动生产率（*LP*）和能源消费结构（*ES*）分别采用的是制造业各细分行业的数据，同时本研究对所有控制变量均进行了对数化处理。以上各控制变量的定性描述如表 6.1 所示。

表 6.1　省域制造业碳生产率条件 β 趋同控制变量描述性统计

变量	符号	度量指标及说明	单　位	均值	标准差	最小值	最大值
能源价格	*EP*	各地区原材料、燃料、动力购进价格指数	—	0.566 7	0.286 3	−0.050 4	1.486 1
研发强度	*RD*	各地区规模以上工业企业 R&D 经费内部支出占工业总产值的比重	%	−4.840 4	0.463 7	−6.624 6	−3.750 9
企业规模	*SS*	各地区制造业的工业总产值与企业数目之比	亿元/个	0.095 9	0.611 3	−1.728 6	1.692 2
能源强度	*EI*	各地区制造业单位工业产值所消费的能源量	万吨/亿元	−0.488 2	1.080 9	−3.717 3	1.694 0
外资规模	*FDI*	各地区外资工业企业产出占工业总产出的比重	%	−2.435 4	1.007 2	−4.752 2	−0.450 1
资本深化率	*KL*	各地区制造业的资本存量与从业人员平均数之比	亿元/万人	3.026 3	0.730 1	1.000 2	5.465 6
劳动生产率	*LP*	各地区制造业的工业总产值与从业人员平均数之比	亿元/万人	3.922 2	0.665 4	1.779 3	5.382 5
能源消费结构	*ES*	各地区制造业的煤炭消费量与能源消费量之比	%	−1.541 2	0.530 8	−3.392 3	−0.578 6

6.3　条件 β 趋同的空间面板计量模型构建

与第 5 章绝对 β 趋同的空间计量模型一样，本章在这一部分继续采用 SLM、SEM 和 SDM 三种空间计量模型实证检验省域制造业碳生产率的趋同机制。由于传统的趋同模型往往忽视了变量间的空间交互作用，如果低碳技术存在空间依赖性，就可能导致检验结果出现偏误。为了消除这种空间相关性的影响，本章拟采用空间面板 SLM、SEM 和 SDM 对传统条件 β 趋同检验模型进行修正，从而提高模型的估计效果。以下是省域制造业碳生产率条件 β 趋同的空间模型设定。

（1）空间滞后模型

空间滞后模型（SLM）的表达式为

$$g_{i,t} = \alpha + \rho\sum_{j=1}^{N} w_{i,j}g_{j,t} + \beta\ln CP_{i,t-1} + \beta_1 RD_{i,t} + \beta_2 EI_{i,t} + \beta_3 FDI_{i,t} + \beta_4 KL_{i,t} + \beta_5 LP_{i,t} + \beta_6 SS_{i,t} + \beta_7 ES_{i,t} + \beta_8 EP_{i,t} + \eta_i + \gamma_t + \varepsilon_{i,t} \quad (6-10)$$

式中，ρ 为空间自回归系数，反映了碳生产率的空间依赖作用，即相邻省域的碳生产率对本地区的影响方向和程度；$\sum_{j=1}^{N} w_{i,j}$ 为 $N \times N$ 阶的空间权重矩阵；$\sum_{j=1}^{N} w_{i,j}g_{j,t}$ 为邻近省域碳生产率增长率的加权值。

（2）空间误差模型

空间误差模型（SEM）的表达式为

$$g_{i,t} = \alpha + \beta\ln CP_{i,t-1} + \beta_1 RD_{i,t} + \beta_2 EI_{i,t} + \beta_3 FDI_{i,t} + \beta_4 KL_{i,t} + \beta_5 LP_{i,t} + \beta_6 SS_{i,t} + \beta_7 ES_{i,t} + \beta_8 EP_{i,t} + \eta_i + \gamma_t + \varepsilon_{i,t}$$

$$\varepsilon_{i,t} = \lambda\sum_{j=1}^{N} w_{i,j}\varepsilon_{j,t} + \mu_{i,t},\ \mu_{i,t} \sim N(0, \sigma^2 I) \quad (6-11)$$

式中，λ 为空间自相关系数；$\sum_{j=1}^{N} w_{i,j}\varepsilon_{j,t}$ 表示邻近省域对误差项的加权平均效应。

（3）空间杜宾模型

空间杜宾模型（SDM）的实证模型为

$$g_{i,t} = \alpha + \tau g_{i,t-1} + \rho\sum_{j=1}^{N} w_{i,j}g_{j,t} + \beta\ln CP_{i,t-1} + \beta_1 RD_{i,t} + \beta_2 EI_{i,t} + \beta_3 FDI_{i,t} + \beta_4 KL_{i,t} + \beta_5 LP_{i,t} + \beta_6 SS_{i,t} + \beta_7 ES_{i,t} + \beta_8 EP_{i,t} +$$

$$\sum_{j=1}^{N} w_{i,j}(\delta \ln CP_{j,t-1} + \delta_1 RD_{i,t} + \delta_2 EI_{i,t} + \delta_3 FDI_{i,t} + \delta_4 KL_{i,t} + \delta_5 LP_{i,t} + \delta_6 SS_{i,t} + \delta_7 ES_{i,t} + \delta_8 EP_{i,t}) + \eta_i + \gamma_t + \varepsilon_{i,t} \quad (6-12)$$

式中，$\ln CP_{i,t-1}$ 为 i 省域在 $t-1$ 时期碳生产率的对数形式；$g_{i,t}$ 为 i 省域在 t 时期内碳生产率的增长率；$g_{i,t-1}$ 为 i 省域在 $t-1$ 时期内碳生产率的增长率；$\beta_1 \sim \beta_8$ 分别为解释变量 $RD_{i,t}$、$EI_{i,t}$、$FDI_{i,t}$、$KL_{i,t}$、$LP_{i,t}$、$SS_{i,t}$、$ES_{i,t}$ 和 $EP_{i,t}$ 的系数；$\delta_1 \sim \delta_8$ 分别为上述解释变量空间滞后项的系数；η_i、γ_i 和 $\varepsilon_{i,t}$ 分别为反映地区异质性的个体固定效应、时间固定效应和随机干扰项。当 $\tau = 0$ 时，该模型为静态面板模型；当 $\tau \neq 0$ 时，该模型为动态面板模型。依据以上分析，如果碳生产率条件 β 趋同机制存在，则预期基期碳生产率的回归系数 β 的符号为负且显著。

由于 SDM 同时纳入了解释变量和被解释变量的空间滞后项，是讨论空间回归模型的一般起点[191]。因此，为了能全面客观地反映制造业碳生产率条件 β 趋同的空间效应，在具体估计时，可以先建立 SDM，并在此基础上通过 Wald 和 LR 两个检验来判别 SDM 是否会退化成 SLM 或 SEM 模型。

与第 5 章绝对 β 趋同的空间计量分析一样，我们在省域制造业碳生产率条件 β 趋同的空间计量分析中也采用邻接空间权重矩阵、距离倒数权重矩阵和经济距离权重矩阵这三种空间权重矩阵。在对动态面板数据模型估计方法选择上，同第 5 章，本章继续选取偏误修正的最大似然（ML）估计法或准最大似然（QML）估计法。

6.4　空间条件 β 趋同模型实证检验与结果分析

6.4.1　制造业碳生产率实证检验与结果分析

（1）模型选择

本章应用 Stata 15.0 软件进行空间计量分析，分别在上述三种空间权重矩阵下，运用动态 SDM 对省域制造业碳生产率的条件 β 趋同模型进行估计。表 6.2 报告了制造业碳生产率条件 β 趋同在不同空间权重矩阵下的回归结果。首先关于 SDM 究竟选择固定效应（FE）还是随机效应（RE）的问题，此处通过

Hausman 检验来对此进行判别。通过计算得出在三种空间权重矩阵下 Hausman 检验统计量的值分别为 384.12、645.05 和 133.35,其对应的 p 值均为 0.000 0,强烈拒绝随机效应的原假设,故在这种情况下选择固定效应模型更为合适。

表 6.2　省域制造业碳生产率条件 β 趋同的估计结果

	邻接空间权重矩阵(1)		地理距离权重矩阵(2)		经济距离权重矩阵(3)	
	系　数	Z 值	系　数	Z 值	系　数	Z 值
L.g	−0.121 9***	−3.80	−0.149 1***	−4.83	−0.143 2***	−4.43
ρ	0.038 5	0.622	0.579 3***	2.90	0.662 9**	2.35
$\ln CP_{t-1}$	−0.212 8***	−17.89	−0.206 3***	−17.60	−0.191 5***	−16.21
RD	0.021 9*	1.81	0.032 2***	2.57	0.033 0**	2.48
EI	−0.074 1***	−6.78	−0.081 0***	−7.84	−0.074 4***	−7.03
FDI	−0.030 7***	−2.84	−0.036 0***	−3.38	−0.034 0***	−2.95
KL	0.004 0	0.44	0.003 6	0.40	0.009 3	1.01
LP	0.045 5***	3.17	0.053 6***	3.85	0.043 5***	2.89
SS	0.062 9***	3.97	0.109 2***	6.38	0.109 5***	5.98
ES	−0.021 0	−1.54	−0.017 9	−1.37	−0.014 6	−1.07
EP	−0.045 7	−1.25	0.057 8	1.52	0.066 9*	1.68
$W \cdot \ln CP_{t-1}$	−0.060 9**	−2.11	−0.343 8***	−4.77	−0.190 4*	−1.75
$W \cdot RD$	0.006 4	0.37	0.015 6	0.74	−0.037 4	−1.23
$W \cdot EI$	−0.088 9***	−3.71	−0.211 6***	−3.50	−0.012 6	−0.14
$W \cdot FDI$	0.041 5*	1.74	0.009 1	0.18	−0.002 2	−0.04
$W \cdot KL$	−0.032 8*	−1.77	−0.018 4	−0.40	−0.096 5	−1.5
$W \cdot LP$	0.035 5	1.33	0.096 3	1.55	0.185 24**	2.24
$W \cdot SS$	−0.039 7	−1.49	−0.087 4**	−2.26	−0.079 9	−1.48
$W \cdot ES$	0.002 8	0.1	−0.089 2	−1.41	−0.110 2	−1.41
$W \cdot EP$	0.048 3	1.11	−0.076 1	−1.56	−0.102 7*	−1.82

续　表

	邻接空间权重矩阵(1)		地理距离权重矩阵(2)		经济距离权重矩阵(3)	
	系　数	Z 值	系　数	Z 值	系　数	Z 值
sigma2_e	0.002 6***	15.04	0.002 4***	14.91	0.002 6***	14.81
Log－L	617.758 8	—	633.151 4	—	628.008 3	—
R^2	0.569 1	—	0.593 8	—	0.585 3	—
Wald-lag	24.98	(0.003 0)	59.65	(0.000 0)	44.80	(0.000 0)
LR-lag	23.67	(0.004 8)	46.89	(0.000 0)	24.14	(0.004 1)
Wald-error	28.38	(0.000 8)	88.60	(0.000 0)	73.63	(0.000 0)
LR-error	23.15	(0.005 9)	39.75	(0.000 0)	18.59	(0.028 9)
Hausman 检验	384.12	(0.000 0)	645.05	(0.000 0)	133.35	(0.000 0)
模型	FE	—	FE	—	FE	—

注：***、**、* 分别代表通过 1%、5%、10%的显著性检验；小括号中的数值为 p 值。

从估计结果来看，在地理距离权重矩阵和经济距离权重矩阵下，空间自回归系数 ρ 分别在 1%和 5%的统计水平下显著，且在三种空间权重矩阵下，均有解释变量的空间滞后项在 5%的统计水平下显著，sigma2_e 也均通过了 1%的显著性检验。因此，考虑了空间因素的空间计量模型更适合本章的研究，而未纳入空间效应的普通回归模型可能会产生偏差。然后，本章对动态 SDM 是否会退化为 SEM 模型或 SLM 进行了检验，Wald 检验和 LR 检验结果显示，模型(1)~(3)中 Wald-lag、Wald-error、LR-lag 和 LR-error 都通过了 1%的显著性检验，强烈拒绝了两个原假设，说明 SDM 不能简化，即 SDM 更能刻画制造业碳生产率条件 β 趋同的空间效应。此外，在模型(1)~(3)中，被解释变量一阶滞后项(L.g)的系数均在 1%的统计水平下显著为负，因此本章中动态 SDM 要比静态 SDM 对样本数据具有更好的估计。

通过比较不同空间权重矩阵下的 SDM，结果发现：第一，模型(1)~(3)中 Log－L 和 R^2 的值均在合理范围之内，各变量的符号保持不变且系数较接近，在三种空间权重矩阵下选取的绝大多数变量对碳生产率增长均具有显著的影响，说明整体而言，回归效果良好，估计结果也比较稳健；第二，空间自回归系数 ρ 在地理距离权重矩阵和经济距离权重矩阵下分别通过了1%和5%的显著性检验，而在邻接空间权重矩阵下不显著，且地理距离权重矩阵和经济距离权重矩阵下的 ρ 值远大于邻接空间权重矩阵下的 ρ 值；第三，地理距离权重矩阵下模型的 Log－L 和 R^2 的值要高于邻接空间权重矩阵和经济距离权重矩阵，而且从解释变量及其空间滞后项的显著性来看，地理距离权重矩阵也要优于邻接空间权重矩阵和经济距离权重矩阵。以上表明，碳生产率条件 β 趋同研究中空间效应受省域间地理距离因素影响较大，因此本章侧重以地理距离权重矩阵下的结果来解释趋同模型的变量意义。

（2）结果讨论

由表6.2的估计结果可知，在每种空间权重矩阵下，$\ln CP_{t-1}$ 的估计系数 β 都在1%的统计水平下显著为负，说明在研究样本期间省域制造业碳生产率具有条件 β 趋同特征，各省域具有不同的稳定状态，并趋近于各自的稳定状态。随着时期的推移，省域间制造业碳生产率差距逐渐缩小。同时发现，在每种空间权重矩阵下，我国制造业碳生产率的条件 β 趋同速度要明显高于绝对 β 趋同速度。在邻接空间权重矩阵、地理距离权重矩阵和经济距离权重矩阵下，条件 β 趋同速度分别为23.9%、23.1%和21.2%，而绝对 β 趋同中对应的趋同速度分别为16.66%、18.24%和18.45%。所以，当考虑研发强度、能源强度、投资规模等初始条件时，趋同速度要快于不考虑初始条件的情况，即控制变量加快了碳生产率的趋同速度。这也表明为了提高省域制造业碳生产率的稳态水平，需要关注这些有形和无形的因素，因为从长期而言，这些因素的改善可能对该省域的制造业碳生产率水平产生直接的积极作用。同时还发现，$\ln CP_{t-1}$ 的空间滞后项系数显著为负，说明制造业碳生产率的上升不利于邻近省域碳生产率的增长，这个结果表明邻近省域碳生产率之间存在竞争关系，高碳生产率地区对周边地区存在“虹吸效应”。

空间自回归系数 ρ 显著为正（参照地理距离权重矩阵，下同），说明本地区碳生产率增长率的下降会导致邻近地区碳生产率增长率的下降，各省域制造业碳生产率增长之间存在空间依赖性。究其原因，一方面是由于各省域间对有效的环境政策的相互博弈和效仿而导致省域环境政策和标准的趋同，另一方面是由于低碳技术和工艺存在空间溢出和扩散效应。下面依次对加入的其他因素进行讨论。

研发强度（*RD*）作为技术水平的一个指标，其系数为 0.032 2 且在 1%的统计水平下显著。这表明制造业碳生产率具有正的技术效应，即研发强度的加大均有利于制造业碳生产率的增长，这与预期相符。研发投入占产值的比重越大，意味着该省域更依赖于技术创新或者具有更强的技术创新能力，从而有利于直接促进节能和低碳技术的进步，促进生产过程中能源使用效率的提升，有效控制 CO_2 排放量。而且科技创新能力对于制造业产出增长具有积极的作用，在双重作用下有效促进制造业碳生产率的增长。

能源强度（*EI*）的系数显著为负，表明依赖技术进步改进能源使用效率、降低能源强度是提升省域制造业碳生产率的有效方法。此外，能源强度的空间滞后项在 1%的统计水平下显著为负，能源强度的下降有利于邻近省域制造业碳生产率的提高。这个结果表明，各省域在制造业节能减排技术上存在学习、模仿效应且各省域促进节能减排技术应用的意愿较高。同时为了准确估计出模型中各解释变量的作用，本章基于 LeSage 和 Pace[191] 的方法将变量的总效应分解为直接效应和间接效应，分解结果见表 6.3。由表 6.3 可知，能源强度的总效应及其分解效应均在 1%的统计水平下显著，其直接效应、间接效应和总效应的回归系数分别为 -0.076 4、-0.113 9 和 -0.190 3。由此还可以看出，能源强度的间接效应要强于直接效应。

关于外资规模（*FDI*）对碳生产率增长的影响，估计的结果支持了“污染天堂”假说。由结果可知，外资规模的系数为负且通过了 1%的显著性检验，这与孙淑琴和何青青[298] 的研究结论是一致的。支持“污染天堂”观点的学者认为，在经济发展初期，为了吸引更多外资流入，发展中国家往往会放松环境规制，加快自然资源和环境的开发利用，且生产大量的资源密集型和污染密集型产品[299]。事实上，就我国制造业而言，FDI 对大部分高污染行业的投资显著高于整体制造业的投资水平。我国约 90%的 FDI 工业增加值来自污染密集型产业。因此，在制造业引进外资过程中，要坚持“绿水青山就是金山银山”的绿色发展理念，主动淘汰高耗能、高污染及高排放项目，重视和充分发挥外资的技术效应，鼓励外资企业转移先进的低碳技术。

表 6.3 SDM 空间溢出效应的分解

	邻接空间权重矩阵			地理距离权重矩阵			经济距离权重矩阵		
	直接效应	间接效应	总效应	直接效应	间接效应	总效应	直接效应	间接效应	总效应
ln *CP*	$-0.211\ 6^{***}$	$-0.047\ 3^{**}$	$-0.258\ 9^{***}$	$-0.200\ 3^{***}$	$-0.150\ 8^{***}$	$-0.351\ 2^{***}$	$-0.191\ 9^{***}$	$-0.035\ 7$	$-0.227\ 6^{***}$
	(−16.11)	(−2.18)	(−9.97)	(−15.88)	(−3.83)	(−8.32)	(−14.58)	(−0.81)	(−4.77)
RD	$0.022\ 6^{*}$	$0.004\ 0$	$0.026\ 5^{**}$	$0.032\ 4^{**}$	$-0.002\ 5$	$0.029\ 8^{**}$	$0.032\ 3^{**}$	$-0.037\ 3^{*}$	$-0.005\ 0$
	(1.73)	(0.25)	(1.97)	(2.50)	(−0.15)	(2.31)	(2.34)	(−1.70)	(−0.29)
EI	$-0.073\ 4^{***}$	$-0.077\ 6^{***}$	$-0.151\ 0^{***}$	$-0.076\ 4^{***}$	$-0.113\ 9^{***}$	$-0.190\ 3^{***}$	$-0.073\ 3^{***}$	$0.026\ 7$	$-0.046\ 5$
	(−6.79)	(−16.11)	(−5.66)	(−6.69)	(−2.96)	(−4.97)	(−7.03)	(0.47)	(−0.8)
FDI	$-0.028\ 8^{***}$	$0.033\ 6$	$0.004\ 8$	$-0.036\ 9^{***}$	$0.018\ 1$	$-0.018\ 9$	$-0.031\ 6^{***}$	$-0.001\ 3$	$-0.032\ 9$
	(−2.71)	(1.59)	(0.21)	(−3.74)	(0.47)	(−0.49)	(−2.98)	(−0.04)	(−1.00)
KL	$0.006\ 3$	$-0.028\ 4^{*}$	$-0.022\ 0$	$0.006\ 1$	$-0.019\ 9$	$-0.013\ 9$	$0.008\ 8$	$-0.067\ 6^{*}$	$-0.058\ 8$
	(0.69)	(−1.67)	(−1.12)	(0.69)	(−0.66)	(−0.46)	(0.97)	(−1.68)	(−1.45)
LP	$0.044\ 1^{***}$	$0.024\ 9$	$0.069\ 0^{**}$	$0.053\ 0^{***}$	$0.044\ 7$	$0.097\ 7^{***}$	$0.045\ 9^{***}$	$0.096\ 9$	$0.142\ 8^{**}$
	(2.82)	(0.95)	(2.45)	(3.64)	(1.18)	(2.68)	(3.00)	(1.59)	(2.46)
SS	$0.062\ 5^{***}$	$-0.036\ 3$	$0.026\ 2$	$0.111\ 2^{***}$	$-0.099\ 3^{***}$	$0.011\ 8$	$0.105\ 2^{***}$	$-0.090\ 8^{***}$	$0.014\ 4$
	(3.88)	(−1.47)	(1.21)	(6.00)	(−3.58)	(0.58)	(6.05)	(−2.63)	(0.47)
ES	$-0.021\ 7^{*}$	$0.001\ 1$	$-0.020\ 6$	$-0.015\ 8$	$-0.054\ 5$	$-0.070\ 3$	$-0.017\ 9$	$-0.064\ 9$	$-0.082\ 9^{*}$
	(−1.67)	(0.05)	(−0.73)	(−1.23)	(−1.22)	(−1.61)	(−1.40)	(−1.43)	(−1.81)
EP	$-0.047\ 7$	$0.049\ 7$	$0.002\ 1$	$0.059\ 7$	$-0.074\ 0$	$-0.014\ 4$	$0.062\ 9^{*}$	$-0.080\ 8^{*}$	$-0.017\ 9$
	(−1.24)	(1.29)	(0.08)	(1.41)	(−1.49)	(−0.66)	(1.68)	(−1.89)	(−0.8)

注：***、**、* 分别代表通过 1%、5%、10% 的显著性检验；小括号中的数值为 *Z* 值。

资本深化率（*KL*）的系数为正但不显著，这与本研究的预期不符。一般而言，资本深化率上升，经济倾向于资本密集型行业，而与劳动密集型行业相比，资本密集型行业往往是重污染行业，从而使得碳生产率下降。然而，这一结果也受到资本深化偏向与质量的影响。如果资本向制造业高新技术行业流转，资本深化的质量较高，就对制造业碳生产率的提高起促进作用；反之，如果资本向高污染、高排放的重化工业流入，那么意味着资本深化质量欠佳，不利于制造业碳生产率的提升。近年来，由于我国在市场化水平、制度环境、人才等方面的不断改进，资本深化的质量逐渐有所提升，但尚未达到显著促进碳生产率增长的水平。因此，应注重把控和转变重工业粗放型发展方式，不断纠正与提升资本深化的偏向与质量，以利于制造业碳生产率的提升。

劳动生产率（*LP*）的系数在1%的统计水平下显著为正，这与本章的预期一致。较高的劳动生产率可以通过增加单位产出量，提高包括能源在内的其他生产要素的替代率，增强劳动者治理环境的意愿，进而有利于碳生产率的提高。此外，劳动生产率的空间滞后项在5%的统计水平下也显著为正，说明劳动生产率的提高不仅能够推动本省域的碳生产率增长，且有利于邻近省域碳生产率的增长，劳动生产率具有明显的空间外溢效应。由表6.3各变量的效应分解可知，劳动生产率的直接效应和总效应在1%的统计水平下显著，间接效应在5%的统计水平下显著，其直接效应和间接效应分别为0.053 0和0.044 7，总效应为0.097 7。

企业规模（*SS*）的系数在1%的统计水平下显著为正，说明省域制造业碳生产率具有正向的规模效应，即制造业企业规模的扩张有助于其碳生产率的增长，这也与本章的预期一致。合理的企业规模的正向作用具体表现如下：一方面，企业规模越大，机器设备的潜能越能得以开发，从而使得企业的资源集约化利用水平不断提升，显著提高能源效率；另一方面，企业规模的扩张有助于企业引进先进技术设备，从事高风险技术创新活动，从而提升制造业碳生产率水平。从分解结果来看，企业规模的直接效应和间接效应分别为0.111 2和-0.099 3，且都在1%的统计水平下显著，说明企业规模的扩张虽有利于本省域碳生产率的增长但却会抑制邻近省域制造业碳生产率的增长。可能的原因如下：一方面，由于我国制造业明显的集聚特征使得邻近省域的行业结构具有一定的相似性，从而导致邻近省域之间在企业发展与规模上出现一定的竞争效应，一些具有经营优势的大企业甚至可能存在“极化效应”，从而不利于邻近省域制造业企业的规模扩大，进而抑制了其碳生产率的增长；另一方面，与小企业相比，大企业对知识产权的保护力度更大，知识和技术的空间外溢效应相对较弱，不利于邻近省域的学习和模仿。

能源消费结构（*ES*）的系数在 5%的统计水平下显著为负，说明省域制造业碳生产率具有负的能源结构效应，即能源消费结构中煤炭消费比重的下降有利于碳生产率的增长。在我国目前以煤炭为主导的能源消费结构下，随着制造业产出的增加，不可避免地会产生更多的 CO_2 排放，这显然会影响碳生产率的增长。但是，相比于其他变量，能源消费结构的系数相对较小且显著性也相对较低，本章认为原因估计在于能源结构在短期内相对较稳定，不易快速发生变化。就本章的样本数据而言，在样本期内能源消费结构没有大幅度的变化。因此，虽然短期内受限于能源资源的禀赋，依靠能源结构调整提高碳生产率增长率的空间不大，但是从长远来看，优化能源消费结构，降低化石能源消费比重，推进天然气以及太阳能、风能、水电、核能等新型能源的发展对于提升碳生产率、推进制造业的绿色发展是十分必要的。

能源价格（*EP*）的估计系数为正，但不显著。从理论上来讲，能源价格上涨意味着企业生产成本增加，因此能源价格上涨会激励企业在生产过程中降低单位能耗，改进能源使用效率，从而有助于碳生产率的提升。但在本章的估计中，能源价格对制造业碳生产率增长的影响并不显著，可能的原因是目前我国能源价格形成机制尚未完全市场化[300]。我国相对较低的能源价格水平致使生产性企业对能源价格波动相对不敏感。因此，加快能源价格改革对提升省域制造业碳生产率具有积极意义。

6.4.2 细分行业碳生产率实证检验与结果分析

除制造业整体外，本章还检验了制造业各细分行业的碳生产率条件 β 趋同，并得出了检验结果。事实上，制造业各细分行业碳生产率的条件 β 趋同情况也存在明显的异质性。

（1）按污染程度细分行业

表 6.4 是按污染程度细分行业碳生产率条件 β 趋同的估计结果，采用经济距离权重矩阵下的 SDM。Hausman 检验结果显示，两种细分行业下 p 值均为 0，意味着将会采用固定效应模型进行回归。对 SDM 是否会退化为 SEM 模型或 SLM 进行检验，Wald 检验和 LR 检验结果显示，在两种细分行业中，Wald-lag、Wald-error、LR-lag 和 LR-error 都通过了 5% 的显著性检验，强烈拒绝原假设，说明选取 SDM 进行回归是合理的。根据回归结果中变量的显著性，以及 Log－L 和 R^2 的值，通过比较不同空间权重矩阵下的 SDM 结果，本章在此部分选择经济距离权重矩阵进行分析。

表 6.4　按污染程度细分行业碳生产率条件 β 趋同的估计结果

	相对污染类行业（经济距离权重矩阵）		相对清洁类行业（经济距离权重矩阵）	
	系　数	Z 值	系　数	Z 值
L.g	−0.214 0***	−5.68	−0.078 9*	−1.82
ρ	0.746 8***	2.70	0.759 9***	2.84
$\ln CP_{t-1}$	−0.181 0***	−14.03	−0.196 4***	−12.57
RD	0.004 6	0.24	−0.037 1*	−1.78
EI	−0.061 1***	−4.75	0.014 8	1.41
FDI	−0.000 5	−0.03	0.000 5	0.03
KL	−0.017 2	−1.50	−0.046 2***	−3.20
LP	0.034 5*	1.81	0.125 5***	6.51
SS	0.023 0	0.87	0.082 1***	3.24
ES	−0.060 4***	−3.16	−0.103 3***	−6.30
EP	0.029 4	0.50	0.085 6	1.31
$W \cdot \ln CP_{t-1}$	−0.033 8	−0.55	−0.032 0	−0.34
$W \cdot RD$	0.132 1***	3.27	−0.018 0	−0.49

续 表

	相对污染类行业（经济距离权重矩阵）		相对清洁类行业（经济距离权重矩阵）	
	系 数	Z 值	系 数	Z 值
W · EI	-0.048 2	-0.57	-0.179 2	-1.48
W · FDI	0.051 6	0.60	-0.089 5	-1.07
W · KL	0.101 9	1.27	-0.115 9	-0.80
W · LP	-0.146 8	-1.34	0.143 1	0.75
W · SS	0.154 2*	1.69	-0.308 0***	-4.13
W · ES	0.313 2**	2.49	0.001 9	0.02
W · EP	0.088 1	1.09	0.078 3	0.83
sigma2_e	0.005 4***	14.84	0.006 8	14.86
Log - L	485.849 0	—	441.986 7	—
R^2	0.459 1	—	0.474 6	—
Wald-lag	19.45	(0.021 7)	23.86	(0.004 5)
LR-lag	19.07	(0.024 6)	27.89	(0.001 0)
Wald-error	52.72	(0.000 0)	41.22	(0.000 0)
LR-error	18.41	(0.030 7)	28.04	(0.000 9)
Hausman 检验	209.74	(0.000 0)	221.48	(0.000 0)
模型	FE	—	FE	—

注：***、**、* 分别代表通过 1%、5%、10%的显著性检验；小括号中的数值为 p 值。

通过表 6.4 可以发现，两种细分行业的碳生产率均存在条件 β 趋同，但相对清洁类行业的条件 β 趋同速度要快于相对污染类行业，这与绝对 β 趋同速度正好相反。在经济距离权重矩阵下，相对污染类行业和相对清洁类行业的绝对 β 趋同速度和条件 β 趋同速度分别为 18.45% 和 15.99% 及 19.97% 和 21.87%。所以当考虑初始条件时，趋同速度都要快于不考虑初始条件的情况，即控制变量加快了碳生产率的趋同，而且在相对清洁类行业中这种控制变量加快趋同的效果更加明显。

两种细分行业的空间自回归系数 ρ 均显著为正，这表明两种细分行业的碳生产率增长均存在明显的空间外溢效应。从其系数大小来看，相对清洁类行业略高于相对污染类行业，即制造业碳生产率增长的空间外溢效应随着污染程度的提高而有所降低。

两种细分行业的碳生产率都具有显著的负的能源结构效应，说明煤炭消耗量占能源消耗总量比重的下降对两种细分行业的碳生产率均具有显著的积极影响。其中相对污染类行业能源结构的系数要小于相对清洁类行业，表明通过依靠能源消费结构的调整来促进碳生产率的增长对相对清洁类行业更加明显和有效。表 6.5 给出了这两种细分行业 SDM 空间溢出效应的分解。

从技术水平的两个变量来看，研发强度（*RD*）的系数在相对污染类行业中为正，但不显著，在相对清洁类行业也仅在 10%的统计水平下显著。研发强度并没有显著促进相对污染类行业碳生产率的增长，可能的原因在于当前我国制造业尤其是相对污染类行业研发投入费用的使用还存在一定的问题，导致了“产学研脱节”现象，研发创新在将科技成果转化为最终生产力方面存在效率低下的问题，与此同时研发费用的投入结构也亟须优化。但需要注意的是，相对污染类行业研发强度的直接效应虽不显著，但其间接效应在 1%的统计水平下显著为正，表明研发强度的加大有助于邻近省域碳生产率的增长。关于能源强度（*EI*），在相对污染类行业中，能源强度的直接效应和间接效应均在 1%的统计水平下显著为负，说明能源强度的下降不仅有利于本省域该细分行业碳生产率的增长，也有利于邻近省域该细分行业碳生产率的增长。因此，通过区域合作，促进要素流动，提升能源效率是实现相对污染类行业碳生产率增长的有效出路。在相对清洁类行业中，能源强度的直接效应和间接效应均不显著，可能的解释如下：由于近年来政府对高耗能、高污染行业的大力整治，相对污染类行业受环境规制的影响，其能源强度的下降速度较快，而相对清洁类行业的能源强度在短时期内的变化幅度相对较小，这就使得相对清洁类行业碳生产率的能源强度效应没有相对污染类行业显著。

表 6.5 按污染程度细分行业 SDM 空间溢出效应的分解

	相对污染类行业			相对清洁类行业		
	直接效应	间接效应	总效应	直接效应	间接效应	总效应
ln *CP*	-0.177 9*** (-12.63)	0.056 5** (1.98)	-0.121 4*** (-4.21)	-0.192 8*** (-11.59)	0.064 3 (1.39)	-0.128 5*** (-2.63)
RD	0.008 3 (0.42)	0.068 2*** (2.73)	0.076 5*** (4.73)	-0.035 8* (-1.64)	0.002 4 (0.09)	-0.033 4* (-1.92)
EI	-0.061 0*** (-5.03)	0.002 1 (0.04)	-0.059 0 (-1.13)	0.010 5 (1.04)	-0.109 9 (-1.31)	-0.099 4 (-1.16)
FDI	0.003 5 (0.22)	0.012 9 (0.29)	0.016 4 (0.38)	0.001 7 (0.10)	-0.068 8 (-1.47)	-0.067 1 (-1.56)
KL	-0.012 4 (-1.07)	0.059 0 (1.41)	0.046 6 (1.07)	-0.045 1*** (-3.15)	-0.056 0 (-0.67)	-0.101 1 (-1.19)
LP	0.029 8 (1.46)	-0.093 9 (-1.34)	-0.064 1 (-0.93)	0.124 7*** (6.28)	0.021 5 (0.18)	0.146 3 (1.25)
SS	0.024 1 (0.95)	0.072 8 (1.36)	0.096 9** (1.98)	0.072 8*** (2.91)	-0.205 0*** (-4.99)	-0.132 2*** (-3.55)
ES	-0.054 6*** (-2.99)	0.191 5*** (2.69)	0.136 9* (1.91)	-0.102 4*** (-6.61)	0.042 6 (0.69)	-0.059 9 (-0.95)
EP	0.029 4 (0.55)	0.044 6 (0.73)	0.074 0*** (2.56)	0.086 6 (1.38)	0.014 7 (0.21)	0.101 3*** (2.70)

注：***、**、* 分别代表通过 1%、5%、10%的显著性检验；小括号中的数值为 *Z* 值。

对于相对清洁类行业，劳动生产率（*LP*）和企业规模（*SS*）的系数均显著为正，说明劳动生产率的提高和企业规模的扩张对于该细分行业的碳生产率具有正面影响。对于相对污染类行业，劳动生产率的系数也为正但仅在10%的统计水平下显著，其系数值和显著性均明显低于相对清洁类行业。显然，劳动生产率的正向促进作用在相对清洁类行业中更为明显，原因可能在于不同类型行业其劳动生产率的增长动能存在差异。相对清洁类行业主要是技术密集型和劳动密集型行业，其增长主要依靠资本、技术高水平双驱动或技术驱动，从而有助于该细分行业全要素生产率的提高并降低单位经济产出带来的CO_2排放。反之，相对污染类行业主要是资本密集型行业，而资本密集型行业劳动生产率增长几乎一直是由资本驱动的[301]，故这类行业劳动生产率的增长对碳生产率提高的作用没有相对清洁类行业明显。此外，企业规模（*SS*）的系数在相对污染类行业中也为正，但并不显著，可能的解释如下：企业规模通过规模效应促进全要素生产率的提升，但根据成本理论，当其规模超过一定阈值后，由于管理的不经济会导致平均成本上升，抑制企业全要素生产率的提升，进而不利于碳生产率的提升。从企业规模的分解效应来看，在相对清洁类行业中，企业规模的间接效应显著为正，表明本省域企业规模的扩大有利于邻近省域碳生产率的增长。根据熊彼特的观点，企业规模会促进技术创新，在该细分行业中技术创新通过空间溢出效应促进了邻近省域碳生产率的提升。

通过对比外资规模（*FDI*）的实证结果，可以得到如下结论：相对污染类行业外资的流入对碳生产率增长有抑制作用（“污染天堂”），而相对清洁类行业外资的流入对碳生产率有改进作用（“污染光环”），外资规模对碳生产率的影响具有行业异质性，但两种效应均不显著。可能的原因如下：对于相对污染类行业，随着外资的引入，该细分行业的资本得以快速积累，从而吸引了其他要素资源也纷纷投入该细分行业，直接导致行业规模的扩大，加剧对环境的负向作用，但外资的技术溢出效应却未充分显现。这使得该细分行业的外资规模对其碳生产率产生负面影响。对于相对清洁类行业，外资进入的技术效应较明显，先进管理与工艺技术溢出效应使得企业通过不断的学习和模仿，降低了单位CO_2排放。此外，对于这类行业，污染排放的规模效应和结构效应较小，从而对碳生产率增长也有积极的影响。然而，由于不同地区FDI的环境效应有所不同[302]，这两种细分行业碳生产率的外资规模效应均不显著。

对于能源价格（*EP*），类似于制造业整体，两种细分行业均具有正的能源价格效应，但均不显著，原因还是我国能源价格形成机制的不完善。资本深化（*KL*）的系数在相对清洁类行业中显著为负，在相对污染类行业中为负但不显著，说明资本深化的提高不利于促进相对清洁类行业碳生产率的增长，亟须推进资本结构升级，提高该细分行业资本深化的质量。

（2）按要素密集度细分行业

表 6.6 显示了按要素密集度细分行业碳生产率条件 β 趋同的估计结果，采用了 SDM。类似于上述分析，根据 Hausman 检验，技术密集型行业、资本密集型行业回归适用于 RE 模型，而劳动密集型行业回归更适用于 FE 模型。对于 SDM 是否会退化为 SEM 模型或 SLM 进行 Wald 检验和 LR 检验，结果显示，在三种细分行业中，Wald-lag、Wald-error、LR-lag 和 LR-error 都通过了 1% 的显著性检验，充分说明 SDM 不能简化，是宜选取的模型。通过比较不同空间权重矩阵下的 SDM 结果，得出在按要素密集度细分行业回归中，地理距离权重矩阵和邻接空间权重矩阵要优于经济距离权重矩阵。

由表 6.6 可知，三种细分行业中 $\ln CP_{t-1}$ 的系数 β 都为负且极其显著，表明三种细分行业的碳生产率均具有条件 β 趋同特征。就趋同速度而言，劳动密集型行业的趋同速度最快，资本密集型行业最慢，而技术密集型行业则介于两者之间，其趋同速度分别为 25.01%、11.02% 和 21.13%。可见，劳动密集型行业和技术密集型行业的条件 β 趋同速度要明显高于资本密集型行业。这与绝对 β 趋同的情形有所不同，在绝对 β 趋同中，技术密集型行业的趋同速度在三种细分行业中最高。同时，表 6.7 给出了三种细分行业各解释变量对碳生产率增长的效应。从中发现，资本密集型行业和劳动密集型行业变量 $\ln CP_{t-1}$ 的间接效应表现为一负一正，且都在 1% 的统计水平下显著，说明资本密集型行业的碳生产率水平不仅对本省域碳生产率增长有负向影响，同时对邻近省域该细分行业碳生产率的增长产生一定的负向空间溢出效应，而劳动密集型行业的碳生产率则对邻近省域该细分行业碳生产率的增长产生一定的正向空间溢出效应。

从空间滞后回归系数 ρ 来看，资本密集型行业和劳动密集型行业的 ρ 分别为一负一正，且均在 5% 的统计水平下显著，说明这两种细分行业的碳生产率增长存在明显的空间外溢效应，溢出效应表现为一负一正。技术密集型行业的 ρ 为正，但并不显著。

表 6.6　按要素密集度细分行业碳生产率条件 β 趋同的估计结果

	技术密集型行业（邻接）		资本密集型行业（地理）		劳动密集型行业（邻接）	
	系　数	Z 值	系　数	Z 值	系　数	Z 值
L.g	−0.120 6***	−2.74	−0.200 3***	−5.66	−0.015 3	−0.35
ρ	0.040 4	0.622	−0.366 5**	−1.97	0.176 2**	2.30
$\ln CP_{t-1}$	−0.190 5***	−11.90	−0.104 4***	−10.54	−0.221 3***	−15.08
RD	−0.046 0	−1.48	0.040 0***	3.39	−0.023 5	−1.39
EI	−0.061 1***	−3.88	−0.053 0***	−6.66	−0.031 8***	−3.27
FDI	−0.006 3	−0.29	−0.025 9***	−3.98	−0.016 8	−1.11
KL	−0.137 3***	−5.31	0.001 1	0.16	−0.020 8**	−2.00
LP	0.145 0***	4.20	0.020 0	1.56	0.088 2***	5.99
SS	0.060 5	1.43	0.104 6***	5.88	0.023 4	1.23
ES	−0.045 9***	−2.76	−0.022 4**	−2.46	−0.197 9***	−11.33
EP	−0.196 0***	−3.02	0.015 8	0.74	−0.001 7	−0.03
$W \cdot \ln CP_{t-1}$	−0.009 7	−0.28	−0.282 2***	−4.83	0.146 1***	5.15

续　表

	技术密集型行业（邻接）		资本密集型行业（地理）		劳动密集型行业（邻接）	
	系　数	Z 值	系　数	Z 值	系　数	Z 值
$W \cdot RD$	0.018 8	0.42	0.005 0	0.23	-0.011 3	-0.47
$W \cdot EI$	-0.023 6	-0.63	-0.251 7***	-5.43	0.002 1	0.10
$W \cdot FDI$	-0.000 1	0.00	0.032 3	1.00	0.025 3	0.75
$W \cdot KL$	-0.049 7	-1.09	-0.109 7***	-2.88	-0.028 8	-1.05
$W \cdot LP$	0.072 5	1.22	0.020 9	0.38	-0.050 5	-1.62
$W \cdot SS$	-0.016 4	-0.27	-0.031 5	-0.77	-0.028 3	-0.85
$W \cdot ES$	-0.137 5***	-3.14	0.037 3	0.87	0.118 9***	2.88
$W \cdot EP$	0.191 3*	1.87	0.051 7	1.24	0.020 0	0.33
sigma2_e	0.202 9***	27.92	0.064 2***	26.62	0.005 2***	14.99
Log－L	96.239 4	—	658.482 4	—	485.959 5	—
R^2	0.438 3	—	0.564 8	—	0.516 1	—
Wald-lag	29.72	（0.000 5）	82.84	（0.000 0）	34.51	（0.000 0）

续　表

	技术密集型行业(邻接)		资本密集型行业(地理)		劳动密集型行业(邻接)	
	系　数	Z 值	系　数	Z 值	系　数	Z 值
LR-lag	31.54	(0.000 2)	42.41	(0.000 0)	30.12	(0.000 4)
Wald-error	28.76	(0.000 7)	73.94	(0.000 0)	25.57	(0.002 7)
LR-error	31.75	(0.000 2)	39.31	(0.000 0)	24.05	(0.004 2)
Hausman 检验	12.39	(0.259 8)	-254.38	[<0]	1 102.49	(0.000 0)
模型	RE	—	RE	—	FE	—

注：***、**、* 分别代表通过 1%、5%、10%的显著性检验；小括号中的数值为 p 值。

表 6.7　按要素密集度细分行业 SDM 空间溢出效应的分解

	技术密集型行业			资本密集型行业			劳动密集型行业		
	直接效应	间接效应	总效应	直接效应	间接效应	总效应	直接效应	间接效应	总效应
ln *CP*	-0.189 4*** (-10.80)	-0.019 1 (-0.67)	-0.208 6*** (-5.84)	-0.099 6*** (-9.07)	-0.186 8*** (-5.02)	-0.286 4*** (-7.17)	-0.215 9*** (-13.67)	0.117 3*** (4.41)	-0.098 6*** (-3.32)
RD	-0.044 4 (-1.33)	0.016 5 (0.35)	-0.027 9 (-0.60)	0.040 7*** (3.16)	-0.006 9 (-0.35)	0.033 7** (2.20)	-0.023 1 (-1.30)	-0.018 6 (-0.76)	-0.041 7* (-1.88)

续 表

	技术密集型行业			资本密集型行业			劳动密集型行业		
	直接效应	间接效应	总效应	直接效应	间接效应	总效应	直接效应	间接效应	总效应
EI	-0.061 0*** (-3.96)	-0.035 2 (-1.05)	-0.096 2*** (-2.73)	-0.048 8*** (-6.06)	-0.182 9*** (-4.77)	-0.231 7*** (-5.65)	-0.032 0*** (-3.27)	-0.004 1 (-0.15)	-0.036 1 (-1.12)
FDI	-0.002 6 (-0.12)	-0.003 8 (-0.11)	-0.006 4 (-0.20)	-0.025 4*** (-3.78)	0.029 2 (1.15)	0.003 8 (0.16)	-0.013 1 (0.87)	0.015 3 (0.44)	0.002 2 (0.06)
KL	-0.132 3*** (-5.00)	-0.049 2 (-1.18)	-0.181 4*** (-3.65)	0.004 4 (0.62)	-0.084 0*** (-3.06)	-0.079 6*** (-2.84)	-0.019 6** (-1.85)	-0.032 7 (-1.13)	-0.052 3 (-1.54)
LP	0.140 5*** (3.82)	0.069 3 (1.12)	0.209 8*** (2.78)	0.018 7 (1.38)	0.007 5 (0.19)	0.026 3 (0.65)	0.085 0*** (5.06)	-0.047 1 (-1.28)	0.037 8 (0.87)
SS	0.058 1 (1.31)	-0.016 3 (-0.27)	0.041 8 (0.66)	0.104 3*** (5.34)	-0.050 8 (-1.57)	0.053 5* (1.72)	0.021 6 (1.10)	-0.024 1 (-0.66)	-0.002 5 (-0.07)
ES	-0.047 3*** (-2.77)	-0.135 1*** (-3.15)	-0.182 4*** (-4.05)	-0.023 3** (-2.45)	0.035 4 (1.10)	0.012 1 (0.40)	-0.195 4*** (-11.65)	0.088 7** (2.01)	-0.106 7** (-2.24)
EP	-0.191 9*** (3.22)	0.179 6 (1.85)	-0.012 3 (-0.13)	0.015 8 (0.74)	0.034 9 (1.07)	0.050 6* (1.90)	-0.002 0 (-0.04)	0.027 8 (0.51)	0.025 9 (0.59)

注：***、**、* 分别代表通过 1%、5%、10%的显著性检验；小括号中的数值为 p 值。

关于技术水平的两个变量，研发强度（*RD*）的直接效应仅在资本密集型行业中显著为正，说明只有该细分行业的研发强度能显著促进碳生产率的增长。可能的解释是由于研发投入费用使用等问题，企业研发活动并非总能达到增加产出和减少 CO_2 排放的双重目标。因此，今后在增加研发投入的同时，也应关注投入结构问题，要充分发挥研发应有的提高制造业碳生产率的作用，尤其是对于技术密集型和劳动密集型这两种细分行业。在三种细分行业中，能源强度（*EI*）的直接效应显著为负。显然，能源强度的降低意味着能源利用技术的提高从而有利于 CO_2 排放的下降，进而有利于推动碳生产率的增长。在三种细分行业中，研发强度的间接效应都不显著，能源强度的间接效应也仅在资本密集型行业中显著为负，说明除该细分行业外，技术水平对邻近省域碳生产率增长的作用程度还较为有限。

资本深化（*KL*）的系数在技术密集型行业和劳动密集型行业中显著为负，而劳动生产率（*LP*）的系数在这两种细分行业中均显著为正。这表明这两种细分行业都具有负的资本深化效应和正的劳动效率效应，而且在技术密集型行业中，负的资本深化效应和正的劳动效率效应都更加强烈。资本密集型行业具有正的资本深化效应和劳动效率效应，但都未能通过显著性检验。资本密集型行业资本深化的增长动能主要依靠资本驱动，而非技术驱动，这是该细分行业中资本深化对碳生产率促进作用不明显的一个可能的原因。资本密集型行业本身资本投入大，因此较之于其他行业，其碳生产率对资本深化程度相对不太敏感，这就导致了资本深化对该细分行业碳生产率的作用有限。

企业规模（*SS*）和外资规模（*FDI*）的直接效应仅在资本密集型行业中显著，间接效应在三种细分行业中都不显著。资本密集型行业中企业规模的直接效应为正，表明企业规模的扩张有利于推动该细分行业碳生产率的增长。因此，合理整合行业资源要素，加大优质企业的兼并重组力度，形成规模经济是资本密集型行业促进碳生产率增长的一个重要途径。外资规模的直接效应为负，说明某种程度上在资本密集型行业中外资“污染天堂”假说成立。

能源结构（*ES*）的直接效应在三种细分行业中都显著为负。毋庸置疑，在我国制造业以煤炭为主导的能源消费结构中，煤炭消费比重的上升会对制造业碳生产率增长产生明显的负面影响。同时，能源结构的间接效应回归系数在技术密集型行业中显著为负，在劳动密集型行业中显著为正，而在资本密集型行业中为正但不显著，说明能源强度的空间外溢效应存在明显的行业异质性。

能源价格（EP）直接效应的回归系数仅在技术密集型行业中显著，间接效应在三种细分行业中都不显著，而且在技术密集型行业中能源价格的系数为负，这也与本章的预期不一致。我国的能源价格水平不能很好地反映真实市场供求可能是导致估计结果与预期不符的主要原因。

第7章　结论与政策建议

7.1　主要结论

本书通过构建全要素碳生产率理论分析框架，依据绿色经济增长理论、经济趋同理论和空间计量经济学理论等理论基础，运用综合包含非合意产出的SBM方向性距离函数和GML指数模型，以劳动、物质资本（永续盘存法测度其存量）、能源作为投入，以工业总产值和CO_2排放量分别作为合意产出和非合意产出，测度我国30个省域制造业及其细分行业的全要素碳生产率，并在此基础上对我国各地区全要素碳生产率的空间演变特征和时空趋同机制进行了考察。本书的主要研究结论如下。

（1）我国省域制造业碳排放水平的差异十分明显，且呈一定的空间集聚特征。在整个研究期间内，碳排放水平高的省域主要集中分布在环渤海地区，同时碳排量还集中于沿海制造业密集的广东、浙江等地区以及作为能源生产基地的内蒙古和山西等地区。从东部、中部、西部三大区域来看，东部沿海地区制造业的碳排放在全国的比重一直在50%左右，西部地区的占比略有增加，东部和中部地区略有下降。从各细分行业来看，按污染程度分类，相对污染类行业的碳排放量占制造业总排放量之比高达94.5%，且相对污染类行业碳排放量的空间集聚特征更加明显；按要素密集度分类，在三种细分行业中，资本密集型行业的碳排放量比重高达87.7%，其增长率明显高于另外两种细分行业，且其碳排放的空间集聚特征也相对最明显。从制造业碳排放的脱钩分析来看，总体而言，虽然脱钩水平有所提升，但我国各地区的制造业还是处于弱脱钩状态，最终要从弱脱钩状态转变为强脱钩状态还是任重道远，需要依靠碳生产率的不断提高。

（2）采用综合包含非合意产出的SBM方向性距离函数和GML指数模型测度我国各省域的全素碳生产率更符合当前中国制造业的实际。将能源和CO_2排放纳入生产函数的投入产出分析中，基于包含CO_2排放的SBM方向性距离函数和GML指数模型，测度了各区域的碳生产率。结果发现，我国制造业碳生产率高的省域主要分布于东部地区，而低值省域主要集中于西部地区。总体而言，我国省域制造业碳生产率呈现出明显的地区差异性，由东向西呈递减趋势。从增长分解的源泉来看，各地区制造业碳生产率的增长主要归因于技术进步，上海、江苏、北京、山东是技术进步最快的四个地区。就空间分布而言，2001—2016年东部省域的技术变化指数明显要高于中西部省域。对于我国制造业整体而言，技术效率应有的提升碳生产率的作用还没有得到充分发挥，技术效率普遍不高，依靠管理体制的创新和资源的优化配置提升制造业碳生产率还有很大的空间。尤其对于西部省域，相对落后的管理水平和资源配置效率导致了其较低的制造业碳生产率水平，要改变西部省域碳生产率偏低的现状，促进技术效率的提升是一条可行的路径。从污染程度分类来看，相对清洁类行业的碳生产率较高，且相对污染类行业碳生产率低的省域均集中在西部。从要素密集度分类来看，在三种细分行业中，资本密集型行业的碳生产率要明显低于技术密集型和劳动密集型行业，其低值省域也均位于西部地区。

（3）本书利用空间四分位图、核密度函数、SDE、Moran’s I和空间Markov链方法考察了制造业及其细分行业的碳生产率的空间分布格局及时空演变特征。研究发现：

第一，从空间四分位图结果来看，我国省域制造业碳生产率具有较为明显的聚类趋势。总体而言，地域因素对于制造业碳生产率起到了重要的影响，制造业碳生产率的分布大致遵从由西到东的规律，但并不完全体现地域性。各细分行业的碳生产率也均大致呈现东部高、西部低、中部介于两者之间的态势。

第二，总体而言，碳生产率密度曲线中心略微向右移动，波峰明显变得更加陡峭，变化区间呈缩小态势，这说明在2002—2016年省域制造业碳生产率整体有所提高，同时地区差距也渐趋缩小。类似于制造业整体特征，各细分行业碳生产率分布曲线的中心均基本呈现向右移动的趋势。除劳动密集型行业外,其余细分行业碳生产率分布曲线的波峰逐年变得陡峭,表明地区间的碳生产率水平的绝对差距呈缩小趋势。在样本考察期内,制造业各细分行业碳生产率分布的单极化现象基本上始终存在,且其峰值呈逐年上升态势,表明随着时间的推移,其极化现象加剧。

第三,2012—2016 年 30 个省域制造业碳生产率分布大体上表现为"东(略偏北)—西(略偏南)"的空间格局。落在空间分布椭圆内部的省域是主要是东部沿海省域和中部省域,西部被覆盖的面积较小,东北三省也不在 SDE 内。2002—2016 年我国制造业碳生产率重心没有明显的向东移动或向西移动的趋势,但呈现明显的向北移动趋势。总体而言,中心移动变化不是很大,相对较稳定。空间分布范围呈现出较强的波动性。SDE 转角缩小表明,相对于我国西南部的省域,位于我国东北部的省域对我国制造业碳生产率的作用增强。我国省域制造业部门碳生产率 SDE 短轴长度与长轴长度的比值总体较稳定。

第四,无论是制造业整体还是各细分行业,Moran's I 都为正,且均在 5%的统计水平下显著。这表明省域制造业碳生产率在地理空间上并非均衡分布,而是表现出较强的地理空间集聚特征。各细分行业的碳生产率在地理上也都表现为较强的正相关性特征。我国省域制造业不仅主要表现为空间依赖性的特征,同时也呈现空间异质性的特征。制造业细分行业碳生产率在全域空间上的集聚性要强于异质性,且以 H－H 集聚类型为主。无论是从整体制造业还是各细分行业来看,我国省域制造业碳生产率的空间相关性特征是比较稳定的。

第五,空间 Markov 链方法结果显示,30 个省域制造业碳生产率水平的转移,在地理空间效应的作用下,呈现出一定的空间依赖性。在整个样本期间,当邻域制造业碳生产率分别处于低、中低、中高、高水平状态时,向上转移的可能性依次加大,表明邻域水平的高低对本地区水平的非同步提升作用明显。此外 30 个省域在其制造业碳生产率水平的不同发展阶段,邻域水平对本地区水平产生差异化影响。

(4) 从理论上来说,微观、中观和宏观层面的趋同效应会导致省域制造业碳生产率的差异不断缩小,并最终实现趋同。通过建立 σ 趋同、空间绝对 β 趋同模型实证检验了我国省域制造业碳生产率的绝对趋同机制。实证结果表明,第一,无论是标准差、变异系数还是 σ 系数,其波动总体上均呈下降趋势,省域制造业碳生产率的截面离差呈小幅缩小趋势,即存在 σ 趋同。第二,从细分行业来看,相对清洁类行业和相对污染类行业均显示出 σ 趋同特征,且相对污染类行业的离散程度总体上要大于相对清洁类行业;按要素密集度的三种细分行业也均存在 σ 趋同,且资本密集型行业的 σ 系数和变异系数的波动性最大,技术密集型行业的 σ 趋同特征相对最为明显。第三,省域制造业碳生产率存在空间绝对 β 趋同,即制造业碳生产率较低的省域其增长速度整体上高于制造业碳生产率较高的省域。第四,各省域制造业碳生产率增长之间存在空间依赖性,省域制造业碳生产率增长不仅受到本地区有关因素变量的作用,同时还受到邻近省域碳生产率增长的作用。

从细分行业结果来看,第一,相对污染类行业和相对清洁类行业也都存在 β 趋同,且无论是在邻接空间权重矩阵下还是在地理距离权重矩阵下,相对污染类行业的空间趋同速度都要高于相对清洁类行业。两种细分行业中 $\ln CP$ 均存在显著的外溢效应,相对污染类行业中 $\ln CP$ 负向的直接效应要大于相对清洁类行业,但正向的间接效应则刚好相反。第二,按要素密集度分类中,三种细分行业的碳生产率也都具有 β 趋同特征,其中技术密集型行业的趋同速度最高。三种细分行业均具有明显的外溢效应,根据 SDM 效应分解结果,技术密集型行业的正向直接效应和负向间接效应在三种细分行业中都是最强的,说明相比于其他细分行业,技术密集型行业的绝对 β 趋同特征尤为突出,其碳生产率的外溢效应也更加明显。

(5) 本书建立了省域制造业碳生产率空间条件 β 趋同模型并识别了各影响因素的影响机理。利用动态面板 SDM 分别在三种空间权重矩阵下实证检验了我国省域制造业及其细分行业碳生产率的条件 β 趋同机制。结果发现,第一,省域制造业碳生产率具有条件 β 趋同特征,各省域具有不同的稳定状态,并趋近于各自的稳定状态。随着时期的推移,省域间制造业碳生产率差距渐趋缩小。第二,我国省域制造业碳生产率的条件 β 趋同速度要明显高于绝对 β 趋同速度。当考虑研发强度、能源强度、投资规模等初始条件时，趋同速度要快于不考虑初始条件的情况，即控制变量加快了碳生产率的趋同速度。这也表明，为了提升省域制造业碳生产率的稳态水平，需要关注这些有形和无形的因素。第三，各省域制造业碳生产率增长之间存在空间依赖性，邻近地区碳生产率增长率的下降会导致本地区碳生产率增长率的下降。省域制造业碳生产率具有正的技术效应，即研发强度的加大均有利于制造业碳生产率的增长；外资规模对碳生产率增长的影响显著为负，估计的结果支持了“污染天堂”假说。降低能源强度不仅是提升本省域制造业碳生产率的有效方法，还有利于邻近省域制造业碳生产率的提高，且其间接效应要强于直接效应；劳动生产率的提升不仅能够推动本省域的碳生产率增长，而且有助于周边省域碳生产率的增长；企业规模的扩张虽能促进本省域碳生产率的增长，但却会抑制邻近省域制造业碳生产率的增长；我国制造业碳生产率具有负的能源结构效应，但系数相对较小且显著性也相对较低；资本深化率和能源价格的系数为正，但都不显著。

从细分行业结果来看，各细分行业碳生产率的条件 β 趋同情况也呈现出明显的异质性。从污染程度分类来看，第一，两种细分行业的碳生产率均存在条件 β 趋同，但相对清洁类行业的条件 β 趋同速度要快于相对污染类行业，这与绝对 β 趋同速度正好相反。第二，类似于制造业整体趋同，当考虑初始条件时，两种细分行业碳生产率的趋同速度要快于不考虑初始条件的情况，即控制变量加快了两种细分行业碳生产率的趋同速度，而且在相对清洁类行业中这种控制变量加快趋同的效果更加明显。第三，两种细分行业的碳生产率增长均存在明显的空间外溢效应，且这种空间外溢效应随着污染程度的提高而有所降低。第四，劳动生产率的提升和企业规模的扩张对于相对清洁类行业的碳生产率具有正向作用。此外，企业规模的间接效应显著为正，表明本省域企业规模的扩大有利于邻近省域碳生产率的增长；相对清洁类行业的碳生产率具有显著的负的能源结构效应和资本深化效应，说明煤炭消耗量占能源消耗总量比重的上升和资本深化的提高不利于促进该细分行业碳生产率的提升；关于技术水平的两个变量，能源强度和研发强度的系数均为正，但能源强度系数不显著，研发强度的系数也仅在 10% 的统计水平上显著；能源价格和 *FDI* 的系数都为正，但对该细分行业碳生产率的影响均不显著。第五，相对污染类行业碳生产率存在显著的负的能源结构效应和能源强度效应，且其能源强度的下降不仅有利于本省域碳生产率的增长，也有利于邻近省域该细分行业碳生产率的提升；劳动生产率的系数为正，但其系数值和显著性均明显低于相对清洁类行业；研发强度的直接效应不显著但间接效应显著为正，表明研发强度的加大有利于邻近省域该细分行业碳生产率的增长。

从要素密集度分类来看，第一，三种细分行业的碳生产率都具有条件 β 趋同特征；就趋同速度而言，劳动密集型行业的趋同速度最快，资本密集型行业最慢，而技术密集行业型则介于两者之间，这与绝对 β 趋同的情形有所不同。第二，资本密集型行业和劳动密集型行业的碳生产率增长存在明显的空间外溢效应；技术密集型行业的 ρ 为正，但并不显著。第三，在技术密集型行业和劳动密集型行业中，劳动生产率的直接效应均显著为正，而能源强度、资本深化和能源结构的直接效应均显著为负，且在技术密集型行业中，负的资本深化效应和正的劳动生产率效应都更加强烈，能源结构效应则反之。第四，研发强度的直接效应仅在资本密集型行业中显著为正，说明只有资本密集型行业的研发强度才能显著促进碳生产率的增长；资本密集型行业中，能源强度的直接效应和间接效应均显著为负，且其间接效应仅在该细分行业中显著；企业规模和能源结构的直接效应分别表现为一正一负，表明企业规模的扩张和煤炭消费比重的下降有利于促进该细分行业碳生产率的增长。第五，能源结构的间接效应在技术密集型行业中显著为负，在劳动密集型行业中显著为正，而在资本密集型行业中为正但不显著，说明能源强度的空间外溢效应存在明显的行业异质性。

综上，应充分利用条件 β 趋同特征，提升制造业长期碳生产率水平。省域制造业碳生产率存在趋同，因此低碳生产率省域的后发优势是存在的，利用好后发优势可以实现碳生产率的有效追赶。无论是制造业整体，还是相对污染类行业和相对清洁类行业，我国制造业碳生产率的条件 β 趋同速度都要明显高于绝对 β 趋同速度，这为政策的制定提供了依据和激励。为了提高制造业碳生产率的稳态水平，各省域往往仅关注碳生产率的增长率，这是不够的。因为研发投入、能源强度、企业规模、能源消费结构等各种有形和无形因素都可能对此产生影响，并且，这些因素的改善可能对该省域的长期碳生产率水平产生直接的积极影响。

7.2　政策建议

（1）推进企业技术创新，努力提升技术创新水平

从本书我国省域制造业碳生产率的测度结果及其分解来看，技术进步是我国省域制造业碳生产率增长的源泉，因此要鼓励技术创新，保障企业创新的主体地位，加强知识产权保护，完善创新综合服务体系。中国制造业正在进入发展动能转换的关键时期，制造业发展模式正在从要素驱动型向投资驱动型、消费驱动型进而向创新驱动型增长模式转变。习近平同志指出，“不仅要从政策上加强管理和保护，而且要从全球变化、碳循环机理等方面加深认识，依靠科技创新破解绿色发展难题，形成人与自然和谐发展新格局”。[①] 党的十九大报告提出“构建市场导向的绿色技术创新体系”。可见，绿色发展离不开创新发展，创新促进绿色发展。应加快制造业关键技术环节的改造提升，着重提高行业的数字化控制水平，以智能制造为重点推进“两化”融合，实施绿色制造工程，构建绿色制造体系。政府应围绕重点行业、重点领域及重点项目，支持企业加强人才引进，强化人才保障，加大制造业企业蓝领高技能人才的培育力度，加快促进智能制造在中小企业推广应用。

由碳生产率的分解结果还可以看出，我国省域制造业的技术效率普遍不高，因此还需通过要素资源配置优化努力提高技术效率，建立便捷高效的要素交易机制，扭转技术效率对制造业碳生产率增长的负向作用，充分发挥技术效率应有的促进碳生产率提升的作用。一方面，作为处于技术效率前沿的东部省市，要继续发挥其效率的示范作用，充分利用国家“一带一路”发展战略，加强对外交流与合作，引进低碳技术与绿色管理经验，进一步改善组织制度，推进经济基础软环境的提升。另一方面，技术效率相对较低的中西部地区应改善制造业发展环境，加大引进资本和人才的力度，在现有技术

① 习近平.为建设世界科技强国而奋斗[M].北京：人民出版社，2016：12。

水平下，发挥规模经济效应，适当实施制度变革，不断提高信息资源的利用效率，依靠管理体制的创新提升制造业碳生产率。

（2）增强省域之间的交流协作，发挥碳生产率的空间溢出效应

本书的实证结果表明，我国省域制造业碳生产率的空间相关性特征表现显著，绝对β趋同模型和条件β趋同模型中均存在空间相关性。虽然由于绝对β趋同和条件β趋同的存在，各省域制造业可能趋于相对的稳态均衡，但各省域制造业生产和碳排放行为并非孤立的，而是倾向于通过“学习、模仿”效应呈现与邻近省域行为相类似的特征。区域之间在促进制造业碳生产率增长方面是相得益彰的，政府应在推进区域一体化过程中加强各省域信息、技术的共享和交流，开展环境污染联防联治，制定适当的政策，促进跨省域发展，缩小地区间的差距，利用各类创新生产技术和环保节能技术推动制造业碳生产率向高水平趋同。各地政府应突破市场封锁和地方保护主义，缓解制造业碳生产率空间外溢效应产生区域边界的自然条件和制度约束，实现跨区域的协调与合作。此外，在一个区域内部建立一个制造业高碳生产率示范区，加强该地区与周边地区的交流联系和知识分享，形成由点到面的辐射，有利于缩小区域间制造业碳生产率的差距。同时，政府应鼓励和引导创新资源向中西部省域合理流动，同时促进东部与中西部之间制造业低碳技术交流与协作，充分发挥碳生产率的空间外溢效应，强化区域间低碳技术创新的溢出和合作，实现东部省域与中西部省域之间碳生产率提高的良性互动。与劳动密集型行业和资本密集型行业相比，技术密集型行业碳生产率的外溢效应更加明显，因此，尤其应加强区域间该细分行业绿色发展领域的协同与合作，加快发达地区向落后地区的低碳技术扩散速度。

（3）提高研发占比，降低能源强度

研发投入决定了企业的技术水平，本书的实证结果说明研发强度有助于促进制造业企业碳生产率的增长。因此，政府应进一步完善企业研发的配套环境，为企业绿色技术的研发和利用提供有力保障。企业也应继续加大制造业研发强度，研发、生产与节能减排相关的先进设备和生产工艺，使能源得到有效利用，减少CO_2的排放。但是，由于研发投入的效率不高和投资结构的不合理，导致技术效率不高，企业研发活动并非总能达到促进各细

分行业碳生产率增长的目的,而是因细分行业而异。所以,今后在加大研发投入的同时,企业必须注重研发投入使用效率的提升,要充分发挥技术研发应有的提升碳生产率的作用,尤其是对于相对污染类行业、技术密集型行业和劳动密集型行业这三种细分行业。同时,还要推进制造业科技资源与金融资本的深度融合发展,加快建设基于信息平台、转化平台和金融平台的绿色技术银行,集聚技术、资本等创新要素,为中国制造业绿色生产技术研发与转化提供支撑。此外,降低能源强度是实现减排和碳生产率增长的一个有效途径,而降低能源强度的主要推动力量是技术进步[254]。因此,大力发展科学技术,逐年提高研发经费占 GDP 的比重并切实将经费用到实处,则是降低能源强度的重中之重。

(4) 引导外资质量,发挥外资引入的技术效应

本书实证研究发现,FDI 对省域制造业碳生产率有显著的负向作用。FDI 可能通过技术效应和环境规模效应分别对制造业碳生产率产生正面和负面的影响,因此,我国政府应提高制造业外资的引入“门槛”,强化环境监管。在引进外资过程中,制造业企业要坚持“绿水青山就是金山银山”的绿色发展理念,主动淘汰高耗能、高污染及高排放项目,减小外资引入带来的环境规模效应,从而提高环境质量。在外资引入过程中不仅要注重外资的“量”,更要注重外资的“质”。同时要注重和充分利用外资的技术优势,鼓励外资企业转移先进的管理理念与工艺技术,支持和引导外资更多地流向高端绿色制造产业,发挥外资的环境技术效应,进而提高制造业碳生产率。

与此同时,FDI 对碳生产率的作用在各细分行业间存在差异,在资本密集型行业和相对污染类行业负向作用更加明显,这就要求一方面要鼓励、引导 FDI 进入相对清洁类行业和技术密集型行业,建立研发中心,鼓励技术创新,在引导产业优化升级的同时,促进技术效应进一步扩散;另一方面要关注和提升投入资本密集型行业和相对污染类行业的 FDI 质量,减小此类外资对碳生产率的负向作用。要控制外资在这两类行业的进入程度,积极淘汰“耗资耗能”产业,减小由于外资流入增加的规模效应,鼓励企业加大研发投入,充分发挥外资的技术效应。目前,中国大多数省域尤其是内陆省域普遍存在 FDI 引进程度较低的问题,其中约 60%流向制造业,且 FDI 工业增加

值主要来自污染密集型产业，比重高达约 90%。此外，中国制造业的外资企业中，节能环保技术相对较低的港澳台企业占了相当大的比重。因此，在制造业引资过程中需优化 FDI 的区域与产业布局，充分发挥外资对碳生产率提升的正向作用。

(5) 增强人力资本投入，提高劳动生产率

检验结果表明，劳动生产率的改进不仅能够推动本省域的碳生产率增长，且有助于邻近省域碳生产率的增长。中国制造业的发展仍需要大量技能型、应用型人才，而提高劳动生产率是中国制造业提高碳生产率的重要因素。因此，一方面，可通过加大对制造业的人力资本投入，注重人力资本的积累和提高人力资本的质量来提升劳动生产率，推动能源技术的进步，进而促进碳生产率增长；另一方面，应充分利用劳动生产率这种正的空间外溢效应，加强省域间的合作，实现市场、人才、技术资源共享，形成省域间碳生产率增长的良性互动。由于不同细分行业劳动生产率的增长动能存在差异，这使得各细分行业中劳动生产率对碳生产率的作用也存在差异。技术密集型行业和劳动密集型行业中，其增长主要依靠资本、技术高水平双驱动或技术驱动，从而使得劳动生产率的改进有助于促进碳生产率的提高。然而，资本密集型行业的增长动能主要依靠资本驱动，这使得其对碳生产率促进作用相对甚微。因此，须针对不同细分行业的特点，逐步实现其劳动生产率的增长动能由资本驱动向技术驱动转变。同时，应加强制造业企业人力资源的教育和培训，尤其是加强创新型人才的培养，提升劳动力素质，并合理配置劳动力资源，建立完善的企业薪酬制度，将高素质的劳动力配置于技术要求相对较高的业务岗位，提升企业人力资本，进而促进中国制造业碳生产率的提升。

(6) 扩大企业规模，发挥规模效应

实证研究结果显示，企业规模的扩张能促进本省域制造业碳生产率的提升，但由于“竞争效应”和“极化效应”的存在，企业规模的扩张也会抑制邻近省域制造业碳生产率的提升。因此，应积极推进制造业企业规模的扩增，科学、合理地整合行业资源，整治“低小散”企业(作坊)和过剩落后产能，加大制造业优质企业的兼并重组力度，形成规模经济，提高制造业企业

开展节能减排工作的物质基础与技术基础。加大制造业行业龙头企业集团的培育力度，发挥它们在创新能力、品牌贡献和经济效益方面的行业示范、带头作用，并深入推进“小升规”行动，最终推进省域制造业碳生产率的提升。同时，邻近省域制造业企业间应避免同质竞争，应基于资源禀赋和比较优势，通过差异化的分工协作形成产业价值链，可利用“工业互联网产业联盟”等产业组织，建立企业间跨界融合平台，打造产业链、创新链有效衔接、紧密协同的生态系统，从而促进各省域制造业碳生产率的有效提升。此外，中国大企业入围世界500强的数量逐年上升，而且与国外大企业在规模上的差距也在逐年缩小，中国大企业在世界经济中发挥的作用也愈来愈重要。但是，相较于世界级制造业大企业，中国大企业还是有明显的差距。中国的优势行业主要在重化工领域，而美国则在技术型产业中更具优势。因此，我国在发展高端制造、智能制造的同时，要支持行业龙头企业通过兼并重组，实现资产的优化配置，培育和打造出更多国际知名的大企业。

(7) 提高资本深化的质量，转变重工业粗放型发展方式

从实证检验结果看，资本深化对技术密集型行业和劳动密集型行业的碳生产率具有负面影响，而对资本密集型行业的作用却不显著，其原因估计是该细分行业中资本的边际替代效应较小。资本深化对碳生产率的作用在一定程度上受到资本深化偏向与质量的影响。如果资本向制造业高新技术行业流转，资本深化的质量较高，对制造业碳生产率提高起促进作用；反之，如果资本向高污染、高排放的重工业流入，则意味着资本深化质量欠佳，不利于制造业碳生产率的提升。因此，我国制造业亟须推进资本结构升级，不断修正与提高资本深化的偏向与质量，进而使资本深化有利于碳生产率的提升。投资过度、资本效率低下是长期以来困扰我国制造业的现实问题，为了在高资本深化率下仍能保持碳生产率的改善，这就要求：一方面，必须严格控制和转变重工业粗放型发展方式，对其从审批到生产严格把关；另一方面，政府应该采取适当的政策干预，引导并激励企业加大以节能减排为目的的固定资产投资以实现制造业绿色升级。此外，应重视制造业资本增量与存量的合理配比，引导资本流向绿色环保、清洁高效、有市场竞争力的行业。通过制造业行业内企业兼并重组等，促进资本要素的合理配置，提高资本深

化的质量,避免制造业投资规划上的失衡。既要关注淘汰落后产能和过度投资的问题,又要防止资金不足导致行业发展受限的问题,还应适当将资金配置于高素质人力资源的吸引和企业低碳生产技术的研发中,从而促进制造业绿色低碳生产。同时,要进一步规范地方政府的投资行为,避免盲目上马政府投资项目。应加大投资体制改革的力度,转变政府角色,推进资本要素市场化配置。

(8)优化能源结构,减少 CO_2 排放

本书的实证结果表明,煤炭消费比重对制造业及各细分行业碳生产率都有负面影响,但在制造业整体中,相比于其他变量,能源结构变量的系数相对较小且显著性也相对较低。虽然在短期内,因受能源资源禀赋的制约,清洁能源的替代程度较小,当前以煤炭为主的能源消费结构一时较难改变,企业对优化能源结构的能动性和意愿不足。2020 年,我国煤炭消费比重仍高达 57%,高出世界 30 个百分点,我国经济发展对煤炭的依赖程度仍然很高。因此,一方面,煤炭的清洁、高效利用是提升制造业碳生产率的一个重要环节。需要通过调整煤炭利用结构和注重洁净煤技术及煤转化技术的研发应用,减小煤炭消费对环境的负面影响。促进能源结构逐步向清洁能源过渡在促进碳生产率增长方面具有重要意义。另一方面,为了在不损害经济效益的前提下实现 CO_2 的减排,这就要求在实际生产过程中要优化能源消费结构,合理降低石油、煤炭等高碳能源的消费比重,努力提升传统制造业的绿色制造水平,加快发展天然气以及太阳能、风能、生物质能、页岩气、水电、核能等绿色新能源产业,全面推行清洁生产。由于我国天然气储量丰富,但资源探明率低,可挖掘的产能潜力较大,加快天然气及煤层气开发对改善我国制造业能源结构、提高碳生产率具有重要的意义。

优化我国制造业能源结构,从长期来看政府应鼓励和加大新能源和可再生能源的利用,提高其在能源消费中的比重。同时,要降低行业对化石燃料的需求,并增强新能源的竞争力。为了鼓励能源结构转型,政府可以向研发清洁能源技术的研发机构和能源企业提供资金支持。反之,为了抑制化石燃料的使用,政府可以向那些化石燃料使用量远超正常水平的企业征收能源税。在新能源的开发利用过程中,各地区应结合自身产业实际和资源

禀赋,因地制宜地开发利用,切忌盲目跟风,导致产能过剩和无序竞争。

(9) 完善能源价格机制,实现能源资源优化配置

从理论上讲,能源价格一定程度上表征了企业的成本,能源价格上涨会倒逼企业进行节能改造,改进能源使用效率,进而对碳生产率起到正面的推动作用。但是,碳生产率的能源价格效应在某种程度上受市场机制的影响。虽然当前我国能源市场价格发现、价格形成功能正在不断增强,但部分环节仍然会受到相关政策的干预,能源价格完全由市场主导的体系还没有真正建立,导致能源价格不能很好地反映出市场的实际需求,从而影响了能源资源要素的合理配置。在现行能源价格体系下,一方面对煤炭的依赖程度仍居高不下,另一方面也很难实现对天然气等清洁资源的高效、合理配置。相对较低的能源价格水平使得我国制造业企业对其波动相对不敏感。因此,应当加快政府职能转变,在兼顾效率与公平的基础上加快推进能源定价机制市场化改革,引导市场对能源产品的价格进行自发调节,同时考虑能源消费的环境成本的价格形成机制,使其在价格中予以反映,从而实现能源资源的有效配置和利用,为节能减排以及改进碳生产率提供激励。此外,应当稳步推进天然气这一优质资源的价格改革,允许市场管理非垄断天然气管道运输价格,将我国能源市场逐渐与国际市场接轨,缓解我国资源短缺、不同能源之间比价关系扭曲、创新动能不足等弊端,并对制造业高能耗、高排放企业征收能源消费税,通过能源价格调整和征税提升能源配置效率和减少碳排放,进而提升制造业碳生产率。

(10) 采取差异化政策,促进差异化发展

鉴于不同细分行业碳生产率的变动及其影响因素的影响机制具有异质性特征,不同细分行业在提高碳生产率、促进碳生产率趋同方面应根据自身特点有所侧重,有区别、有针对性地实现差异化发展,而非典型的“一刀切”的做法。例如,在促进相对清洁类行业碳生产率增长时,适合同时采取劳动生产率改进政策和能源消费结构优化政策,而相对污染类行业中更适合采取能源利用效率提高政策和清洁能源政策。技术密集型行业适合采取劳动生产率改进政策、能源利用效率提高政策和清洁能源政策;扩大企业规模,提高能源利用效率和加大研发强度是实现资本密集型行业碳生产率增长的

有效途径；劳动密集型行业适合采取清洁能源政策、劳动生产率改进政策和能源利用效率提高政策。

7.3 研究中存在的问题和研究展望

本书力求在研究视角、研究内容和研究方法上创新，但囿于研究能力和研究数据的可获得性，本书尚存不足之处，需要在今后的研究中进一步深化。

（1）区域尺度选择方面。本书主要是基于中国省域制造业碳生产率趋同研究，区域尺度是 30 个省域。由于数据可获得性的限制，没有涉及地级城市或县域制造业碳生产率趋同的研究，无法对不同地级市或县域制造业进行具体的政策指导。下一步的研究可以在实地考察调研的基础上，选择更小的区域尺度，对地级市或县域制造业碳生产率进行趋同分析，为中国制造业碳生产率的趋同研究提供更为深入的基础，从而提出更具有地区针对性的政策建议。

（2）制造业碳生产率趋同影响因素的选择方面。制造业碳生产率的影响因素是错综复杂的，本书难以涵盖所有影响因素。本书在对制造业碳生产率影响因素进行分析时，所选取的因素主要包括能源价格、研发强度、企业规模、能源强度、外资规模、资本深化率、劳动生产率和能源消费结构八个维度，但制造业碳生产率可能的影响因素并不止这些。有些制度和政策变量由于无法量化并未纳入本书的研究，这也构成了后期的研究内容。

（3）碳生产率趋同机制与经济增长趋同机制的关系方面。本书探讨了制造业碳生产率趋同机制，但未能深入涉及碳生产率趋同机制与经济增长趋同机制的关系。探究两者之间到底存在何种关联，从而为节能减排政策的制定提供更有价值的参考，这也是今后的一个研究方向。

在上述情况下，本书对中国省域制造业碳生产率测度、时空差异、趋同机制和减排策略等问题进行了初步的研究，至于研究中存在的不足，有待在后续研究中不断地深入和完善。同时，也真切地希望本书能为绿色低碳经济及区域协调发展领域的科研工作者提供参考，并能为碳生产率研究和破解绿色经济发展的不平衡提供一定的方法借鉴和有益的学术思路。

参 考 文 献

[1] 习近平.携手构建合作共赢新伙伴　同心打造人类命运共同体——在第七十届联合国大会一般性辩论时的讲话(2015 年 9 月 28 日,纽约)[N].人民日报,2015-09-29(2).

[2] Beinhocker E, Oppenheim J, Irons B, et al. The carbon productivity challenge: Curbing climate change and sustaining economic growth[R]. [S.l.]: McKinsey & Company, 2008.

[3] Cutlip L, Fath B D. Relationship between carbon emissions and economic development: Case study of six countries[J]. Environment, Development and Sustainability, 2012, 14(3): 433-453.

[4] 李廉水.中国制造业发展研究报告 2017—2018[M].北京: 北京大学出版社,2018.

[5] Liu J, Yang Q S, Zhang Y, et al. Analysis of CO_2 emissions in China's manufacturing industry based on extended logarithmic mean division index decomposition[J]. Sustainability, 2019, 11(1): 226.

[6] 王铮,朱永彬.我国各省区碳排放量状况及减排对策研究[J].中国科学院院刊,2008, 23(2): 109-115.

[7] Clarke-Sather A, Qu J S, Wang Q, et al. Carbon inequality at the sub-national scale: A case study of provincial-level inequality in CO_2 emissions in China 1997-2007[J]. Energy Policy, 2011, 39(9): 5420-5428.

[8] 潘家华,张丽峰.我国碳生产率区域差异性研究[J].中国工业经济,2011(5): 47-57.

[9] 张成,蔡万焕,于同申.区域经济增长与碳生产率——基于收敛及脱钩指数的分析[J].中国工业经济,2013(5): 18-30.

[10] 于雪霞.区域碳生产率变化差异成因分析[J].中国人口·资源与环境,2015, 25(S1): 344-349.

[11] 刘国平,曹莉萍.基于福利绩效的碳生产率研究[J].软科学,2011,25(1):71-74.

[12] Hu X C, Si T G, Liu C L. Total factor carbon emission performance measurement and development[J]. Journal of Cleaner Production, 2017, 142: 2804-2815.

[13] 张丽峰.基于DEA模型的全要素碳生产率与影响因素研究[J].工业技术经济,2013,32(3):142-149.

[14] Harrod R F. An essay in dynamic theory[J]. The Economic Journal, 1939, 49(193): 14-33.

[15] Domar E D. Capital expansion, rate of growth, and employment[J]. Econometrica, 1946, 14(2): 137-147.

[16] Solow R M. A contribution to the theory of economic growth[J]. The Quarterly Journal of Economics, 1956, 70(1): 65-94.

[17] Swan T W. Economic growth and capital accumulation[J]. Economic Record, 1956, 32(2): 334-361.

[18] Barro R J, Sala-i-Martin X. Economic growth[M]. New York: McGraw Hill, 1995.

[19] 李志宏.经济收敛学说:理论、现实与启示[J].学海,2005(4):168-174.

[20] Barro R J. Macroeconomics[M]. New York: John Wiley and Sons, 1984.

[21] Barro R J, Sala-i-Martin X. Economic growth[M]. 2nd ed. Cambridge: The MIT Press, 2004.

[22] Galor O. Convergence? Inferences from theoretical models[J]. The Economic Journal, 1996, 106(437): 1056-1069.

[23] Barro R J, Sala-i-Martin X, Blanchard O J, et al. Convergence across states and regions[J]. Brookings Papers on Economic Activity, 1991, 1991(1): 107.

[24] Barro R J, Sala-i-Martin X. Convergence[J]. Journal of Political Economy, 1992, 100(2): 223-251.

[25] Quah D T. Regional convergence clusters across Europe[J]. European Economic Review, 1996, 40(3-5): 951-958.

[26] Abreu M, de Groot H L F, Florax R J G M. A meta-analysis of β-convergence: The legendary 2%[J]. Journal of Economic Surveys, 2005, 19(3): 389-420.

[27] Islam N. What have we learnt from the convergence debate? [J]. Journal of Economic Surveys, 2003, 17(3): 309-362.

[28] Jefferson G H, Rawski T G, Zhang Y F. Productivity growth and convergence across China's industrial economy[J]. Journal of Chinese Economic and Business Studies,

2008, 6(2): 121 - 140.

[29] Florax R J G M, Nijkamp P. Misspecification in linear spatial regression models [M] // Kempf-Leonard K. Encyclopedia of Social Measurement. Amsterdam: Elsevier, 2005: 695 - 707.

[30] Rey S J, Janikas M V. Regional convergence, inequality, and space[J]. Journal of Economic Geography, 2005, 5(2): 155 - 176.

[31] Li G D, Fang C L. Spatial econometric analysis of urban and county-level economic growth convergence in China[J]. International Regional Science Review, 2016, 41(4): 410 - 447.

[32] 魏后凯.现代区域经济学[M].北京：经济管理出版社,2006.

[33] Carlino G A, Mills L O. Are U.S. regional incomes converging? A time series analysis[J]. Journal of Monetary Economics, 1993, 32(2): 335 - 346.

[34] Cellini R, Scorcu A E. Segmented stochastic convergence across the G - 7 countries [J]. Empirical Economics, 2000, 25(3): 463 - 474.

[35] Herrerías M J, Monfort J O. Testing stochastic convergence across Chinese provinces, 1952 - 2008[J]. Regional Studies, 2015, 49(4): 485 - 501.

[36] 吴玉鸣.中国省域经济增长趋同的空间计量经济分析[J].数量经济技术经济研究, 2006(12): 101 - 108.

[37] 张学良.中国区域经济收敛的空间计量分析——基于长三角 1993—2006 年 132 个县市区的实证研究[J].财经研究,2009,35(7): 100 - 109.

[38] Van P N. Distribution dynamics of CO_2 emissions[J]. Environmental and Resource Economics, 2005, 32(4): 495 - 508.

[39] Duro J A. Decomposing international polarization of per capita CO2 emissions[J]. Energy Policy, 2010, 38(11): 6529 - 6533.

[40] 许广月.碳排放收敛性：理论假说和中国的经验研究[J].数量经济技术经济研究, 2010, 27(9): 31 - 42.

[41] Kaya Y. Impact of carbon dioxide emission control on GNP growth: Interpretation of proposed scenarios [R]. Paris: IPCC Energy and Industry Subgroup, Response Strategies Working Group, 1990.

[42] Strazicich M C, List J A. Are CO_2 emission levels converging among industrial countries? [J]. Environmental and Resource Economics, 2003, 24(3): 263 - 271.

[43] Ezcurra R. Is there cross-country convergence in carbon dioxide emissions? [J].

Energy Policy, 2007, 35(2): 1363 - 1372.

[44] Lee C C, Chang C P. Stochastic convergence of per capita carbon dioxide emissions and multiple structural breaks in OECD countries[J]. Economic Modelling, 2009, 26(6): 1375 - 1381.

[45] Jobert T, Karanfil F, Tykhonenko A. Convergence of per capita carbon dioxide emissions in the EU: Legend or reality? [J]. Energy Economics, 2010, 32(6): 1364 - 1373.

[46] Criado C O, Grether J M. Convergence in per capita CO_2 emissions: A robust distributional approach [J]. Resource and Energy Economics, 2011, 33(3): 637 - 665.

[47] Yavuz N C, Yilanci V. Convergence in per capita carbon dioxide emissions among G7 countries: A TAR panel unit root approach [J]. Environmental and Resource Economics, 2013, 54(2): 283 - 291.

[48] Camarero M, Picazo-Tadeo A J, Tamarit C. Are the determinants of CO_2 emissions converging among OECD countries? [J]. Economics Letters, 2013, 118(1): 159 - 162.

[49] Albu L L. Spatial econometrics-applications to investigate distribution of CO_2 emission in Europe[J]. Romanian Journal of Economic Forecasting, 2007, 4(1): 45 - 56.

[50] Mizobuchi K, Kakamu K. Simulation studies on the CO_2 emission reduction efficiency in spatial eonometrics: A case of Japan[J]. Economics Bulletin, 2007, 18(4): 1 - 9.

[51] Wu L B, Kaneko S, Matsuoka S. Dynamics of energy-related CO_2 emissions in China during 1980 to 2002: The relative importance of energy supply-side and demand-side effects[J]. Energy Policy, 2006, 34(18): 3549 - 3572.

[52] Fan Y, Liu L C, Wu G, et al. Changes in carbon intensity in China: Empirical findings from 1980 - 2003[J]. Ecological Economics, 2007, 62(3 - 4): 683 - 691.

[53] 林伯强,刘希颖.中国城市化阶段的碳排放：影响因素和减排策略[J].经济研究,2010,45(8)：66 - 78.

[54] 王强,伍世代,李婷婷.中国工业经济转型过程中能源消费与碳排放时空特征研究[J].地理科学,2011,31(1)：36 - 41.

[55] Zhang Y, Zhang J Y, Yang Z F, et al. Regional differences in the factors that influence China's energy-related carbon emissions, and potential mitigation strategies [J]. Energy Policy, 2011, 39(12): 7712 - 7718.

[56] 王卉彤,王妙平.中国30省区碳排放时空格局及其影响因素的灰色关联分析[J].中国人口·资源与环境,2011,21(7):140-145.

[57] Wei C, Ni J L, Du L M. Regional allocation of carbon dioxide abatement in China [J]. China Economic Review, 2012, 23(3): 552-565.

[58] 王娟,张克中.中国省域碳排放趋同与经济增长[J].经济管理,2014, 36(6): 34-43.

[59] Huang B, Meng L N. Convergence of per capita carbon dioxide emissions in urban China: A spatio-temporal perspective[J]. Applied Geography, 2013, 40: 21-29.

[60] Wang J, Zhang K Z. Convergence of carbon dioxide emissions in different sectors in China[J]. Energy, 2014, 65: 605-611.

[61] Yang J, Zhang T F, Sheng P F, et al. Carbon dioxide emissions and interregional economic convergence in China[J]. Economic Modelling, 2016, 52: 672-680.

[62] Wu J X, Wu Y R, Guo X M, et al. Convergence of carbon dioxide emissions in Chinese cities: A continuous dynamic distribution approach[J]. Energy Policy, 2016, 91: 207-219.

[63] Auffhammer M, Carson R T. Forecasting the path of China's CO_2 emissions using province-level information [J]. Journal of Environmental Economics and Management, 2008, 55(3): 229-247.

[64] 马军杰,陈震,尤建新.省域一次能源CO_2排放的空间计量经济分析[J].技术经济,2010,29(12):62-67.

[65] 姚奕,倪勤.中国地区碳强度与FDI的空间计量分析——基于空间面板模型的实证研究[J].经济地理,2011,31(9):1432-1438.

[66] 欧元明,周少甫.基于空间面板STIRPAT模型的省域碳排放研究[J].工业技术经济,2015,34(3):58-65.

[67] Moon Y S, Sonn Y H. Productive energy consumption and economic growth: An endogenous growth model and its empirical application [J]. Resource and Energy Economics, 1996, 18(2): 189-200.

[68] Acemoglu D, Aghion P, Bursztyn L, et al. The environment and directed technical change[J]. American Economic Review, 2012, 102(1): 131-166.

[69] 张雷,黄园淅,李艳梅,等.中国碳排放区域格局变化与减排途径分析[J].资源科学,2010,32(2):211-217.

[70] 陈碧琼,张梁梁.动态空间视角下金融发展对碳排放的影响力分析[J].软科学,

2014,28(7):140－144.

[71] Kaya Y, Yokobori K. Environment, energy and economy: Strategies for sustainability [M]. Washington: United Nations University Press, 1998.

[72] Mielnik O, Goldemberg J. The evolution of the "carbonization index" in developing countries[J]. Energy Policy, 1999, 27(5): 307－308.

[73] Blair T. Breaking the climate deadlock: A global deal for our low-carbon future[R]. [S.l.]: The Climate Group, 2008.

[74] Kim W K.Current issues and implications of Korea's carbon productivity[EB/OL]. (2010－03－15)[2021－06－24]. http://www. businesskorea. co. kr/news/articleView.html? idxno=436.

[75] Siew R Y J. A review of corporate sustainability reporting tools (SRTs)[J]. Journal of Environmental Management, 2015, 164: 180－195.

[76] 何建坤,苏明山.应对全球气候变化下的碳生产率分析[J].中国软科学,2009(10):42－47.

[77] 谌伟,诸大建,白竹岚.上海市工业碳排放总量与碳生产率关系[J].中国人口·资源与环境,2010,20(9):24－29.

[78] 潘家华,庄贵阳,郑艳,等.低碳经济的概念辨识及核心要素分析[J].国际经济评论,2010(4):88－101.

[79] 高文静.中国工业部门碳生产率研究[D].太原:山西财经大学,2012.

[80] 王萱,宋德勇.碳排放阶段划分与国际经验启示[J].中国人口·资源与环境,2013,23(5):46－51.

[81] 王萱.中国碳生产率变动及其主要影响因素研究——兼论从"相对减排"通往"绝对减排"发展路径[D].武汉:华中科技大学,2013.

[82] Lu Z N, Yang Y, Wang J. Factor decomposition of carbon productivity chang① in China's main industries: Based on the Laspeyres decomposition method[J]. Energy Procedia, 2014, 61: 1893－1896.

[83] Shao C F, Guan Y, Wan Z, et al. Performance and decomposition analyses of carbon emissions from industrial energy consumption in Tianjin, China[J]. Journal of Cleaner Production, 2014, 64: 590－601.

[84] Zhang L L, Xiong L C, Cheng B D, et al. How does foreign trade influence China's

① 编辑建议改为"change"。

carbon productivity? Based on panel spatial lag model analysis[J]. Structural Change and Economic Dynamics, 2018, 47: 171 - 179.

[85] Zhang N, Choi Y. Total-factor carbon emission performance of fossil fuel power plants in China: A metafrontier non-radial Malmquist index analysis [J]. Energy Economics, 2013, 40: 549 - 559.

[86] 张普伟,贾广社,牟强,等.中国建筑业碳生产率的俱乐部收敛及成因[J].中国人口·资源与环境,2019, 29(1): 40 - 49.

[87] Cheng Z H, Shi X A. Can industrial structural adjustment improve the total-factor carbon emission performance in China? [J]. International Journal of Environmental Research and Public Health, 2018, 15(10): 2291.

[88] Kumar S, Jain R K. Carbon-sensitive meta-productivity growth and technological gap: An empirical analysis of Indian thermal power sector[J]. Energy Economics, 2019, 81: 104 - 116.

[89] Zhou P, Ang B W, Han J Y. Total factor carbon emission performance: A Malmquist index analysis[J]. Energy Economics, 2010, 32(1): 194 - 201.

[90] Zhang N, Zhou P, Kung C C. Total-factor carbon emission performance of the Chinese transportation industry: A bootstrapped non-radial Malmquist index analysis [J]. Renewable and Sustainable Energy Reviews, 2015, 41: 584 - 593.

[91] Yang Q, Wan X Z, Ma H M. Assessing green development efficiency of municipalities and provinces in China integrating models of super-efficiency DEA and Malmquist index[J]. Sustainability, 2015, 7(4): 4492 - 4510.

[92] Yang C, Wang T P. Productivity comparison of European airlines: Bootstrapping Malmquist indices[J]. Applied Economics, 2016, 48(52): 5106 - 5116.

[93] Sueyoshi T, Goto M, Wang D. Malmquist index measurement for sustainability enhancement in Chinese municipalities and provinces[J]. Energy Economics, 2017, 67: 554 - 571.

[94] Chung Y H, Färe R, Grosskopf S. Productivity and undesirable outputs: A directional distance function approach[J]. Journal of Environmental Management, 1997, 51(3): 229 - 240.

[95] Watanabe M, Tanaka K. Efficiency analysis of Chinese industry: A directional distance function approach[J]. Energy Policy, 2007, 35(12): 6323 - 6331.

[96] Wang K, Wei Y M, Zhang X. Energy and emissions efficiency patterns of Chinese

regions: A multi-directional efficiency analysis[J]. Applied Energy, 2013, 104: 105-116.

[97] Arabi B, Munisamy S, Emrouznejad A. A new slacks-based measure of Malmquist-Luenberger index in the presence of undesirable outputs[J]. Omega, 2015, 51: 29-37.

[98] 陈超凡.中国工业绿色全要素生产率及其影响因素——基于ML生产率指数及动态面板模型的实证研究[J].统计研究,2016,33(3):53-62.

[99] Aghayi N, Maleki B. Efficiency measurement of DMUs with undesirable outputs under uncertainty based on the directional distance function: Application on bank industry[J]. Energy, 2016, 112: 376-387.

[100] Färe R, Grosskopf S, Pasurka C A Jr. Accounting for air pollution emissions in measures of state manufacturing productivity growth[J]. Journal of Regional Science, 2001, 41(3): 381-409.

[101] Tone K. A slacks-based measure of efficiency in data envelopment analysis[J]. European Journal of Operational Research, 2001, 130(3): 498-509.

[102] Fukuyama H, Weber W L. A directional slacks-based measure of technical inefficiency[J]. Socio-Economic Planning Sciences, 2009, 43(4): 274-287.

[103] Oh D H. A global Malmquist-Luenberger productivity index[J]. Journal of Productivity Analysis, 2010, 34(3): 183-197.

[104] Ananda J, Hampf B. Measuring environmentally sensitive productivity growth: An application to the urban water sector[J]. Ecological Economics, 2015, 116: 211-219.

[105] Tao F, Zhang H Q, Hu J, et al. Dynamics of green productivity growth for major Chinese urban agglomerations[J]. Applied Energy, 2017, 196: 170-179.

[106] Chen C F, Lan Q X, Gao M, et al. Green total factor productivity growth and its determinants in China's industrial economy[J]. Sustainability, 2018, 10(4): 1052.

[107] Pastor J T, Asmild M, Lovell C A K. The biennial Malmquist productivity change index[J]. Socio-Economic Planning Sciences, 2011, 45(1): 10-15.

[108] Zhao H L, Lin B Q. Assessing the energy productivity of China's textile industry under carbon emission constraints[J]. Journal of Cleaner Production, 2019, 228: 197-207.

[109] 陈诗一.中国的绿色工业革命：基于环境全要素生产率视角的解释(1980—2008)

[J].经济研究,2010,45(11):21－34,58.

[110] 谌伟,诸大建.中国二氧化碳排放效率低么？——基于福利视角的国际比较[J].经济与管理研究,2011(1):56－63.

[111] 刘明磊,朱磊,范英.我国省级碳排放绩效评价及边际减排成本估计:基于非参数距离函数方法[J].中国软科学,2011(3):106－114.

[112] 仲云云,仲伟周.中国区域全要素碳排放绩效及影响因素研究[J].商业经济与管理,2012(1):85－96.

[113] 吴晓华,李磊.中国碳生产率与能源效率省际差异及提升潜力[J].经济地理,2014,34(5):105－108.

[114] 张成,史丹,王俊杰.中国碳生产率的潜在改进空间——基于外部环境和内部管理视角[J].资源科学,2015,37(6):1218－1229.

[115] 高文静,任雪荻,康旭华,等.工业碳生产率提升的资源优化配置路径分析[J].宏观经济研究,2018(5):166－175.

[116] 张永军.技术进步,结构变动与碳生产率增长[J].中国科技论坛,2011(5):114－120.

[117] 路正南,杨洋,王健.基于 Laspeyres 分解法的中国碳生产率影响因素解析[J].工业技术经济,2014,33(8):82－90.

[118] Meng M, Niu D X. Three-dimensional decomposition models for carbon productivity [J]. Energy, 2012, 46(1):179－187.

[119] 王永龙.我国高碳发展模式下的碳生产率增长分析[J].经济学家,2011(9):36－41.

[120] 张成,王建科,史文悦,等.中国区域碳生产率波动的因素分解[J].中国人口·资源与环境,2014,24(10):41－47.

[121] Lu J C, Fan W G, Meng M. Empirical research on China's carbon productivity decomposition model based on multi-dimensional factors[J]. Energies, 2015, 8(4):3093－3117.

[122] 龙如银,邵天翔.中国三大经济圈碳生产率差异及影响因素[J].资源科学,2015,37(6):1249－1257.

[123] Hu X C, Liu C L. Carbon productivity: A case study in the Australian construction industry[J]. Journal of Cleaner Production, 2016, 112: 2354－2362.

[124] Lu M, Wang X, Cang Y Q. Carbon productivity: Findings from industry case studies in Beijing[J]. Energies, 2018, 11(10):2796.

[125] 赵皋.我国碳生产率增长的长期关系和短期效应——基于面板协整研究[J].软科学,2014,28(6):70-74.

[126] Ekins P, Pollitt H, Summerton P, et al. Increasing carbon and material productivity through environmental tax reform[J]. Energy Policy, 2012, 42: 365-376.

[127] 邓晓兰,鄢哲明.资源错配对中国工业低碳生产率影响的实证分析[J].财经科学,2014(5):74-83.

[128] 李小平,杨翔,王洋.国际贸易提高了中国制造业的碳生产率吗?[J].环境经济研究,2016(2):8-24.

[129] 赵秀娟,张捷.对外贸易对碳生产率的影响——基于88个国家1992~2011年面板数据的实证分析[J].国际商务(对外经济贸易大学学报),2016(1):28-39.

[130] 谢会强,黄凌云,刘冬冬.全球价值链嵌入提高了中国制造业碳生产率吗[J].国际贸易问题,2018(12):109-121.

[131] 邵桂兰,常瑶,李晨.出口商品结构对碳生产率的门槛效应研究[J].资源科学,2019,41(1):142-151.

[132] 林善浪,张作雄,刘国平.技术创新、空间集聚与区域碳生产率[J].中国人口·资源与环境,2013,23(5):36-45.

[133] Long R Y, Shao T X, Chen H. Spatial econometric analysis of China's province-level industrial carbon productivity and its influencing factors[J]. Applied Energy, 2016, 166: 210-219.

[134] Mulder P, de Groot H L F. Structural change and convergence of energy intensity across OECD countries, 1970-2005[J]. Energy Economics, 2012, 34(6): 1910-1921.

[135] Liddle B. Electricity intensity convergence in IEA/OECD countries: Aggregate and sectoral analysis[J]. Energy Policy, 2009, 37(4): 1470-1478.

[136] Liddle B. Revisiting world energy intensity convergence for regional differences[J]. Applied Energy, 2010, 87(10): 3218-3225.

[137] Wan J, Baylis K, Mulder P. Trade-facilitated technology spillovers in energy productivity convergence processes across EU countries[J]. Energy Economics, 2015, 48: 253-264.

[138] Bhattacharya M, Inekwe J N, Sadorsky P, et al. Convergence of energy productivity across Indian states and territories[J]. Energy Economics, 2018, 74: 427-440.

[139] 杨正林,方齐云.能源生产率差异与收敛:基于省际面板数据的实证分析[J].数

量经济技术经济研究,2008(9):17-30.
[140] 魏梅,曹明福,江金荣.生产中碳排放效率长期决定及其收敛性分析[J].数量经济技术经济研究,2010(9):43-52,81.
[141] 许广月.碳强度俱乐部收敛性:理论与证据——兼论中国碳强度降低目标的合理性和可行性[J].管理评论,2013,25(4):48-58.
[142] Zhao X T, Burnett J W, Lacombe D J. Province-level convergence of China's carbon dioxide emissions[J]. Applied Energy, 2015, 150: 286-295.
[143] Hao Y, Liao H, Wei Y M. Is China's carbon reduction target allocation reasonable? An analysis based on carbon intensity convergence[J]. Applied Energy, 2015, 142: 229-239.
[144] Li J B, Huang X J, Yang H, et al. Convergence of carbon intensity in the Yangtze River Delta, China[J]. Habitat International, 2017, 60: 58-68.
[145] Yu S W, Hu X, Fan J L, et al. Convergence of carbon emissions intensity across Chinese industrial sectors[J]. Journal of Cleaner Production, 2018, 194: 179-192.
[146] 彭文强,赵凯.我国碳生产率的收敛性研究[J].西安财经学院学报,2012,25(5):16-22.
[147] 李亚冬,宋丽颖.我国碳生产率的收敛机制研究:理论和实证检验[J].科学学与科学技术管理,2017,38(3):117-125.
[148] 李小平,王洋."一带一路"沿线主要国家碳生产率收敛性及其影响因素分析[J].武汉大学学报(哲学社会科学版),2017, 70(3):58-76.
[149] Bai C Q, Du K R, Yu Y, et al. Understanding the trend of total factor carbon productivity in the world: Insights from convergence analysis [J]. Energy Economics, 2019, 81: 698-708.
[150] The World Bank. Inclusive green growth: The pathway to sustainable development [R]. Washington: The World Bank, 2012.
[151] Murgai R, Ali M, Byerlee D. Productivity growth and sustainability in post-green revolution agriculture: The case of the Indian and Pakistan punjabs[J]. The World Bank Research Observer, 2001, 16(2): 199-218.
[152] Nordhaus W. Resources as a constraint on growth[J]. American Economic Review, 1974, 64(2): 22-26.
[153] Dasgupta P, Heal G. The optimal depletion of exhaustible resources[J]. The Review of Economic Studies, 1974, 41(5): 3-28.

[154] Solow R M. The economics of resources or the resources of economics[J]. American Economic Review, 1974, 64(2): 1-14.

[155] Brock W A, Taylor M S. Economic growth and the environment: A review of theory and empirics[J]. Handbook of Economic Growth, 2005, 1: 1749-1821.

[156] The World Bank. MDBs: Delivering on the promise of sustainable development[R]. Washington: The World Bank, 2012.

[157] Huberty M, Gao H, Mandell J, et al. Shaping the green growth economy: A review of the public debate and the prospects for green growth[R]. Berkeley: Green Growth Leaders, 2011.

[158] Nordhaus W. A question of balance: Weighing the options on global warming policies[M]. New Haven: Yale University press, 2008.

[159] Romer P M. Increasing returns and long-run growth [J]. Journal of Political Economy, 1986, 94(5): 1002-1037.

[160] Lucas R E Jr. On the mechanics of economic development[J]. Journal of Monetary Economics, 1988, 22(1): 3-42.

[161] Romer P M. Endogenous technological change[J]. Journal of Political Economy, 1990, 98(5): S71-S102.

[162] Grossman G M, Helpman E. Innovation and growth in the global economy [M]. Cambridge: The MIT Press, 1991.

[163] Aghion P, Howitt P. A model of growth through creative destruction [J]. Econometrica, 1992, 60(2): 323-351.

[164] Jones C I. R & D-based models of economic growth [J]. Journal of Political Economy, 1995, 103(4): 759-784.

[165] Barro R J, Sala-i-Martin X. Technological diffusion, convergence, and growth[J]. Journal of Economic Growth, 1997, 2(1): 1-26.

[166] Aghion P, Bolton P. A theory of trickle-down growth and development[J]. Review of Economic Studies, 1997, 64(2): 151-172.

[167] Bénabou R. Equity and efficiency in human capital investment: The local connection [J]. The Review of Economic Studies, 1996, 63(2): 237-264.

[168] Quah D T. Convergence empirics across economies with (some) capital mobility [J]. Journal of Economic Growth, 1996, 1(1): 95-124.

[169] Durlauf S N. A theory of persistent income inequality[J]. Journal of Economic

Growth, 1996, 1(1): 75 - 93.

[170] 蔡昉,都阳.中国地区经济增长的趋同与差异——对西部开发战略的启示[J].经济研究,2000(10): 30 - 37, 80.

[171] Klenow P J, Rodríguez-Clare A. The neoclassical revival in growth economics: Has it gone too far? [J]. NBER Macroeconomics Annual, 1997, 12: 73 - 103.

[172] Hall R E, Jones C I. Why do some countries produce so much more output per worker than others? [J]. The Quarterly Journal of Economics, 1999, 114(1): 83 - 116.

[173] Aigner D, Lovell C A K, Schmidt P. Formulation and estimation of stochastic frontier production function models[J]. Journal of Econometrics, 1977, 6(1): 21 - 37.

[174] Charnes A, Cooper W W, Rhodes E. Measuring the efficiency of decision making units[J]. European Journal of Operational Research, 1978, 2(6): 429 - 444.

[175] Banker R D, Charnes A, Cooper W W. Some models for estimating technical and scale inefficiencies in data envelopment analysis[J]. Management Science, 1984, 30(9): 1078 - 1092.

[176] 鲁晓东,连玉君.中国工业企业全要素生产率估计: 1999—2007[J].经济学(季刊),2012,11(2): 541 - 558.

[177] Malmquist S. Index numbers and indifference surfaces[J]. Trabajos de Estadistica, 1953, 4(2): 209 - 242.

[178] Chambers R G, Chung Y, Färe R. Benefit and distance functions[J]. Journal of Economic Theory, 1996, 70(2): 407 - 419.

[179] Caves D W, Christensen L R, Diewert W E. The economic theory of index numbers and the measurement of input, output, and productivity[J]. Econometrica, 1982, 50(6): 1393 - 1414.

[180] Färe R, Grosskopf S, Norris M, et al. Productivity growth, technical progress, and efficiency change in industrialized countries[J]. American Economic Review, 1994, 84(1): 66 - 83.

[181] Pastor J T, Lovell C A K. A global Malmquist productivity index[J]. Economics Letters, 2005, 88(2): 266 - 271.

[182] Tulkens H, Eeckaut P V. Non-parametric efficiency, progress and regress measures for panel data: Methodological aspects [J]. European Journal of Operational

Research, 1995, 80(3): 474 - 499.

[183] Krugman P. Increasing returns and economic geography[J]. Journal of Political Economy, 1991, 99(3): 483 - 499.

[184] Fujita M, Krugman P, Venables A J. The spatial economy: Cities, regions, and international trade[M]. Cambridge: The MIT Press, 1999.

[185] Paelinck J H P, Klaassen L H, Ancot J P, et al. Spatial econometrics[M]. Farnborough: Saxon House, 1979.

[186] Anselin L. Spatial econometrics: Methods and models[M]. Dordrecht: Kluwer Academic Publishers, 1988.

[187] Tobler W R. Smooth pycnophylactic interpolation for geographical regions[J]. Journal of the American Statistical Association, 1979, 74(367): 519 - 530.

[188] Anselin L, Rey S. Properties of tests for spatial dependence in linear regression models[J]. Geographical Analysis, 1991, 23(2): 112 - 131.

[189] Anselin L, Getis A. Spatial statistical analysis and geographic information systems [J]. The Annals of Regional Science, 1992, 26(1): 19 - 33.

[190] LeSage J P. The theory and practice of spatial econometrics[D]. Toledo: University of Toledo, 1999.

[191] LeSage J, Pace R K. Introduction to spatial econometrics[M]. Boca Raton: CRC Press, Taylor & Francis Group, 2009.

[192] Arbia G, Basile R, Piras G. Using spatial panel data in modelling regional growth and convergence[R]. [S.l.]: ISAE Working Paper, 2005: 50.

[193] Gezici F, Hewings G J D. Spatial analysis of regional inequalities in Turkey[J]. European Planning Studies, 2007, 15(3): 383 - 403.

[194] van der Ploeg F, Withagen C. Is there really a green paradox? [J]. Journal of Environmental Economics and Management, 2012, 64(3): 342 - 363.

[195] IPCC国家温室气体清单特别工作组.2006年IPCC国家温室气体清单修订指南[R].Hayama:日本全球环境战略研究所,2006.

[196] 谭丹,黄贤金.我国东、中、西部地区经济发展与碳排放的关联分析及比较[J].中国人口·资源与环境,2008,18(3):54 - 57.

[197] 傅京燕,李丽莎.环境规制、要素禀赋与产业国际竞争力的实证研究——基于中国制造业的面板数据[J].管理世界,2010(10):87 - 98.

[198] 李玲,陶锋.中国制造业最优环境规制强度的选择——基于绿色全要素生产率的

视角[J].中国工业经济,2012(5):70-82.

[199] 喻美辞.国际贸易、技术进步对相对工资差距的影响——基于我国制造业数据的实证分析[J].国际贸易问题,2008(4):9-15.

[200] Organization for Economic Co-operation and Development. Indicators to measure decoupling of environmental pressures from economic growth[R]. Paris: OECD, 2002: 35-47.

[201] 宋伟,陈百明,陈曦炜.常熟市耕地占用与经济增长的脱钩(decoupling)评价[J].自然资源学报,2009,24(9):1532-1540.

[202] Tapio P. Towards a theory of decoupling: Degrees of decoupling in the EU and the case of road traffic in Finland between 1970 and 2001[J]. Transport Policy, 2005, 12(2): 137-151.

[203] Dedrick J. Green IS: Concepts and issues for information systems research[J]. Communications of the Association for Information Systems, 2010, 27(11): 173-184.

[204] Nanere M, Fraser I, Quazi A, et al. Environmentally adjusted productivity measurement: An Australian case study[J]. Journal of Environmental Management, 2007, 85(2): 350-362.

[205] 何小钢,张耀辉.中国工业碳排放影响因素与CKC重组效应——基于STIRPAT模型的分行业动态面板数据实证研究[J].中国工业经济,2012(1):26-35.

[206] 庞瑞芝,李鹏,路永刚.转型期间我国新型工业化增长绩效及其影响因素研究——基于"新型工业化"生产力视角[J].中国工业经济,2011(4):64-73.

[207] 陈诗一.中国工业分行业统计数据估算:1980—2008[J].经济学(季刊),2011,10(3):735-776.

[208] Harberger A C. Perspectives on capital and technology in less-developed countries[C]// Artis M J, Nobay A R. Contemporary economic analysis. London: Croom Helm, 1978: 69-151.

[209] Lee J W, Hong K. Economic growth in Asia: Determinants and prospects[J]. Japan and the World Economy, 2012, 24(2): 101-113.

[210] 王恕立,汪思齐,滕泽伟.环境约束下的中国服务业全要素生产率增长[J].财经研究,2016,42(5):123-134.

[211] 崔敏,赵增耀.TFP异质性及其对区域服务业发展差距影响效应研究[J].数量经济技术经济研究,2018,35(7):59-78.

[212] 张军,吴桂英,张吉鹏.中国省际物质资本存量估算：1952—2000[J].经济研究,2004(10)：35-44.

[213] 吴军.环境约束下中国地区工业全要素生产率增长及收敛分析[J].数量经济技术经济研究,2009,26(11)：17-27.

[214] 李博,张文忠,余建辉.服务业发展、信息化水平与全要素碳生产率增长——基于门限效应的实证研究[J].地理研究,2016,35(5)：953-965.

[215] 涂正革,刘磊珂.考虑能源、环境因素的中国工业效率评价——基于SBM模型的省级数据分析[J].经济评论,2011(2)：55-65.

[216] 袁晓玲,张宝山,杨万平.基于环境污染的中国全要素能源效率研究[J].中国工业经济,2009(2)：76-86.

[217] 李杰,罗卫东.产业结构低端锁定现象研究——以浙江制造业为例[J].中共浙江省委党校学报,2007(1)：53-61.

[218] 沈静,向澄,柳意云.广东省污染密集型产业转移机制——基于2000~2009年面板数据模型的实证[J].地理研究,2012,31(2)：357-368.

[219] Lefever D W. Measuring geographic concentration by means of the standard deviational ellipse[J]. American Journal of Sociology, 1926, 32(1)：88-94.

[220] Eryando T, Susanna D, Pratiwi D, et al. Standard Deviational Ellipse (SDE) models for malaria surveillance, case study：Sukabumi district-Indonesia, in 2012 [J]. Malaria Journal, 2012, 11(1)：P130.

[221] 赵璐,赵作权,王伟.中国东部沿海地区经济空间格局变化[J].经济地理,2014,34(2)：14-18.

[222] Rahman M, Yang R X, Di L P. Clustering Indian ocean tropical cyclone tracks by the standard deviational ellipse[J]. Climate, 2018, 6(2)：39.

[223] 何雨泽.国际金融危机冲击对中国企业生产率的影响[J].现代管理科学,2017(8)：48-50.

[224] 邓健,王新宇.区域发展战略对我国地区能源效率的影响——以东北振兴和西部大开发战略为例[J].中国软科学,2015(10)：146-154.

[225] 张可.区域一体化有利于减排吗？[J].金融研究,2018(1)：67-83.

[226] Fischer M M, Scherngell T, Reismann M. Knowledge spillovers and total factor productivity：Evidence using a spatial panel data model[J]. Geographical Analysis, 2009, 41(2)：204-220.

[227] Rho S, Moon I. Innovation and spillovers in China：Spatial econometric approach

[J]. Seoul Journal of Economics, 2014, 27(2): 149-170.

[228] 杨凡,杜德斌,林晓.中国省域创新产出的空间格局与空间溢出效应研究[J].软科学,2016,30(10): 6-10,30.

[229] 金刚,沈坤荣.中国工业技术创新空间扩散效应的时空演化[J].经济地理,2016,36(5): 121-127.

[230] Moran P A P. Notes on continuous stochastic phenomena[J]. Biometrika, 1950, 37(1/2): 17-23.

[231] Rey S J, Montouri B D. US regional income convergence: A spatial econometric perspective[J]. Regional Studies, 1999, 33(2): 143-156.

[232] Miller S M, Upadhyay M P. Total factor productivity and the convergence hypothesis [J]. Journal of Macroeconomics, 2002, 24(2): 267-286.

[233] 王兵,吴延瑞,颜鹏飞.环境管制与全要素生产率增长: APEC 的实证研究[J].经济研究,2008(5): 19-32.

[234] 高帆,石磊.中国各省份劳动生产率增长的收敛性: 1978~2006 年[J].管理世界,2009(1): 49-60, 71.

[235] Easterly W, Levine R. What have we learned from a decade of empirical research on growth? It's not factor accumulation: Stylized facts and growth models[J]. The World Bank Economic Review, 2001, 15(2): 177-219.

[236] Maryam K, Jehan Z. Total factor productivity convergence in developing countries: Role of technology diffusion[J]. South African Journal of Economics, 2018, 86(2): 247-262.

[237] 林毅夫,张鹏飞.适宜技术、技术选择和发展中国家的经济增长[J].经济学(季刊),2006,5(4): 985-1006.

[238] Kaneko S, Fujii H, Sawazu N, et al. Financial allocation strategy for the regional pollution abatement cost of reducing sulfur dioxide emissions in the thermal power sector in China[J]. Energy Policy, 2010, 38(5): 2131-2141.

[239] Myrdal G. The drift towards regional economic inequalities in a country[M]// Myrdal G. Economic theory and under-developed regions. London: Gerald Duckworth, 1957: 23-38.

[240] Hirschman A O. Interregional and international transmission of economic growth [M]// Hirschman A O. The strategy of economic development. New Haven: Yale University Press, 1958: 183-201.

[241] Barkley D L, Henry M S, Bao S M. Identifying "spread" versus "backwash" effects in regional economic areas: A density functions approach [J]. Land Economics, 1996, 72(3): 336 - 357.

[242] Quah D. Galton's fallacy and tests of the convergence hypothesis [J]. The Scandinavian Journal of Economics, 1993, 95(4): 427 - 443.

[243] Bernard A B, Durlauf S N. Interpreting tests of the convergence hypothesis [J]. Journal of Econometrics, 1996, 71(1 - 2): 161 - 173.

[244] Rezitis A N. Agricultural productivity and convergence: Europe and the United States [J]. Applied Economics, 2010, 42(8): 1029 - 1044.

[245] 刘兴凯,张诚.中国服务业全要素生产率增长及其收敛分析[J].数量经济技术经济研究,2010, 27(3): 55 - 67, 95.

[246] Yu J H, de Jong R, Lee L F. Quasi-maximum likelihood estimators for spatial dynamic panel data with fixed effects when both *n* and *T* are large [J]. Journal of Econometrics, 2008, 146(1): 118 - 134.

[247] Elhorst J P. Dynamic panels with endogenous interaction effects when *T* is small [J]. Regional Science and Urban Economics, 2010, 40(5): 272 - 282.

[248] Parent O, LeSage J P. A space-time filter for panel data models containing random effects [J]. Computational Statistics & Data Analysis, 2011, 55(1): 475 - 490.

[249] Lee L F, Yu J H. A spatial dynamic panel data model with both time and individual fixed effects [J]. Econometric Theory, 2010, 26(2): 564 - 597.

[250] Arellano M, Bond S. Some tests of specification for panel data: Monte Carlo evidence and an application to employment equations [J]. The Review of Economic Studies, 1991, 58(2): 277 - 297.

[251] Fisher-Vanden K, Jefferson G H, Liu H M, et al. What is driving China's decline in energy intensity? [J]. Resource and Energy Economics, 2004, 26(1): 77 - 97.

[252] 白重恩,张琼.中国生产率估计及其波动分解[J].世界经济,2015,38(12): 3 - 28.

[253] 林伯强,杜克锐.我国能源生产率增长的动力何在——基于距离函数的分解[J].金融研究,2013(9): 84 - 96.

[254] Zhang N, Wang B, Liu Z. Carbon emissions dynamics, efficiency gains, and technological innovation in China's industrial sectors [J]. Energy, 2016, 99: 10 - 19.

[255] Li W W, Wang W P, Wang Y, et al. Historical growth in total factor carbon productivity of the Chinese industry — A comprehensive analysis [J]. Journal of

Cleaner Production, 2018, 170: 471 - 485.

[256] Shao S, Yang L L, Gan C H, et al. Using an extended LMDI model to explore techno-economic drivers of energy-related industrial CO_2 emission changes: A case study for Shanghai (China)[J]. Renewable and Sustainable Energy Reviews, 2016, 55: 516 - 536.

[257] 王群伟,周鹏,周德群.我国二氧化碳排放绩效的动态变化、区域差异及影响因素[J].中国工业经济,2010(1): 45 - 54.

[258] 程钰,孙艺璇,王鑫静,等.全球科技创新对碳生产率的影响与对策研究[J].中国人口·资源与环境,2019,29(9): 30 - 40.

[259] Shao S, Yang L L, Yu M B, et al. Estimation, characteristics, and determinants of energy-related industrial CO_2 emissions in Shanghai (China), 1994 - 2009[J]. Energy Policy, 2011, 39(10): 6476 - 6494.

[260] Copeland B R, Taylor M S. North-south trade and the environment[J]. The Quarterly Journal of Economics, 1994, 109(3): 755 - 787.

[261] Herrerias M J, Cuadros A, Orts V. Energy intensity and investment ownership across Chinese provinces[J]. Energy Economics, 2013, 36: 286 - 298.

[262] Shahbaz M, Nasreen S, Abbas F, et al. Does foreign direct investment impede environmental quality in high-, middle-, and low-income countries? [J]. Energy Economics, 2015, 51: 275 - 287.

[263] Grossman G M, Krueger A B. Economic growth and the environment[J]. The Quarterly Journal of Economics, 1995, 110(2): 353 - 377.

[264] 刘传江,胡威.外商直接投资提升了中国的碳生产率吗?——基于空间面板Durbin模型的经验分析[J].世界经济研究,2016(1): 99 - 109.

[265] 牛海霞,胡佳雨.FDI与我国二氧化碳排放相关性实证研究[J].国际贸易问题,2011(5): 100 - 109.

[266] Sun C W, Zhang F, Xu M L. Investigation of pollution haven hypothesis for China: An ARDL approach with breakpoint unit root tests[J]. Journal of Cleaner Production, 2017, 161: 153 - 164.

[267] Zhang Y, Zhang S F. The impacts of GDP, trade structure, exchange rate and FDI inflows on China's carbon emissions[J]. Energy Policy, 2018, 120: 347 - 353.

[268] Sung B, Song W Y, Park S D. How foreign direct investment affects CO_2 emission levels in the Chinese manufacturing industry: Evidence from panel data[J].

Economic Systems, 2018, 42(2): 320-331.

[269] Jiang L, Zhou H F, Bai L, et al. Does foreign direct investment drive environmental degradation in China? An empirical study based on air quality index from a spatial perspective[J]. Journal of Cleaner Production, 2018, 176: 864-872.

[270] 邵军,管驰明.中国工业部门能源使用效率及其影响因素研究[J].经济学家,2009(1):58-65.

[271] Samuelson P A. The pure theory of public expenditure[J]. The Review of Economics and Statistics, 1954, 36(4): 387-389.

[272] Samuelson P A. Parable and realism in capital theory: The surrogate production function[J]. The Review of Economic Studies, 1962, 29(3): 193-206.

[273] 涂正革.环境、资源与工业增长的协调性[J].经济研究,2008(2):93-105.

[274] 李小平,朱钟棣.中国工业行业的全要素生产率测度——基于分行业面板数据的研究[J].管理世界,2005(4):56-64.

[275] 张军,金煜.中国的金融深化和生产率关系的再检测:1987—2001[J].经济研究,2005(11):34-45.

[276] 陈勇,唐朱昌.中国工业的技术选择与技术进步:1985—2003[J].经济研究,2006(9):50-61.

[277] 张成,陆旸,郭路,等.环境规制强度和生产技术进步[J].经济研究,2011,46(2):113-124.

[278] Dissou Y, Karnizova L, Sun Q. Industry-level econometric estimates of energy-capital-labor substitution with a nested CES production function[J]. Atlantic Economic Journal, 2015, 43(1): 107-121.

[279] Barbier E B, Czajkowski M, Hanley N. Is the income elasticity of the willingness to pay for pollution control constant? [J]. Environmental and Resource Economics, 2017, 68(3): 663-682.

[280] Kendrick J W. Productivity trends in the United States [M]. Princeton: Princeton University Press,1961.

[281] Denison E F. The sources of economic growth in the United States and the alternatives before us [M]. New York: Committee for Economic Development, 1962.

[282] Sleuwaegen L, Goedhuys M. Growth of firms in developing countries, evidence from Côte d'Ivoire[J]. Journal of Development Economics, 2002, 68(1): 117-

135.

[283] 姚洋,章奇.中国工业企业技术效率分析[J].经济研究,2001(10):13－19,28,95.

[284] 从建辉,刘学敏,朱婧,等.中小城市工业碳排放:核算方法与影响因素——以河南省济源市为例[J].资源科学,2013,35(11):2158－2165.

[285] Liu Z. China's carbon emissions report 2015[EB/OL]. [2021－06－30]. https://www. belfercenter. org/sites/default/files/files/publication/carbon-emissions-report-2015-final.pdf.

[286] Hao Y, Huang Y N. Exploring the nexus of energy consumption structure and CO_2 emissions in China: Empirical evidence based on the translog production function [J]. Polish Journal of Environmental Studies, 2018, 27(6): 2541－2551.

[287] 查建平.中国工业碳排放绩效测度及其驱动因素分析[M].成都:西南交通大学出版社,2014.

[288] Fu F, Ma L W, Li Z, et al. The implications of China's investment-driven economy on its energy consumption and carbon emissions [J]. Energy Conversion and Management, 2014, 85: 573－580.

[289] Su B, Ang B W. Multiplicative decomposition of aggregate carbon intensity change using input-output analysis[J]. Applied Energy, 2015, 154: 13－20.

[290] Wang Q W, Chiu Y H, Chiu C R. Driving factors behind carbon dioxide emissions in China: A modified production-theoretical decomposition analysis [J]. Energy Economics, 2015, 51: 252－260.

[291] 杨冕,杨福霞,陈兴鹏.中国能源效率影响因素研究——基于 VEC 模型的实证检验[J].资源科学,2011,33(1):163－168.

[292] 王玉燕,林汉川.我国西部地区能源效率:趋同、节能潜力及其影响因素[J].经济问题探索,2013(4):38－44.

[293] Amano A. Energy prices and CO_2 emissions in the 1990s[J]. Journal of Policy Modeling, 1990, 12(3): 495－510.

[294] Tang C F, Tan E C. Electricity consumption and economic growth in Portugal: Evidence from a multivariate framework analysis[J]. Energy Journal, 2012, 33(4): 23－48.

[295] Pereira A M, Pereira R M. Reducing carbon emissions in Portugal: The relative roles of fossil fuel prices, energy efficiency, and carbon taxation [J]. Journal of Environmental Planning and Management, 2017, 60(10): 1825－1852.[LinkOut]

[296] 郭正权,张兴平,郑宇花.能源价格波动对能源—环境—经济系统的影响研究[J].中国管理科学,2018,26(11):22-30.

[297] 何凌云,程怡,范若滢,等.国内能源相对价格对碳排放的价格杠杆作用[J].中国人口·资源与环境,2015,25(11):1-11.

[298] 孙淑琴,何青青.不同制造业的外资进入与环境质量:“天堂”还是“光环”?[J].山东大学学报(哲学社会科学版),2018(2):90-100.

[299] List J A, Co C Y. The effects of environmental regulations on foreign direct investment[J]. Journal of Environmental Economics and Management, 2000, 40(1): 1-20.

[300] 林伯强,王锋.能源价格上涨对中国一般价格水平的影响[J].经济研究,2009,44(12):66-79,150.

[301] 王家庭,李艳旭,马洪福,等.中国制造业劳动生产率增长动能转换:资本驱动还是技术驱动[J].中国工业经济,2019(5):99-117.

[302] 郑强,冉光和,邓睿,等.中国FDI环境效应的再检验[J].中国人口·资源与环境,2017,27(4):78-86.

后　记

本书在对我国30个省域制造业及其细分行业的全要素碳生产率进行测度的基础上，首先从多重视角对省域碳生产率的空间分布格局及时空演变特征进行了详细考察；然后对省域制造业碳生产率的时空趋同机制进行了深入的分析和探讨，识别了中国制造业碳生产率增长的影响因素及不同影响因素的影响机理和路径，力求低碳经济学理论与方法的创新；最后提出了促进省域制造业部门碳生产率趋同的差异化减排策略与政策建议。

本书是在博士论文的基础上整理而得的。我在华东理工大学商学院攻读博士学位期间有幸得到了诸位老师、同学的悉心指导和帮助，在此致以深深的谢意！

首先我要诚挚地感谢我的恩师吴玉鸣教授。能有机会在华东理工大学攻读博士学位，师从吴老师门下是我此生的幸运。吴老师学识渊博、格物致知，他严谨的治学态度、求真务实的科研作风极好地诠释了“勤奋求实”的学校校训，在潜移默化中影响着我，为我树立了一辈子学习的典范。吴老师为人正直、谦逊平和、温润如玉，听他的教诲总有一种如沐春风的感觉。他前沿而精深的学术造诣，激励我在能源与低碳经济学领域不断耕耘。他尊重学生的想法，鼓励我在学术上进行大胆的尝试，又能在我遇到瓶颈、不知所措时，以其深广的学识为我指点迷津。在博士论文写作过程中，从论文选题到最终定稿，吴老师给予了我悉心的指导，其间他倾注了大量的心血，一次次的肯定与否定，一次次的点拨与指导，使我能够重新审视研究任务，一次次地更接近目标。本书得以出版，离不开吴老师的支持和帮助。

感谢中国数据中心的鲍曙明教授。感谢鲍老师让我能有机会在密歇根大学交流学习，并在交流期间，在学习上、生活上给予我很大的帮助。鲍老师独到的学术见解和高效的工作作风深深地影响了我。这一年的交流学习让我更好地接触了本领域的国际前沿，也为本研究收集到了更多的数据。

感谢吴柏钧老师、陈钊老师、罗守贵老师、刘乃全老师、杨逢珉老师、高帆老师、于立宏老师、殷广卫老师对研究内容的充分肯定和提出的宝贵意见。感谢我敬爱的师母李建霞老师，她像家人般地关心和爱护我，温暖着我的读博岁月，至今依然十分感动。

感谢我的同门和同学们。感谢马艳梅师姐、杨路英师妹、刘诗洋师妹、郭琳师妹、孙攀师弟、莫靖新师弟、柯博文师弟和吴青山师弟在生活和学业上给予的关心和帮助，并为我的博士论文提供了强有力的技术支持。每次的组会、每次的讨论、每次互助成长都让我从中受益匪浅，真诚感谢同门中的每个人。同班同学也给予了我莫大的鼓励与支持，感谢与你们在一起的时光。张英辉老师给予了我大姐般的关心，杨明远同学在我论文写作过程中给予了无私的帮助和指导。还要感谢城市与区域分析实验室刘阳等同学，本书的完成离不开你们的支持和智慧贡献。

特别感谢华东理工大学出版社的编辑为本书的出版所付出的辛勤劳动。

最后要感谢我的家人。家人是我读博无穷的动力。我的父母文化程度不高，但对知识充满了敬畏，我能读博是他们这辈子最骄傲和欣慰的事。为了能让我顺利完成学业，父母不惜付出，替我承担了很多生活的责任。我的先生丁晓洋一直默默支持着我，让我能够全身心投入研究和写作中，并为本书的顺利完成做了不少辅助工作。还有我的女儿丁睿槿，女儿的坚强独立、懂事上进，让我能够心无旁骛地专注于本书的写作。